THEORY OF
LIFELONG EDUCATION PROGRAM DEVELOPMENT

평생교육 프로그램 개발론

이기원 송재만 김태희 이미경 김미선 최주리 공저

양 성 원

머리말

최근 급속한 사회 변화로 인해 평생교육에 대한 수요가 급증하고 있다. 즉, 현대인들은 개인의 자기 향상, 직업적 역량 개발, 생활 문화 향유를 목적으로 평생교육 프로그램에 대해 많은 관심을 보이고 있다. 또한 4차 산업혁명 시대의 도래와 사회패러다임의 변화는 평생교육 현장에도 더욱 전문적이고 유연성 있는 프로그램 개발 능력을 요구하고 있는 실정이다. 따라서 그동안 대학과 현장에서 이론과 실천의 풍부한 경험을 갖고 있는 저자들은 실천적 경험을 토대로 현장에서 프로그램을 개발하는 평생교육 관계자나 앞으로 프로그램 개발을 해야 하는 학습자들의 현장 적용성과 실천 가능성을 높이도록 하는 데 목적을 두고 본 책을 집필하고자 노력하였다.

이를 위해 본 책은 총 10장으로 구성하였다. 구체적으로 1장 평생교육 프로그램의 개념과 분류에서는 평생교육 프로그램의 개념, 평생교육 프로그램의 유형 및 평생교육 프로그램의 분류에 대해 소개하였고, 2장 프로그램 개발 이론과 접근방법 및 모형에서는 프로그램 개발 이론, 프로그램 개발 접근법 및 프로그램 개발 모형에 대해 기술하였으며, 3장 프로그램의 개발 및 기획에서는 프로그램의 개발과 프로그램의 기획에 대해 소개하였으며, 4장 프로그램 상황분석에서는 프로그램 상황분석의 개념, 상황분석 관련 이론 및 상황분석의 실제에 기술하였으며, 5장 프로그램 요구분석에서는 프로그램 요구분석에 대한 이해, 요구분석 관련 이론 및 요구분석의 실제에 대해 소개하였으며, 6장 프로그램 목표전환에서는 목표전환에 대한 이해, 교육과정 구성의 기본요소 및 교육과정의 목표에 대해 기술하였으며, 7장 프로그램 운영방법에서는 프로그램 운영방법에 대한 이해, 프로그램 운영의 관련 이론 및 수업운영을 위한 활동들에 대해 소개하였으며, 8장 프로그램 자원확보 및 관리에서는 자원확보 및 관리에 대한 이해, 평생교육기관의 운영관리 및 원리, 프로그램 운영시설, 프로그램 인적관리, 프로그램 예산관리 및 프로그램 행정서비스에 대해 기술하였으며, 9장 프로그램 마케팅과 홍보전략에서는 마케팅과 홍보전략에 대한 이해, 마케팅, 평생교육기관의 마케팅 전략요인 및 평생교육기관의 홍보전략을 소개하였으며, 10장 프로그램 평가와 결과보고에서는 프로그램 평가와 결과보고의 개념 및 프로그램 평가 관련 이론에 대해 자세하게 기술하였다.

최근 다양한 형태의 평생교육기관 · 단체가 증가하는 만큼 그곳에서 운영하는 프로그램의 종류와 수도 증가하고, 평생교육 프로그램의 중요성도 강조되고 있다. 따라서 본 책은 평생교육을 공부하는 학생, 평생교육사, 평생교육 분야에 종사하는 이들에게 평생교육 프로그램 개발에 있어서 종합적인 이해를 하는 데 도움을 줄 수 있을 것이다. 이 책을 통해 평생교육 대상인 학습자들에게 조금이나마 도움이 되기를 희망해 본다.

끝으로 이 책을 출판할 수 있도록 도와주신 양성원의 강철원 대표님과 출판사 관계 직원 여러분께 감사의 마음을 전한다.

2022년 8월

저자 일동

차례

CHAPTER

01

평생교육 프로그램의 개념과 분류

배울내용

1. 평생교육 프로그램의 개념
2. 평생교육 프로그램의 유형
3. 평생교육 프로그램의 분류

학습목표

1. 평생교육 프로그램의 개념을 이해한다.
2. 평생교육 프로그램의 유형을 프로그램 개발 주체, 목적, 용도 및 구성범위에 따라 구분해 본다.
3. 평생교육 프로그램의 6대 영역(기초문해교육, 학력보완교육, 직업능력교육, 문화예술교육, 인문교양교육 및 시민참여교육)의 정의 및 프로그램을 파악한다.

CHAPTER

01 평생교육 프로그램의 개념과 분류

1. 평생교육 프로그램의 개념

최근 급속한 사회 변화로 인해 평생교육에 대한 수요가 급증하고 있다. 현대인들은 개인의 자기 향상, 직업적 역량 개발, 생활 문화 향유를 목적으로 평생교육 프로그램에 관심을 보이고 있으며, 또한 그동안 정규 학교교육의 단계에서 상위 단계로의 진학에 어려움을 겪고 있는 사람들은 학점은행제 프로그램에 참여하고 있다(김진화, 2010). 이렇게 다양한 평생교육 프로그램이 국민들에게 가까이 접근하여 급속히 확산되고 있는 시점에서, 평생교육 프로그램에는 어떤 것들이 있는지, 어디에서 운영되고 있는지, 어떻게 참여할 수 있는지 등에 대한 정보가 요구되고 있으며, 그 중요성 또한 커지고 있다. 우리나라에서 학령기 이후에 새로운 학습활동에 참여하는 일은 오래전부터 보편화되었으며, 이는 그만큼 평생교육이 우리 삶의 일부가 된 지도 오래되었음을 의미한다. 연도별 평생교육 프로그램의 수와 학습자 현황은 〈표 1-1〉과 〈그림 1-1〉과 같다.

표 1-1 연도별 평생교육 프로그램과 학습자 수

구분	2011년	2012년	2013년	2014년	2015년	2016년	2017년	2018년	2019년	2020년
프로그램	142,776	129,443	133,844	156,690	156,665	161,788	164,160	163,631	184,214	194,772
학습자	28,920,780	17,618,495	18,260,301	12,919,836	11,982,654	11,336,564	11,897,236	16,344,658	16,348,842	24,397,282

주) 해당 자료는 1개월 이상 프로그램 수에 해당함.
주) 학습자 수는 1개월 이상 프로그램을 수강한 학습자로, 프로그램별 학습자를 각각의 학습자로 간주하여 합산함.
출처: 교육부, 한국교육개발원(2020). 2020 평생교육통계 자료집.

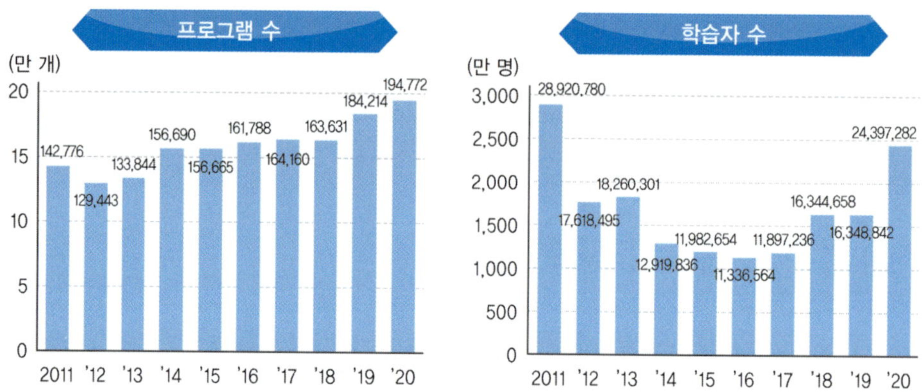

그림 1-1 연도별 평생교육 프로그램과 학습자 수

〈표 1-1〉, 〈그림 1-1〉에서 보는 것과 같이, 전국 평생교육 프로그램의 규모는 2012년부터 약간의 등락이 있지만 상승 추세로 꾸준히 증가하고 있으며, 특히 2020년에는 전년 대비 5.7%(10,558개)가 증가한 것으로 나타났다. 그리고 2020년 기준 전국의 평생교육 학습자 수는 24,397,282명으로 전년 대비 49.2%(8,048,440명)로 크게 증가하였다. 이는 온라인 강의 프로그램 수가 전년 대비 11.8% 증가함에 따라 학습자 수가 급증한 것으

로 해석된다. 최근 10년 동안의 증감을 살펴보면, 2011년 2천 9백만 명에 육박했던 학습자 규모는 2012년에 1천 7백 6십만 명 수준으로 급감하였고, 이후 2014년에도 1천 3백만 명 밑으로 다시 한번 크게 떨어진 바 있다. 2012년에는 큰 폭으로 프로그램 수가 감소하는 현상도 발생했는데, 이는 실제로 개설된 평생교육 프로그램 수와 학습자의 수가 급감했기 때문이라기보다는 2011년 「학원의 설립 · 운영 및 과외교습에 관한 법률」이 개정됨에 따라 큰 규모의 원격 형태 평생교육기관이 학원으로 전환 · 폐원되어 조사 대상에서 제외된 결과라고 보는 것이 타당하다(교육과학기술부, 한국교육개발원, 2012). 2014년에는 전년도 대비 프로그램의 수는 증가하였으나 학습자 수에서는 대규모 감소가 발생했는데, 이때는 원격 형태의 평생학습기관에서 개설한 대규모 프로그램 중 일부가 학교교육과정과 관련된 것으로 판단되어 조사 대상에서 제외되었기 때문이었다(교육부, 한국교육개발원, 2014). 이러한 조정 절차를 거친 이후 학습자 수는 1천 1백만 명 수준을 유지하다가 2016년부터는 꾸준히 증가하고 있다.

평생교육 프로그램은 평생교육의 이념을 실현하는 매개체로서 다양성, 통합성 및 개방성을 가지며, 평생교육의 활성화는 평생교육 프로그램의 질적 · 양적 확대는 물론 자율적이고 혁신적인 형태를 요구하고 있다.

이러한 평생교육 프로그램에 대한 외국 학자들의 정의를 살펴보면, 코왈스키(Kowalski, 1988)는 평생교육 프로그램의 개념을 "조직적, 의도적인 학습활동의 설계이며, 환경, 조직, 프로그램, 학습자 간의 상호작용이다"라고 정의하였으며, 보일(Boyle, 1981)은 평생교육 프로그램의 개념을 "여러 다양한 기관들의 성인교육을 위한 모든 활동"으로 정의하였다. 그 이전 다른 견해로 슈뢰더(Schroeder, 1970)는 프로그램을 "조직과의 관계에서 실행되는 학습활동"으로 정의하였다.

평생교육 프로그램에 대한 국내 학자들의 정의를 살펴보면, 기영화(2011)는 성인교육의 정의가 다양하듯 프로그램의 관점도 각양각색이지만 광의적 의미에서 프로그램은 "인간의 모든 학습활동을 지칭한다"라고 정의하였다. 김진화(2009)는 평생교육 프로그램은 "학습목표, 대상, 학습활동 및 과정, 학습방법, 시기, 장소, 학습조직자와 학습매체 등 학습요소들이 유기적인 네트워크를 형성하고 있는 하나의 시스템이다"라고 정의하면서, 프로그램은 사용자에 따라 다양한 의미를 함축하고 있어 활용 목적에 따라 적절히 사용되어야 한다고 주장하였다. 지금까지 살펴본 평생교육 프로그램에 대한 다양한 학자들의 정의를 살펴보면 〈그림 1-2〉와 같다.

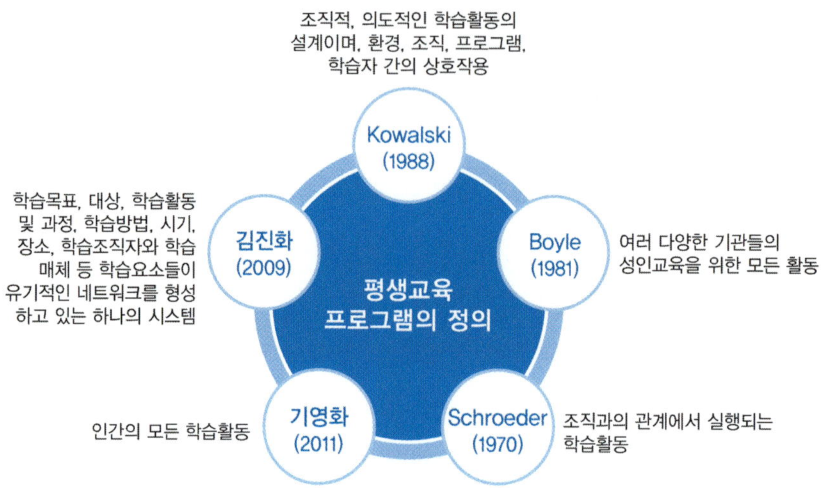

그림 1-2 **평생교육 프로그램의 정의**

그리고 박경실 등(2011)은 현대사회에서 평생교육 프로그램이 내포해야 할 속성으로, 첫째, 여가와 학습이 구분되기보다는 하나로 통합된 여가와 학습이 동시에 달성되는 융합된 에듀테인먼트(edutainment)의 활동이 되어야 하며, 둘째, 새로운 정보를 지속적으로 습득하고 사회에 능동적으로 대처할 수 있는 유용한 정보를 기를 수 있어야 하고, 셋째, 학습자의 요구는 물론 지역사회가 직면한 문제를 해결할 수 있는 독창적인 내용을 다루어야 하고, 넷째, 저소득층 등 사회 소외계층의 접근성이 용이하도록 프로그램 내용을 다양하게 구성하여야 한다고 하였다.

2. 평생교육 프로그램의 유형

평생교육 프로그램의 유형은 학자들에 따라서 다양하게 분류되고 있다. 여기서는 프로그램의 개발주체, 목적, 용도, 구성범위에 따라서 분류하여 살펴보고자 한다(이복희, 유인숙, 2020).

1) 개발주체에 따른 분류

프로그램 개발의 주체가 누구인가에 따라서 학습목표나 내용, 대상 등 프로그램의 성격이 달라진다. 프로그램 개발의 주체는 국가와 기관, 학습자 개인으로 구분할 수 있다. 프로그램 개발주체에 따른 분류는 〈표 1-2〉와 같다.

표 1-2 프로그램 개발주체에 따른 분류

구분	내용
국가 프로그램	정부가 주체가 되어 국민들의 의식함양과 평생교육 활성화를 위하여 실행되는 것으로 정책적인 성격의 프로그램을 말한다. 국가사회 공동체의 단결이나 사회통합, 공민성의 계발 등, 집단의식화를 촉진시키는 프로그램 위주로 개발된다고 볼 수 있다.
기관이나 조직 프로그램	평생교육기관이나 기업체 등이 주체가 되어 기관의 이념이나 목적을 달성하기 위하여 실행되는 것으로 기관의 특성에 따라 다양한 프로그램이 개발된다. 공공기관이나, 직업훈련기관, 시민단체, 종교단체, 언론기관, 기업체 등에서 개발된 프로그램으로 대부분 내용중심으로 구성되어 있다.
학습자 개인이나 개인과 기관에 의해 공동으로 개발된 프로그램	학습자 위주의 문제해결 프로그램을 말한다. 퇴직 후 노후문제를 해결하기 위한 퇴직준비교육이나, 자녀문제를 해결하기 위한 부모교육 프로그램 등, 특정한 문제를 해결하기 위해서 개인과 기관이 협력하여 개발된 프로그램을 의미한다.

2) 개발목적에 따른 분류

보일은 프로그램의 유형을 개발목적에 따라 3가지로 구분하였다(Boyle, 1982). 즉, 프로그램의 개발 당시 목적에 따라 개발형 프로그램(Developmental Program), 기관형 프로그램(Institutional Program), 정보형 프로그램(Informational Program)으로 분류하였다. 프로그램 개발목적에 따른 분류는 〈표 1-3〉과 같다.

표 1-3 프로그램 개발목적에 따른 분류

구분	내용
개발형 프로그램	개인이나 지역사회의 중요한 문제가 무엇인지를 파악하고 그것을 해결하는 데 도움을 주기 위하여 개발된 프로그램을 말한다. 개발형 프로그램은 그 목적이 개인이나 지역사회의 현안문제를 해결하기 위한 것이기 때문에, 특정문제가 프로그램의 목표로 전환되고 프로그램 개발 전 과정에 학습자의 참여가 중요시된다.
기관형 프로그램	평생교육기관에 의해서 제도적으로 만들어진 프로그램을 말한다. 학습자들의 교육 참여를 제도화하는 데 목적이 있으며, 대부분 전일제로 운영되는 전문교육 프로그램으로 구성된다. 이 프로그램은 학습자들의 요구로부터 프로그램이 개발되는 것이 아니라 그 분야의 전문가나 기관에 의해서 제도적으로 만들어지기 때문에 학습자들의 역할은 수동적이고 그 내용도 지식전달에 초점을 두고 있다.
정보형 프로그램	특정한 사람들에게 정보를 제공하기 위해서 개발된 프로그램을 말한다. 정보형 프로그램은 새로운 연구결과나 법령 등에 대한 정보를 널리 파급시키기 위해서 개발된 프로그램으로, 개발된 내용은 즉시 사용되는 것이 특징이며, 단순한 정보전달이 목적 이기 때문에 평가나 피드백이 없이 운영된다.

3) 개발용도에 따른 분류

개발된 프로그램의 쓰임새와 교육내용을 중심으로 직업교육 프로그램, 여가·취미 프로그램, 지역사회개발 프로그램 등으로 구분할 수도 있다. 프로그램 개발용도에 따른 분류는 〈표 1-4〉와 같다.

표 1-4 프로그램 개발용도에 따른 분류

구분	내용
직업교육 프로그램	재직자를 대상으로 한 직업전환 교육이나 실직자를 대상으로 한 재취업교육 프로그램 등을 말한다. 프로그램을 이수한 후 직업전환이나 재취업을 목적으로 운영되기 때문에 실용적이고 실무중심 교육내용으로 개발되며, 자격증 과정으로 운영되는 경우가 많다. 대부분 고용보험이나 공공기관에서 지원을 받아서 운영된다.
여가 · 취미 프로그램	자격증 취득이나 취업을 목적으로 개발된 프로그램과는 달리 여가를 의미 있게 보내기 위해서 교육받는 자체에 목적을 두고 개발된 프로그램을 말한다. 주로 시간적이나 경제적으로 여유가 있는 학습자들을 대상으로 하고 있으며, 노인복지관의 노인대학 프로그램이나 가정주부들을 대상으로 한 문화센터 프로그램 등이 여기에 해당된다.
지역사회개발 프로그램	농어촌 지역이나 도시 저소득 지역의 소외계층을 대상으로 지역주민들의 삶의 질을 제고하기 위하여 개발된 프로그램을 말한다. 대도시 저소득 지역의 방과 후 교육 프로그램이나 지역주민들의 건강 · 복지 · 보육 프로그램 등으로 지방자치단체나 민간단체가 협력하여 공동으로 개발하고 운영하는 경우가 많다.

4) 구성범위에 따른 분류

평생교육 프로그램을 구성범위에 따라 분류하면 단일 프로그램, 연속 프로그램, 통합 프로그램, 종합 프로그램 등으로 나눌 수 있다. 프로그램 구성범위에 따른 분류는 〈표 1-5〉와 같다.

표 1-5 프로그램 구성범위에 따른 분류

구분	내용
단일 프로그램	하나의 학습목표를 달성하기 위하여 개발된 프로그램으로 비교적 짧은 시간에 단순한 교육활동으로 구성된다. 1회적인 용도로 개발되어 운영되는 봉사활동 프로그램, 견학 프로그램, 레크레이션 활동 프로그램 등이 여기에 속한다.
연속 프로그램	큰 주제 하나를 여러 개의 내용으로 나누어서 여러 번 연속적으로 운영하도록 개발된 프로그램이다. 앞뒤의 프로그램이 서로 연관되어 있으며, 점차 심화되는 형태로 개발된다. 비교적 장기간에 걸쳐서 운영되며 전문적인 내용일 경우 적절하다고 볼 수 있다.

구분	내용
통합 프로그램	한 주제에서 세분화된 비슷한 성격의 여러 활동을 하나로 묶어서 개발한 프로그램을 말한다. 각 활동의 기본적인 성격은 그대로 유지하면서 관련된 내용만 통합하는 형태로 개발된다. 예를 들어, 환경오염과 관련된 프로그램을 개발할 경우, 수질오염, 대기오염, 토양오염 등 서로 비슷한 성격의 학습활동을 하나로 묶어서 프로그램을 개발하게 된다. 학습자들의 경험 속에서 비슷한 성격의 여러 활동이 함께 어우러져서 학습목표가 달성되도록 프로그램이 개발된다.
종합 프로그램	성격이 다른 여러 영역의 학습활동을 한데 모아서 종합적으로 전개되는 프로그램을 말한다. 성격이 다른 여러 악기가 함께 어우러진 교향악단의 협연과 같이 다양한 학습활동을 통해서 전인적인 인격형성이나 종합적인 기능발달을 목표로 한 프로그램을 개발할 때 적절하다고 볼 수 있다.

3. 평생교육 프로그램의 분류

다양한 형태의 평생교육기관·단체가 증가하는 만큼 그곳에서 운영하는 프로그램의 종류와 수도 증가하고, 평생교육 프로그램의 중요성도 강조되고 있다. 이화정 등(2003)은 평생교육 프로그램이란 지역사회의 교육문제를 인식하고, 그것을 해결하기 위한 교육계획을 수립하여 그 계획의 목표를 효율적으로 달성하기 위해 실천하는 구체적이고도 총체적인 평생교육 활동이라고 정의하였다.

프로그램의 종류와 수가 다양한 만큼 평생교육 프로그램은 기준이나 바라보는 관점에 따라 여러 가지로 분류할 수 있다. 파머(Farmer)와 블레니(Blaney)는 성인학습형태를 기초로 프로그램 개발주체를 세 가지 프로그램 형태로 구분하였다(Niemi & Nagle, 1977). 즉, 조직 및 기관에 의해 개발되는 내용 중심 프로그램, 학습자 개인에 의해 개발되는 학습자중심의 프로그램, 그리고 개인과 조직이 협력하여 개발되는 문제중심의 프로그램이다.

보일(1982)은 프로그램을 개발목적에 따라 특정한 대상에게 새로운 정보를 제공할 목적으로 개발된 정보형 프로그램, 조직에 의해 교육 참여를 제도화하는 목적인 제도형 프로그램, 어떤 문제를 해결하기 위해 개발된 개발형 프로그램 등 세 가지 유형으로 구분하였다. 또한 프로그램이 활용되는 상황과 교육내용을 중심으로 직업교육, 문활교육, 지역사회교육 등으로 분류되기도 한다.

우리나라의 경우, 2007년에 전면 개정된 「평생교육법」 제2조에서 평생교육이란 학교의 정규교육과정을 제외한 학력보완교육, 성인기초 · 문자해득교육, 직업능력향상교육, 인문교양교육, 문화예술교육, 시민참여교육 등을 포함하는 모든 형태의 조직적인 교육활동으로 정의하였는데, 이것은 평생교육 프로그램의 영역 분류를 의미한다. 그러나 비록 「평생교육법」에서 평생교육을 6대 영역으로 규정하여 평생교육 프로그램의 영역을 거시적으로 규정할 수 있는 제도적 준거는 마련되어 있으나 그 영역에 대한 명확한 개념과 범위가 규정되어 있지 않아 여선히 많은 한계짐을 가지고 있디(평생교육진흥원, 2009).

평생교육의 6대 영역은 지역에서 다양한 프로그램으로 실행되어지는데, 프로그램은 평생교육의 하나의 영역이지만 그 전체로 보기도 하는 만큼 중요한 부분이다. 그러나 지역 내 여러 평생교육기관에서 운영되는 프로그램은 그 종류가 다양하지만, 명확한 체계가 없이 산발적으로 이루어지게 되어 중복되는 프로그램이 많아 재정적 측면에서 비효율적이고, 학습자들은 프로그램에 대한 빠르고 정확한 정보를 획득하는 데 어려움을 경험하였다. 이러한 시기에 국가적 차원에서 국민의 평생학습 이력을 관리하는 평생학습계좌제의 도입과 시행으로 프로그램의 분류화 및 체계화에 대한 필요가 절실해졌고, 이에 따른 국가적 차원의 연구가 이루어졌다.

국가평생교육진흥원(2009)이 발표한 평생교육 프로그램이란 학습자, 교수자, 교육내용, 학습경험, 교육시간이 통합적으로 작용하는 목표지향적 교수 · 학습의 전개과정을 의미한다. 또한 평생교육 프로그램의 분류란 '평생교육 프로그램 분류표'에 의거하여 평생교육 프로그램의 명칭, 목적, 내용, 주제, 형식 등이 일치하거나 유사한 것을 동일한 범주로 그룹화시켜 분류표에 명시된 분류번호를 찾아 배정하는 전문적인 행위로 정의하였다. 그리고 「평생교육법」에 명시된 6대 영역을 대분류의 기준으로 삼고, 각 영역별 3개의 중분류로 나누어 총 18개의 항목으로 프로그램 분류체계를 설계하여 한국 평생교육 프로그램 분류체계(KLPCS)를 정립하였다(김진화, 2009). 한국 평생교육 프로그램 분류체계에 따른 6대 영역과 내용은 〈그림 1-3〉과 같다.

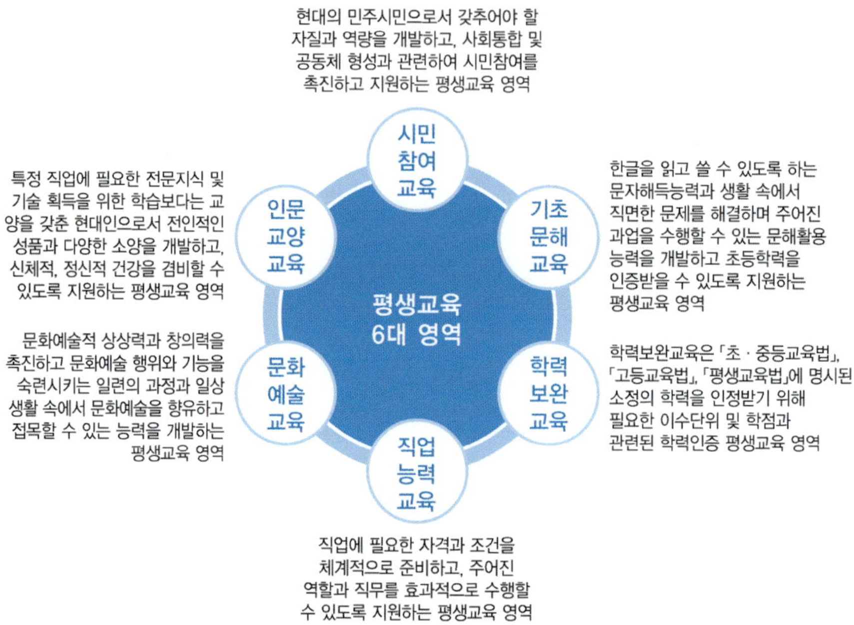

그림 1-3 **평생교육의 6대 영역**

1) 기초문해교육

문해란 문자해독능력을 보유한 상태를 의미한다. 현대에는 문해의 개념이 단순한 문자의 해독능력이나 읽기 · 쓰기 · 셈하기 능력의 보유수준을 넘어서 일상적 사회생활을 하는 데 필수적으로 요청되는 기본생활 기능이나 사회적 의식의 수준까지를 포함하는 개념으로 확대되었다.

제2차 세계대전 후 신생국들의 문맹퇴치운동을 시도한 국제연합교육과학문화기구(UNESCO)는 일상생활에 관한 짧고 간단한 문장을 이해하며 읽고 쓸 수 있는 자를 문해자라고 하고, 1962년에는 문해자를 "집단이나 지역사회 안에서 효과적으로 참여하고 활용하는 데 필요한 기초적인 지식과 기술을 습득한 자이며, 2~3년간 초등학교 교육을 받은 수준에 해당하는 읽기 · 쓰기 · 셈하기의 기술을 가진 자"라고 정의하고 있다. 따라서 기초문해교육은 한글을 읽고 쓸 수 있도록 하는 문자해득능력과 생활 속에서 직면한 문제를 해결하며 주어진 과업을 수행할 수 있는 문해활용능력을 개발하고 초등학력을 인증받을 수 있도록 지원하는 평생교육 영역으로 정의한다. 기초문해교육 분류체계의 정의 및 프로그램 예시는 〈표 1-6〉과 같다.

표 1-6 기초문해교육 분류체계

대분류	중분류		프로그램 예시
6대 영역	하위영역	정의	
기초문해 교육 (언어적 기초와 활용)	내국인한글문해 프로그램	내국인 중 비문해자가 한글을 읽고, 쓸 수 있는 문자해득능력을 갖도록 체계적으로 지도하는 프로그램	• 어르신한글교실 • 한글교실(초급, 중급) • 학습계좌 미인정 한글강좌
	다문화한글문해 프로그램	다문화 외국인 중 비문해자가 한글을 읽고 쓸 수 있는 문자해득능력을 갖도록 체계적으로 지도하는 프로그램	• 외국인 한글교실 • 다문화가족문해교실 • 귀화인한국어교육과정
	한글생활문해 프로그램	문자해득 후 한글을 응용하여 직면한 문제를 해결하고 주어진 과업을 수행할 수 있는 문해활용능력을 개발하도록 지원하는 프로그램	• 다문화교육 • 한글교실(고급) • 한글 응용교육 • 기초영어교육 • 한글인증시험 준비교육과정

■ **당신이 기초문해교육과 관련해 개발하고 싶은 프로그램에 대해 작성해 봅시다.**

___

___

___

성인문해교육 활성화 사업은 문해학습자의 교육 참여 촉진과 문해교육에 대한 사회적 인식 확산을 위해 실시하고 있다. 최소한의 학습여건 조성을 위해 성인문해교과서를 무상 보급하고, 교육기관이 없는 소외지역 학습자를 위한 EBS 성인문해교육방송을 제작 · 방영하고 있다〈표 1-7〉. 아울러 문해학습자의 기초 생활역량 향상을 지원하기 위해 생활문해교육 교과서를 개발하는 등 다양한 사업을 추진하고 있다.

표 1-7 **EBS 성인문해교육방송 제작 · 방영**

구분	2016년	2017년	2018년	2019년	2020년
교육 과정	성인문해교과서 (초등1~3학년)	성인문해교과서 (초등4~6학년)	기초생활영어 Ⅰ (알파벳, 파닉스, 기초회화)	기초생활영어 Ⅱ (스마트기기 활용 관련 기초영어)	기초생활영어 Ⅲ (디지털문해 및 기초생활영어)
제작 편 수	78편	52편	26편	26편	26편
콘텐츠					

출처: 한국교육방송공사 홈페이지(http://ebs.co.kr).

또한 성인문해교과서 무상 보급은 2015년부터 개인 또는 기관의 신청으로 추진하고 있으며, 학습수준에 따라 1인당 5권의 교과서가 지원된다. 2020년에는 초등 성인문해 교과서 등을 중심으로 총 42,045명의 학습자에게 197,225권의 교과서를 지원하였다.

2) 학력보완교육

학력보완교육은 「초·중등교육법」, 「고등교육법」, 「평생교육법」에 명시된 소정의 학력을 인정받기 위해 필요한 이수단위 및 학점과 관련된 학력인증 평생교육 영역이다. 평생교육시설은 학력인정 평생교육시설과 학력미인정 평생교육시설로 구분할 수 있는데, 학력인정 평생교육시설으로는 학교 형태 평생교육시설과 사내대학·원격대학 형태 평생교육시설이 있다.

학교 형태 평생교육시설 중 일정 기준 이상의 요건을 갖춘 평생교육시설은 고등학교 졸업 이하의 학력이 인정되는 평생교육시설(학력인정 평생교육시설)로 지정될 수 있다(「평생교육법」 제31조 제2항). 이 중에서 사내대학·원격대학 형태 평생교육시설은 고등교육 수준의 학력(대학 학력)을 인정하는 기관이며, 학력 인정 학교 형태 평생교육시설은 초·중등교육 수준의 학력을 인정하는 기관이다. 학력보완교육 분류체계의 정의 및 프로그램 예시는 〈표 1-8〉과 같다.

표 1-8 학력보완교육 분류체계

대분류	중분류		프로그램 예시
6대 영역	하위영역	정의	
학력보완교육 (학력 조건과 인증)	초등학력보완 프로그램	초등학력의 보완 및 인증 규정에 의해 평생교육시설 및 기관에서 운영되는 소정의 프로그램	• 학습계좌문해교육프로그램 • 중입검정고시강좌 • 초등학력인증강좌 • 초등교과연계강좌 • 과학교실

대분류	중분류		프로그램 예시
6대 영역	하위영역	정의	
	중등학력보완 프로그램	중·고등학교 학력의 보완 및 인증 규정에 의해 평생교육시설 및 기관에서 운영되는 소정의 프로그램	• 고입검정고시강좌 • 대입검정고시강좌 • 중고생교과연계강좌 • 진로강좌
	고등학력보완 프로그램	전문학사 및 학사 학력의 인증 규정에 의해 평생교육시설 및 기관에서 운영되는 소정의 프로그램	• 독학사강좌 • 학점은행제강좌 • 시간제등록강좌 • 대학비학점강좌

■ **당신이 학력보완교육과 관련해 개발하고 싶은 프로그램에 대해 작성해 봅시다.**

학력인정 평생교육시설의 학생 수를 살펴보면, 〈표 1-9〉, 〈그림 1-4〉와 같다.

표 1-9 학력인정 평생교육시설 학생 수 (2021년 4월 1일 현재 / 단위: 명)

구분	재적생 수	성별		연령	
		남	여	24세 이하 청소년	성인
초	892	51	841	0	892
중	5,097	507	4,590	9	5,088
고	12,081	3,288	8,793	4,912	7,169
계	18,070	3,846	14,224	4,921	13,149

출처: 사)학력인정초중등고등학교전국연합회(2021). 내부자료.

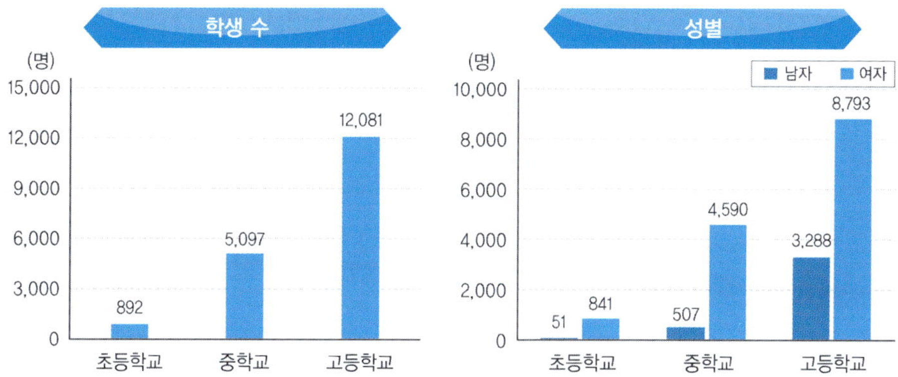

그림 1-4 학력인정 평생교육 시설 학생 수 및 성별현황

학력인정 평생교육시설에 재학하고 있는 학생 수는 2021년 4월 1일 현재 초등학교 892명, 중학교 5,097명, 고등학교 12,081명 등 총 18,070명이다. 이 중 24세 이하 청소년은 4,912명, 성인은 13,149명이다. 학력인정 평생교육시설의 학급당 학생 수는 34.9명으로 정규 초등학교 학급당 학생 수 22.3명, 중학교 학급당 학생 수 26.4명, 특성화고등학교 학급당 학생 수 24.7명에 비하여 열악한 실정이다. 또한 학력인정 평생교육시설의 교원당 학생 수는 17.9명으로 정규학교 교원 1인당 학생 수 초등학교 14.5명, 중학교 12.7명, 특성화고등학교 13.2명에 비하여 학생 수가 많다.

3) 직업능력교육

우리나라 직업능력개발제도는 1967년 「직업훈련법」의 제정을 시작으로 1974년에 일정 규모 이상의 사업주에게 매년 일정 비율의 인원을 의무적으로 양성하도록 하는 사업 내 직업훈련의무제를 규정한 「직업훈련에 관한 특별조치법」을 그 출발로 본다(고용노동부, 2020). 1976년에는 이 두 법령을 통합하여 사업주가 직접 훈련을 실시하거나 직업훈련분담금을 납부하도록 하는 「직업훈련기본법」을 제정함으로써 직업능력개발제도의 기본 틀을 갖추었다. 이 법은 1997년에는 「근로자직업훈련촉진법」, 2004년에는 「근로자직업능력개발법」으로 개정되면서 현재에 이르고 있다(고용노동부, 2020).

이러한 제도적 기반에서 직업능력개발제도의 목표는 1970년대에는 산업현장에서 필요로 하는 인력 양성, 즉 '공공 훈련기관을 통한 기능공 양성'으로부터 시작하여 1990년대에는 '근로자의 생애 단계별 직업능력 향상'으로 발전하였다. 제도의 변천에 따라 명칭도 직업훈련, 근로자직업능력개발, 평생직업능력개발로 변화하였다(교육부, 국가평생교육진흥원, 2020).

다시 말해 직업능력교육은 직업에 필요한 자격과 조건을 체계적으로 준비하고, 주어진 역할과 직무를 효과적으로 수행할 수 있도록 지원하는 평생교육 영역이다. 직업능력교육 분류체계의 정의 및 프로그램 예시는 〈표 1-10〉과 같다.

표 1-10 직업능력교육 분류체계

대분류	중분류		프로그램 예시
6대 영역	하위영역	정의	
직업능력교육 (직업준비와 직무역량개발)	직업준비 프로그램	특정 직업에 새롭게 취직하기를 희망하고 성공적인 창업에 필요한 지식, 정보, 기술, 기능을 획득하고 관련 조건을 체계적으로 준비할 수 있도록 지원하는 프로그램	• 인력양성과정 • 창업관련과정 • 취업준비과정 • 재취업정보교육
	자격인증 프로그램	특정 직업의 직무수행에 필요한 전문적인 지식, 기술, 기능이 일정한 수준에 도달하여 소정의 자격을 제도적으로 인증받을 수 있도록 지원하는 프로그램	• 외국어자격인증 • 지도사양성과정 • 자격증취득과정 • 자격인증과정 • 토익 · 토플강좌
	현직직무역량 프로그램	현직 종사자에게 보다 발전적인 직무수행에 필요한 관련 지식과 정보를 획득하게 하고, 관련 기술과 기능을 습득하고 익힐 수 있도록 지원하는 프로그램	• 공통직무연수과정 • 전문직무연수과정 • 경력개발과정

■ **당신이 직업능력교육과 관련해 개발하고 싶은 프로그램에 대해 작성해 봅시다.**

____

____

____

1995년 고용보험제도의 도입으로 정규교육 시기부터 재직 및 실업 시기에 이르기까지 노동시장의 각 단계별로 취업 준비자, 재직자, 실업자 등을 대상으로 평생능력개발을 지원할 수 있는 체계를 구축하였다(고용노동부, 2020). 노동시장의 단계별 직업능력개발 지원체계는 〈표 1-11〉과 같다.

표 1-11 노동시장 단계별 직업능력개발 지원체계

단계	정규교육 시기	노동시장 진입 시기	재직 시기	실업 시기
대상	중도 탈락자 비진학 청소년	미취업자(청년실업자) 비경활자(여성, 고령자 등)	근로자	실업자
종류	기능사양성과정 신규실업자훈련	신규실업자훈련	재직자훈련	전직실업자훈련

출처: 고용노동부(2020). 2020년판 고용노동백서.

4) 문화예술교육

문화예술교육은 「문화기본법」, 「문화예술교육지원법」에서 명시하는 모든 국민의 문화적 접근 기회를 보장하고자 수립된 문화예술교육 정책을 바탕으로 특정 계층, 특정 영역을 넘어선 전 생애 평생학습 관점에서 정책이 수립되고 있다. 특히 2010년 문화예술교육발전방안을 통하여 '국민의 평생 문화예술교육 환경 구축'이 제안됨에 따라 과거 학교 및 취약계층 등에 한정되었던 문화예술교육정책이 전 국민을 대상으로 한 교육으로 전환되었다. 이후 문화예술교육 5개년 종합계획 등을 통하여 평생학습 맥락에서 시민의 문화적 권리를 강조하고 있다(양은아, 2019).

문화예술교육은 문화예술적 상상력과 창의력을 촉진하고 문화예술 행위와 기능을 숙련시키는 일련의 과정과 일상생활 속에서 문화예술을 향유하고 접목할 수 있는 능력을 개발하는 평생교육 영역이다. 문화예술교육 분류체계의 정의 및 프로그램 예시는 〈표 1-12〉와 같다.

표 1-12 문화예술교육 분류체계

대분류	중분류		프로그램 예시
6대 영역	하위영역	정의	
문화예술교육 (문화예술 향유와 활용)	레저생활스포츠 프로그램	체력증진 및 여가선용을 위하여 일상생활 속에서 지속적으로 행하는 체육활동 및 전문적 스포츠 관련 프로그램	• 레저활동강좌 • 생활스포츠강좌 • 스포츠예술활동
	생활문화예술 프로그램	문화예술을 일상생활에 접목하여 생활문화의 질을 향상시키고, 삶의 문화를 보다 풍성하게 향유할 수 있도록 지원하고 인증하는 프로그램	• 풍선아트강좌 • 사진예술강좌 • 천연염색강좌 • 천연화장품만들기 • 인테리어홈패션 • POP
	문화예술향상 프로그램	문화예술작품 및 행위를 의미있게 체험하고 문화예술적 가치가 높은 작품을 완성할 수 있도록 체계적으로 지도하고 인증하는 프로그램	• 음악 · 무용 • 미술 · 서예지도 • 문화예술 체험 및 관람 • 도자기 · 공예 • 연극 · 영화

■ 당신이 문화예술교육과 관련해 개발하고 싶은 프로그램에 대해 작성해 봅시다.

____

____

____

문화예술교육의 연도별 프로그램 및 학습자 수 변화를 살펴보면 〈표 1-13〉, 〈그림 1-5〉와 같다.

표 1-13 연도별 프로그램 및 학습자 수 변화 (단위: 개, 명)

구분	2016년	2017년	2018년	2019년	2020년
프로그램	53,093	52,297	53,822	56,448	58,589
학습자	2,047,052	2,017,166	2,031,469	2,367,113	2,870,709

출처: 교육부, 국가평생교육진흥원(2020). 2019 평생교육백서.
교육부, 한국교육개발원(2020). 2020 평생교육통계 자료집.

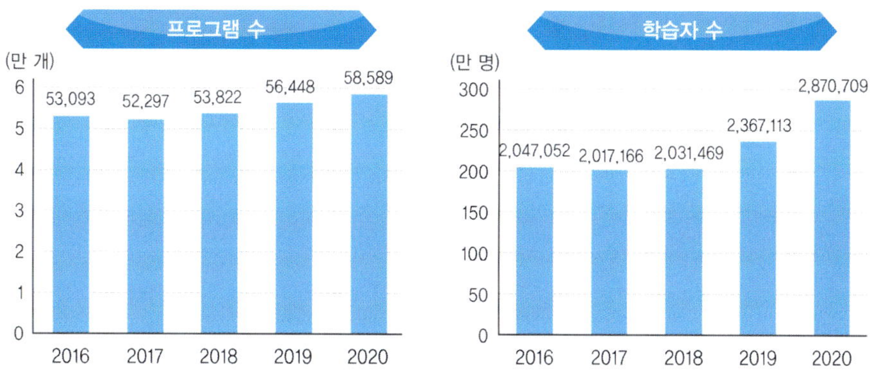

그림 1-5 문화예술교육 연도별 프로그램 및 학습자 수

문화예술교육 프로그램의 수는 2016년 53,093개에서 2017년 52,297개, 2018년 53,822개, 2019년 56,448개, 2020년 58,589개로 2017년 이후 꾸준히 증가하고 있으며, 학습자 수로 2017년 2,017,166명에서 2020년 2,870,709명으로 증가하고 있는 것으로 나타났다.

5) 인문교양교육

인문교양교육의 경우, 2000년대 이후부터 평생교육 차원에서 인문 아카데미, 소외계층을 위한 인문학 교육, 기업 지원 또는 지자체 지원 인문강좌 등의 형태로 등장하기 시작했으며, 2010년 이후 정부 주도의 인문학 대중화사업 등을 통하여 본격적으로 확산되었다(양은아 외, 2018). 2016년 제정된 「인문학 및 인문정신문화의 진흥에 관한 법률」과 이에 근거한 인문학 및 인문정신문화 진흥기본계획에 따라 정부는 다양한 인문교양교육 사업을 수행하고 있다.

인문교양교육은 특정 직업에 필요한 전문지식 및 기술 획득을 위한 학습보다는 교양을 갖춘 현대인으로서 전인적인 성품과 다양한 소양을 개발하고, 신체적 · 정신적 건강을 겸비할 수 있도록 지원하는 평생교육 영역이다. 인문교양교육 분류체계의 정의 및 프로그램 예시는 〈표 1-14〉와 같다.

표 1-14 인문교양교육 분류체계

대분류	중분류		프로그램 예시
6대 영역	하위영역	정의	
인문교양교육 (교양확장 및 소양개발)	건강심성 프로그램	현대사회에서 건강한 삶과 생활을 위한 심리적 안정을 촉진하고 신체 건강에 필요한 활동과 체험을 체계적으로 지원하고 인증하는 프로그램	• 상담치료 • 종교교육 • 식생활교육 • 생활의료교육 • 웰빙 및 보건교육

대분류	중분류		프로그램 예시
6대 영역	하위영역	정의	
	기능적 소양 프로그램	일상생활의 적절한 역할수행과 현대인이 갖추어야 할 다양한 소양과 관련된 기능적 자질과 능력을 개발하고 실천하도록 지원하고 인증하는 프로그램	• 역할수행교육 • 예절교육 • 정보인터넷활용 • 생활외국어 • 가정생활, 직장생활교육 • 생활한자
	인문학적 교양 프로그램	전인적 품성과 지혜를 갖춘 현대인으로서 인문학적 교양과 상식을 확장하고, 문학 · 역사 · 철학과 관련된 체험과 활동을 체계적으로 지원하고 인증하는 프로그램	• 일반문학강좌 • 과학일반강좌 • 역사전통강좌 • 철학 · 행복강좌 • 도서강좌

■ 당신이 인문교양교육과 관련해 개발하고 싶은 프로그램에 대해 작성해 봅시다.

인문교양교육의 연도별 프로그램 및 학습자 수의 변화를 살펴보면 〈표 1-15〉, 〈그림 1-6〉과 같다.

표 1-15 연도별 프로그램 및 학습자 수 변화

(단위: 개, 명)

구분	2016년	2017년	2018년	2019년	2020년
프로그램	29,825	22,593	23,153	30,125	41,220
학습자	2,580,494	2,246,129	4,618,008	2,571,028	5,059,198

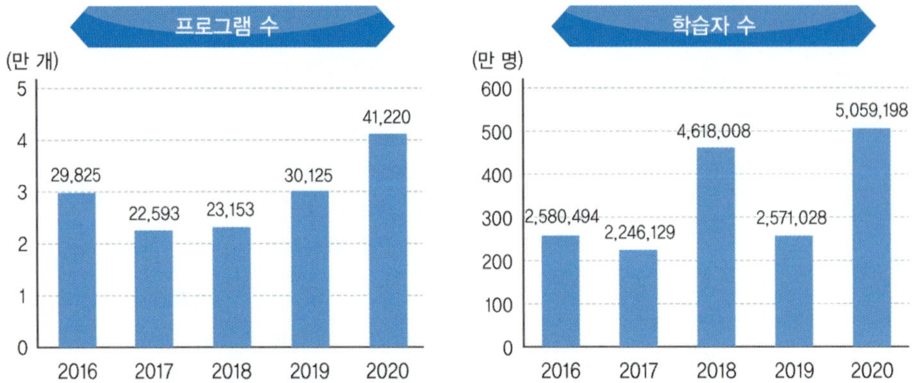

그림 1-6 **인문교양교육 프로그램 및 학습자 수의 변화**

인문교양교육의 프로그램의 수는 2017년 22,593개에서 2020년 41,220개로 해마다 꾸준히 증가한 것으로 나타났으며, 학습자 수도 2020년 5,059,198명으로 2019년 2,571,028명에 비해 크게 증가한 것으로 나타났다.

6) 시민참여교육

한 국가의 구성원이 자유권, 참정권, 사회권 등 시민권을 제대로 누리고 동시에 국가 구성원으로서 책임을 다하려면, 정치적 차원에서 법과 제도를 개혁하고 각종 정책을 펴는 것 외에 사회적 차원에서 국가가 할 수 없거나 때론 해서는 안되는 부분을 시민사회가 떠맡아야 할 때가 있다. 그리고 정치적, 사회적 차원이 아닌 사적 차원에서 각 개개인이 수행해야 할 과제도 있다(Arendt, 2017). 국내 10대 뉴스에 나타난 2020년 한국의 주요한 사건들은 우리가 장차 시민으로서 시민답게 살아가기 위해 정치적, 사회적, 사적 차원에서 무엇을 어떻게 해야 할 것인지뿐만 아니라 시민참여교육의 방향성을 설정하는 데 시사점을 제공하고 있다.

시민참여교육은 시민성 함양 방식에 따라 〈표 1-16〉과 같이 크게 세 가지로 분류할 수 있다. 첫째, 정당, 선거관리위원회, 지자체, 시민단체 그리고 평생교육기관 등이 지역 주민들을 대상으로 시민성 함양 프로그램을 직접 운영하는 경우이다. 이 프로그램에서는 민주주의, 선거, 대화와 타협, 소수자의 인권, 환경, 평화 등의 주제를 주로 다룬다. 둘째, 지역 주민의 사회참여 활동이 일차적 목표이지만 이와 더불어 시민성을 자연스럽게 학습하는 경우이다. 지역 주민들은 학습동아리나 시민사회단체 혹은 봉사활동 등에 참여하면서, 주민자치나 마을 만들기, 협동조합운동이나 지역개발 반대운동 등에 참여하면서, 혹은 그 밖의 다양한 집회나 시위 등에 참여하면서 시민성을 무형식적으로 함양한다. 셋째, 학습자들이 어떤 교육 프로그램을 이수하면서 그 연장선상에서 시민성을 학습하는 경우도 있다. 문해교육, 인문교양교육, 문화예술교육, 직업능력개발, 종교교육 등의 성과로서 시민성 함양이 이루어진다.

표 1-16 시민참여교육의 유형

구분	시민성 함양 방식	사례
범주 1	시민성 함양을 일차적 목표로 삼는 교육 프로그램	헌법교육, 인권교육, 환경교육 등
범주 2	사회참여 활동의 결과로서 시민성을 함양하기	동아리, 시민사회단체, 집회 및 시위, 마을공동체 만들기 등에 참여
범주 3	다른 교육활동의 연장선상에서 시민성을 함양하기	문해교육, 종교교육, 인문학강좌 등

따라서 시민참여교육은 현대의 민주시민으로서 갖추어야 할 자질과 역량을 개발하고, 사회통합 및 공동체 형성과 관련하여 시민참여를 촉진하고 지원하는 평생교육 영역이다. 시민참여교육 분류체계의 정의 및 프로그램 예시는 〈표 1-17〉과 같다.

표 1-17 시민참여교육 분류체계

대분류	중분류		프로그램 예시
6대 영역	하위영역	정의	
시민참여교육 (사회적 책무성과 공약적 활용)	시민책무성 프로그램	현대시민으로서 갖추어야 할 사회적 책무성을 개발하고 사회통합 및 공동체 형성을 촉진하고 지원하고 인증하는 프로그램	• 인권교육, 양성평등교육 • 다문화 이해 • 환경생태체험강좌 • 주민자치교육 • 재소자의식교육 • 지역이해교육 • 국가정책이해교육 • 민방위교육
	시민리더역량 프로그램	국가 및 지역사회의 공익적 사업을 효과적으로 추진할 수 있는 시민을 발굴 · 육성하고 그들의 자질과 역량을 개발하고 인증하는 프로그램	• 지역리더양성 • 평생학습리더양성 • 평생학습상담사양성과정 • NGO지도자과정 • 지역역사문화해설사과정
	시민참여활동 프로그램	현대사회의 구성원으로서 지역사회조직 및 공익적 사업에 대한 개인적 · 집단적인 참여를 촉진하고 평생학습 참여기회를 지원하고 인증하는 프로그램	• 학습동아리교육 • 평생교육자원봉사 • 환경실천교육 • 평생학습네트워크

■ **당신이 시민참여교육과 관련해 개발하고 싶은 프로그램에 대해 작성해 봅시다.**

____

____

____

지금까지 살펴본 평생교육 프로그램 분류에서 보는 바와 같이, 비교적 기준이 되는 예시 프로그램조차도 종류가 매우 다양하다. 평생교육 프로그램은 지역사회 안에서 이루어지기 때문에 환경의 영향을 받아 같은 프로그램이라고 할지라도 현장에서 실천되는 형태는 결코 같지 않다. 또한 비슷한 환경이라 할지라도 하나의 평생교육 프로그램이 운영되기까지 고려해야 할 많은 요소가 있기 때문에 이러한 요소들에 따라 프로그램은 전혀 다른 형태로 나타나기도 한다.

CHAPTER

02

프로그램 개발 이론과 접근방법 및 모형

배울내용

1. 프로그램 개발 이론
2. 프로그램 개발 접근법
3. 프로그램 개발 모형

학습목표

1. 프로그램 개발 이론들(전통적, 상호작용, 정치적, 비판적 이론)의 관점을 이해하고 비교 분석해 본다.
2. 프로그램 개발 접근법(비통합적, 통합적, 비선형, 선형, 체제분석적 접근)을 이해하고 각 접근방법을 비교 분석해 본다.
3. 프로그램 개발 모형(DACUM 직무분석, IMPACT 모형, ADDIE 모형, 빅데이터 분석)을 이해하고 각 모형들을 비교 분석해 본다.

CHAPTER

02 프로그램 개발 이론과 접근방법 및 모형

1. 프로그램 개발 이론

프로그램 개발 이론은 프로그램 개발 과정의 강조점을 준거로 프로그램 개발 과정의 순서에 따른 절차를 중시하는 전통적 이론, 프로그램 개발에 관련된 제반 요소들이 융통성 있게 상호작용하는 것으로 보는 상호작용 이론, 프로그램 개발 과정에 작용하는 정치적 속성을 중시하는 정치적 이론 및 사회적 불평등한 사회구조에서 억압받는 사람들의 목소리를 찾을 수 있도록 하는 데 중점을 두고 있는 비판적 이론으로 구분할 수 있다.

1) 전통적 이론

수십 년간 평생교육 프로그램 개발 원리에 대해 수없이 많은 이론들이 제시되었다. 그중 가장 합리적 과정으로 인정받아 온 양과 서베로(Yang & Cervero, 2001)의 전통적 관점(The Classical Viewpoint)에서의 프로그램 개발 과정은 일반적으로 훈련이 얼마나 어떻게 필요한지를 인식하는 것부터 출발하여, 학습목표를 설정하고 목표달성을 위한 학습경험 선정과 조직화를 거쳐 프로그램을 실행 후 평가까지를 진행하게 된다.

타일러(Tyler, 1949)는 전통적 관점에서의 평생교육 프로그램 개발 과정은 학교교육 과정 개발과 다르면서도 기본 개념은 학교교육과정 개발과 유사하다고 주장하고 있다. 즉, 그의 저서 『교육과정의 기본원리(Basic principle of curriculum and instruction)』에서 프로그램 개발은 〈표 2-1〉과 같이 네 가지 질문에 따라야 한다고 하였고, 질문은 대다수의 프로그램 개발 모형에 전형적 단계(prescriptive steps)로 이용되고 있다고 주장하였다(Cervero & Wilson, 1994).

표 2-1 타일러의 프로그램 개발 절차

구분	내용
①	학교에서 얻고자 하는 교육의 목표가 무엇인가?
②	이러한 목표를 달성하기 위해 제공되어야 할 교육적 경험은 무엇인가?
③	교육적 경험을 어떻게 효과적으로 조절할 것인가?
④	그 목적이 성취되었는지를 어떻게 평가할 것인가?

구체적으로 타일러의 프로그램 개발 절차는 교육목표 설정, 학습경험의 선정 · 조직 및 평가로 선형적 절차를 가진 프로그램 개발 이론이다. 이처럼 전통적 관점은 과학적이고 기술적인 원리에 의존하며, 논리 처방적인 성격인 목적-수단의 접근방법(means-ends model)을 사용한다(이해주 외, 2009).

또한 전통적 관점은 프로그램 개발에서 절차의 합리성, 실천성을 강조하고, 프로그램 개발행위를 규범적으로 설명하고 있다. 그리고 전통적 관점에서 바라본 교육이란 설정한 학습목표를 달성하기 위해서 프로그램 개발자는 학습자가 배우고 익혀야 하는 과업 내용을 미리 선정하여 이를 조직하고, 교수자는 사전에 계획된 교육내용을 학습자에게 전달하고, 학습자는 교수자가 전달하는 대로 학습하면 된다고 본다(김진화, 2003). 따라서 전통적 관점의 프로그램 개발 이론은 교수자와 학습자가 분리되는 형식으로 프로그램 개발자들이 개발과정에서 따라야 할 단계와 과업들로 구성되고 단계별 과업을 설명하고 있다. 전통적 관점을 따르는 이론은 프로그램 개발과정에서 한 단계 직무가 완성된 후 다음 단계로 이동할 수 있다(Warren, 2003).

결론적으로 전통적 관점 이론은 교육목표 설정이 가장 중요하고, 학습경험 내용은 목표달성 수단에 불과하다는 점에서 프로그램 개발이 과정 중심적인 특징을 갖는다. 그러나 전통적 관점에서 프로그램 개발 과정은 프로그램 개발자에 의해 수행됨에도 평생교육기관의 이념, 특성, 사회적 상황, 행위자의 가치관 등에 주목하지 않고 현실에 맞지 않는 원리나 절차에 주목하고 있다는 비판을 받고 있다. 즉, 실제 프로그램 개발은 규범적으로 제시한 선형적 접근을 너무 강조한 나머지 전통적 관점에서 생각하는 선형적 절차와 순서로 이루어지지 않고 현실적 접근을 소홀히 하고 있다는 비난을 받고 있다(Cervero & Wilson, 1997). 구체적으로 전통적 관점은 모든 상황에서 적용되는 프로그램 개발 원칙을 제시하지만, 실제 상황은 천차만별로 다양하며, 환경적 차이를 인정하지 않는다는 한계가 있다(기영화, 2009).

페닝톤과 그린(Pennington & Green, 1976)은 미국 열 개의 대학이 선택한 다섯 개의 성인교육기관에서 이루어지고 있는 여섯 개 성인교육 부야에 52명의 교육전문가를 대상으로 프로그램 개발 전략을 조사한 결과, 실제 현장에서는 체계적인 목표설정, 요구분석, 교육방법의 선택, 합리적 평가 등은 이루어지지 않고 있다고 지적하였다. 하지만 교육전문가들은 프로그램 개발에 고전적 논리와 절차에 집착하고 있다.

고전적 이론은 프로그램 개발을 기술적 과정으로 간주하고 프로그램 개발 절차에 관한 기술적 지식을 제시하는 이론이다. 그러나 고전적 이론은 모든 교육적 상황에 공통으로 적용할 수 있는 프로그램 개발 원칙을 제시함으로써, 각 프로그램이 실행되는 환경의 영향과 개발자라는 인적 요인의 영향을 고려하지 않고 있다는 비판을 받고 있다(Brookfield, 1986).

보일(1981)은 프로그램 개발 과정을 지역사회 및 환경과의 상호작용에 초점을 둔 기술적인 과정을 제시하고 있으며, 프로그램 개발 과정을 〈표 2-2〉와 같이 계획, 실행 및 평가의 세 단계로 구분하고 있다(최미숙, 2008).

표 2-2 보일의 프로그램 개발 과정

과정	세부활동
계획	• 프로그램 개발에 대한 철학적 기초 확립 • 학습자나 지역사회의 요구 및 문제상황 분석: 프로그램 개발 전에 해당 문제환경의 상황분석을 통해 환경에 대한 전체적인 이해 높이기 • 잠재적 학습자들의 차이를 프로그램에 반영 • 잠재고객의 지적 · 사회적 발달 수준 검토 • 프로그램 목표설정을 위한 자료 분석 • 기관 혹은 개인의 학습 제약 요소 파악 • 프로그램 우선순위 설정기준 마련 • 계획된 프로그램의 경직성 및 유연성 분석 • 공식 · 비공식 권력 상황의 지지와 합법화
실행	• 학습경험의 선택 및 조직 • 교수설계의 준거: 학습목표, 학습자의 관심과 특성, 학습자의 경험, 필요한 장비나 자원의 이용 가능성, 프로그램 개발자의 관심과 능력 • 효과적인 홍보방법 활용 • 홍보의 목적, 대상, 매체특성, 필요조건, 최종 시한 파악 • 프로그램 실행에 필요한 자원획득, 교수설계, 시설 설비 및 인적 자원 선정
평가	• 프로그램의 결과 및 효과성 결정: 평가 과정은 평가 표준이나 준거 설정 → 준거에 대한 증거 수집 → 어떤 비교를 할 것인가에 대한 판단 및 결정의 과정 • 의사결정자에게 프로그램의 가치를 보고

2) 상호작용 이론

상호작용 이론은 프로그램 개발을 여러 요소 간의 상호작용 결과로 규정한다. 프로그램 개발자는 여러 가지 요소들을 동시에 수행하게 되므로 구체적인 상황에서 프로그램 개발자가 어떤 판단을 하는가가 중시된다.

훌(Houle, 1972)의 모델은 학습수행을 위한 학습요소 간의 상호작용을 강조하고 있으며, 학습자의 삶의 경험을 중요한 학습과정으로 고려하고 있다. 훌은 프로그램은 성인교육을 실행하는 전략적 도구이며, 교육요소 간의 상호작용을 통해 이루어진다고 말한다. 그는 프로그램 개발 과정을 기능학습활동, 학습과정결정, 학습목표설정, 학습형태설계, 학습형태와 상위유형과의 일치여부, 실행, 결과측정 및 평가의 7단계로 구분하였다. 이 모형의 특징은 학습자의 삶의 경험을 중요한 학습과정으로 고려한다는 점이다(기영화, 2011). 훌이 제시하는 프로그램 개발 과정은 〈그림 2-1〉과 같다(최미숙, 2008).

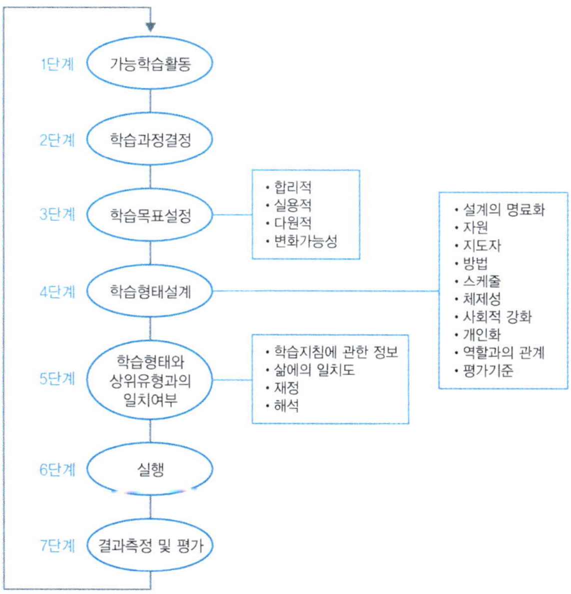

그림 2-1 훌의 프로그램 개발 과정

카파렐라(Caffarella, 2001)는 성인학습을 위한 프로그램 개발의 상호작용 모형을 〈그림 2-2〉와 같이 12가지 요소로 제시하였다. 하지만 그는 이것을 순서로 정한 것이 아니라 상황, 내용 등에 따라 프로그램 개발이 변화할 수 있음을 주장한다. 즉, 이 상호작용 모형은 실질적인 시작점도 끝점도 없으며, 프로그램 기획 상황에서 프로그램 개발자가 판단할 것을 요구한다. 카파렐라(2001)의 상호작용 모형은 '프로그램 개발의 현실을 이해할 수 있는 정보를 제공하려는 동시에 어떻게 프로그램을 개발하여야 하는가?'라는 질문에 대한 답도 함께 고려하는 모형이라고 할 수 있다(김창동, 2013: 김한별 외, 2010).

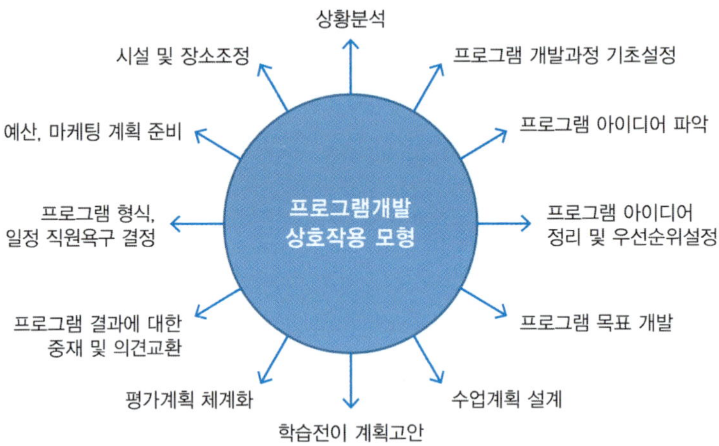

그림 2-2 **카파렐라의 프로그램 개발 상호작용 모형**

페닝톤과 그린은 프로그램 개발자들이 실제로 어떤 과정을 거쳐 프로그램을 개발하는가를 분석하여 모델을 구성하였는데, 프로그램 개발 과정은 다음과 같다(김창동, 2013; 기영화, 2005).

첫째, 프로그램 환경과 대상자를 분석한다. 프로그램 환경은 프로그램을 실행할 조직의 역사와 전통, 의사전달 통로와 권위의 구조, 조직의 목표, 이용 가능한 자원의 한계, 실행 절차에 관한 기준, 누구를 위한 프로그램인지, 어떤 요소를 충족시키기 위한 것인지에 대한 철학과 같은 내적 요인과 유사한 종류의 프로그램을 제공하는 조직들과의 관계, 타 조직에서도 나타나는 동일한 요구가 좀 더 많은 이점을 가지고 제공되는가 하는 점, 지역사회의 영향력 있는 세력들의 조직에 대한 태도 등과 같은 외적 요인으로 나누어 분석된다. 대상자 분석이란 프로그램에 참여할 수 있는 모든 잠재고객에 대한 정보, 즉 프로그램 대상자들의 사회 · 경제적 지위, 나이, 교육수준, 문화적 배경, 사회활동의 참여, 성인교육 프로그램 참여 경험과 같은 정보를 수집하는 것을 말한다.

둘째, 요구분석을 실시한다. 즉, 관찰, 설문지 조사, 개인의 요구 진술 등의 방법을 사용하여 요구조사를 한 후, 요구 진단자는 우선 사항을 설정하여 설정된 기준에 따라 요구들의 우선순위가 결정되면 이것을 프로그램 목표설정에 반영한다.

셋째, 프로그램 목표를 설정한다. 프로그램 실행 및 평가의 지침을 제공하기 위해서는 프로그램의 목표가 진술되어야 한다. 프로그램의 목표는 성인교육 프로그램의 전반적인 결과에 대한 진술이며, 각 수업 결과에 대한 윤곽을 제시하는 것이다.

넷째, 수업계획을 작성한다. 성인교육 담당자는 수업목표와 교육의 내용, 자료, 평가 등이 일관성을 갖도록 수업을 계획하여야 한다.

다섯째, 관리계획을 작성한다. 프로그램 개발자는 프로그램의 비용 산출과 재정충당 방법 및 광고에 대한 계획을 치밀하게 작성하여야 한다.

여섯째, 평가계획을 작성한다. 프로그램의 마지막 단계로서 평가는 학습자들의 프로그램에 대한 반응, 학습내용이 참여자들의 생활에 구체적으로 미친 영향, 성인교육 프로그램의 정책과 실행절차 및 지역사회와 조직에 끼친 영향에 관심을 두고 행해져야 한다.

3) 정치적 이론

정치적 이론은 프로그램 개발 과정에 개입되는 권력 작용에 초점을 둔 이론으로 서베로와 윌쉰(Cervero & Wilson, 1994)의 협상 이론과 프레이리(Freire)의 해방교육 이론이 있다. 협상 이론은 프로그램 개발을 사회적 활동으로 본다. 즉, 프로그램이 개발되는 것은 이해 당사자인 개인과 조직이 학습활동을 통한 상호이익을 추구하기 위해 일상적인 협상을 벌이는 과정이라는 것이다. 다시 말해 프로그램 개발은 개인, 조직, 관련자들의 교육적 요구와 이익의 계속적인 협상과정이며 협동과정이다.

프레이리(1972)는 프로그램 개발자와 학습자가 상호작용하는 과정 자체를 프로그램 개발로 규정한다. 즉, 프레이리의 이론은 프로그램 개발 과정에서 학습자에게 정치적 영향력을 인식시키고 그들의 무의식적 지배를 일깨우는 데 초점을 두고 있으며, 그 과정은 자료수집 과정에서 대화로부터 피드백과 분석을 통해 주제를 선정 추출하고 그것을 다시 되돌림으로써 해당 영역이나 사람에 대해 연구하는 것이다.

한편, 서베로와 윌쉰(1994)은 프로그램 개발 이론을 프로그램 개발자의 실천적 행위라는 측면에서 바라봄으로써 프로그램 개발 이론의 새로운 모형을 제시하였다. 그들은 프로그램 기획(planning)이란 "성인학습을 위한 교육 프로그램을 구축하기 위해 개발자가 개인과 조직의 관심들을 협상하는 사회적 활동이다"라고 정의한다. 즉, 프로그램 개발 과정의 중심을 프로그램 이해 관계자들이 갖고 있는 서로 다른 이해의 협상과정(negotiationg interests)으로 본다. 그리고 이러한 이해의 협상과정은 이해 관련자들 간의 비대칭적인 권력 관계(power relationship)에 의해서 다양한 모양으로 전개되며, 개발 과정에 내재되어 있는 권력 관계에 의해서 프로그램 구성요소의 가치가 특정 이해 관련자 집단에 치우치지 않도록 중재하는 것이 프로그램 개발자에게 가장 중요한 과제로 본다. 서베로와 윌쉰(1994)은 권력, 이해, 협상을 프로그램 개발의 축으로 보았으며, 이를 도식으로 나타내면 〈그림 2-3〉과 같다(김창동, 2013; 김한별 외, 2010).

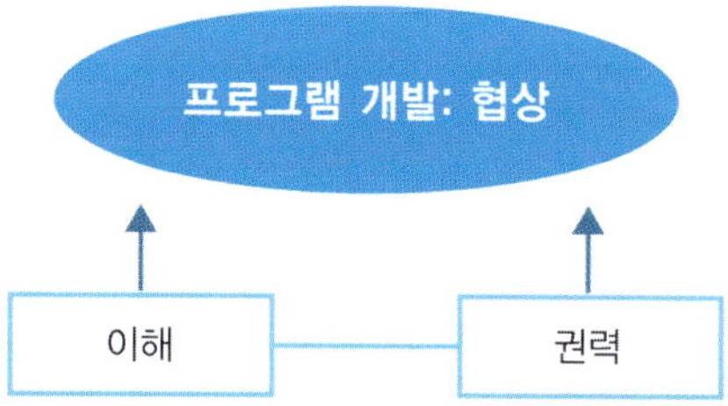

그림 2-3 이해 협상 활동으로서의 프로그램 개발

서베로와 윌쉰(2006)은 대부분의 다른 프로그램 개발 이론들이 중립적이고 단순히 프로그램을 용이하게 실행하기 위한 것이었다면 그들의 모형은 프로그램 과정을 사회적, 조직적 권력 관계를 둘러싼 실제 상황에서 시행하기 위한 것이라고 주장한다. 그리고 성인을 교육하는 교사들이 직면하는 기회, 갈등, 딜레마에 어떻게 대처해야 하는지에 대한 원리를 〈표 2-3〉과 같이 다섯 가지로 나누어 제시하고 있다(김창동, 2013).

표 2-3 프로그램 개발 이론 원리

절차	내용
프로그램의 요구분석 협상	• 누구의 이익이 중요한지 판단하고 그들의 요구를 분석한다. • 역사적, 사회적 맥락에 대한 이해 관계자들의 요구를 관련시켜 본다. • 권력관계가 어떻게 요구분석에 영향을 미칠지 고려한다. • 각 요구들을 민주적으로 협상한다.
프로그램의 교육적, 경영적, 정치적 목표 협상	• 교육적, 경영적, 정치적 목표들의 우선순위를 정한다. • 프로그램 실행 이전과 과정 중에 목표들을 협상한다. • 권력관계가 어떻게 목표 협상에 영향을 미치는지 고려한다. • 목표를 민주적으로 협상한다.
프로그램의 교육적 설계 및 집행 협상	• 내용 선정과 조직 과정에서 정치성을 발휘한다. • 형식 및 수업기술 선정 과정에서 정치성을 발휘한다. • 수업지도자 선정, 준비 과정에서 정치성을 발휘한다. • 수업 설계와 집행을 민주적으로 협상한다.

절차	내용
프로그램의 행정조직과 운영 협상	• 프로그램 취지를 공표하고 자금을 조달한다. • 프로그램을 상품화한다. • 프로그램 소재를 널리 알리며 운영한다. • 프로그램 관리를 민주적으로 협상한다.
프로그램의 형식적, 비형식적 평가 협상	• 교육적, 경영적, 정치적 목표를 기반으로 하여 프로그램을 평가한다. • 성과 및 평가 준거 과정에서 정치성을 발휘한다. • 권력 관계가 어떻게 평가에 영향을 미칠지 고려한다. • 프로그램 목표 평가를 민주적으로 협상한다.

또한 서베로와 윌쉰(2006)은 프로그램 기획(program planning)을 수행해야 함에 있어서 〈표 2-4〉와 같은 7가지 질문을 가질 것을 주장하고 있다.

표 2-4 프로그램 기획에서의 질문

- 어떤 이해관계가 대립하고 있는가?
- 누구의 이해관계가 가장 중요한가?
- 교육적, 정치적인 측면에서 보았을 때 프로그램으로부터 이익을 얻는 주체는 누구인가?
- 이해 권력관계가 프로그램을 계획하는 단계에서 어떤 영향을 미치는가?
- 프로그램을 민주적으로 계획하는 데 방해가 되는 것은 무엇이며, 유인책은 무엇인가?
- 특정 상황에서 민주적인 계획이라는 것은 무엇을 의미하는가?
- 윤리적인 판단을 내리기 위해서 어떤 협상 전략을 사용해야 하는가?

서베로와 윌쉰(2006)의 프로그램 개발 이론은 정치적인 활동으로 프로그램 개발자의 윤리나 신념에 크게 영향을 미치므로 프로그램 개발 책임자와 프로그램 개발자의 책임감이 요구된다. 또한 서베로와 윌쉰(2006)의 프로그램 개발 모형 원리와 7가지 질문은 평생교육을 실행할 때, 평생교육기관장의 전략적 의사결정 문제, 평생교육기관장과 프로그램 개발자 및 참여자와의 갈등 문제, 평생교육 프로그램에 대한 지역주민의 요구 등과 같이 평생교육현장에서 나타날 수 있는 현상을 상호 간 협상하고 조정하는 방법을 제시하고 있다는 점에서 큰 의미가 있다.

4) 비판적 관점

프레이리(1972)는 사회적 불평등한 사회구조에 의해 억압받은 사람들에게 목소리를 찾을 수 있도록 도와줌으로써 인간을 해방시키는 프로그램 개발을 주장하였다. 억압받은 사람들에 대한 교육은 전문가 주도적보다는 피압박자들이 스스로 극복해야 하는 구제석 모순을 의식화 과정을 통해 스스로 극복하도록 지원하는 것이다.

비판적 관점에서 바라본 교육은 지식의 일방적 전달이 아닌 교수자와 학습자 사이 매개체로서 대화 속에서 교수자도 배우면서 학습자도 가르치는 자가 된다는 것이다. 따라서 비판적 관점에서 프로그램 개발자는 학습자와 대화를 통해 학습자들의 삶 속에 억압되고 모순된 부분을 찾아내어 프로그램 주제를 함께 결정한다. 훈련받은 지역주민의 대표자가 조정자로 스스로 조직한 문화서클 활동을 통해 토론을 한다. 따라서 학습의 기초자료는 제시되지 않으며, 문화서클 활동을 통하여 주체적으로 프로그램 내용을 선택하고 구성할 수 있게 된다.

프레이리(1972)는 비판적 관점에서 프로그램은 학습자의 행위(action)와 반성적 숙고(reflection)의 상호작용으로 구성되고, 반성적 숙고와 행위의 변증법적 통일인 의식적 행동이 세계를 변혁시키는 비판적 실천(praxis)이라고 하였다. 프로그램 개발을 제3자의 교육을 위해 준비하는 과정이 아닌 학습자와 교수자가 동등한 위치에서 현재의 모순을 반성하고 모순 극복을 위한 실천행동 과정을 프로그램 개발로 보고 있다.

비판적 관점은 프로그램 개발과 실천에서 교수자와 학습자를 대등한 위치로 학습자 참여의 중요성을 강조하고 있다. 비판적 관점에서 프로그램 개발자는 단순 기술자가 아닌 본질적, 윤리적, 정치적이기 때문에 개발자가 정치적이고 이데올로기적 행위인 것을 명백히 이해해야 최상의 판단을 할 수 있다고 보았다. 앞선 전통적, 상황적 관점과 달리 프로그램 개발자는 개인의 존엄, 복지, 자유, 분배, 평등 등과 같은 명백한 도덕적 기준을 지닐 것을 주장한다. 학습자는 교육을 통해 변화를 뛰어넘어 문화, 정치, 경제, 사회 관계의 새로운 건설이 궁극적 목표이다. 따라서 비판적 관점은 앞선 이론보다 학습자에게 보다 적극적인 참여와 임파워먼트(empowerment)를 강조하고 있다(기영화, 2009; Mfum-Mensah, 2009).

비판적 관점은 급진적이면서 혁신적인 이론으로 교실에서 그 정신을 토론하기에는 좋지만 실제 프로그램 개발에 있어서 개발자가 무엇을 어떻게 해야 할지 아무것도 제시하지 못한다는 문제점을 갖고 있다.

2. 프로그램 개발 접근법

평생교육 프로그램 개발 접근법은 프로그램 개발 진행 과정이 선형적인지, 순환적인지, 통합적인지를 말하는 것으로, 코왈스키(1988)에 의해 비통합적 접근법, 체제분석 접근법, 비선형 접근법, 선형 접근법으로 정리되었다. 이는 프로그램 개발자가 어떤 식으로 작업을 펼쳐 나가야 할지를 보여 주며, 조직의 특성이나 프로그램의 성격에 따라 결정되기 때문이다.

1) 비통합적 접근법

비통합적 접근법의 가장 뚜렷한 특징은 고립성(isolation)이다. 이 접근은 학습자나 잠재적 고객의 참여와 관심을 제한시키는 형태로 프로그램 개발 과정이 진행된다. 이 접근법의 장점은 프로그램에 대한 지식 없이도 쉽게 프로그램을 설계할 수 있고 시간, 비용, 노력을 절약할 수 있으며 지역사회와 학습자의 특성 및 제반 조건이 유사한 경우 프로그램 결과를 예측할 수 있다는 장점을 지닌다. 반면, 참여자를 배제한 프로그램 설계로 학습자의 요구가 무시되기 쉽고, 학습자의 요구를 무시한 프로그램은 현실성이 부족해 프로그램의 성공여부가 불투명하며, 장기적으로 지속되기 어렵다는 단점을 지니고 있다.

2) 통합적 접근법

통합적 접근법은 프로그램 개발에 영향을 미치는 요인들을 종합적으로 고려하는 방식이다. 프로그램 개발 접근방식이 총체적이고 분석적이기 때문에 프로그램 개발 과정이 복잡하고 프로그램 개발 참가자의 전문적인 능력을 필요로 하지만 다른 접근법에 비해 오차를 최소화시킬 수 있는 방법이다. 반면, 이 방법은 프로그램 개발자의 정확한 분석 여부가 성공의 관건인 만큼 프로그래머의 정확한 분석능력이 절실히 요구된다. 프로그램 개발에 체제 분석 접근법이 사용될 때는 조직의 철학 · 가치 · 목표 · 구성요소, 조직 외부의 환경적 제약, 조직 내부의 제한점, 조직 외부환경의 요구와 가치, 학습자의 요구와 가치 분석, 프로그램의 목표 수립, 기대되는 결과에 대한 정보 등의 요소가 개발 과정에 포함된다〈그림 2-4〉.

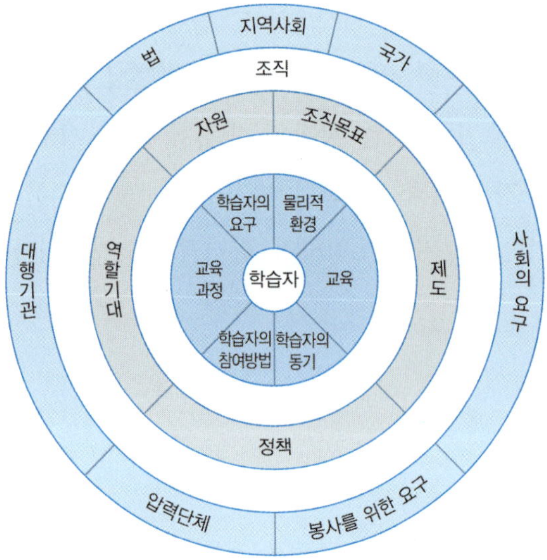

그림 2-4 **통합적 접근방법**

평생교육 프로그램 개발에서 비통합적 접근방법이 보다 지배적이지만, 평생교육 기관이 점차 복잡해짐에 따라 평생교육 프로그램 개발의 지식이 보급·확산되어 통합적 접근법에 대한 관심이 점차 증대되고 있다.

3) 비선형 접근법

비선형 접근법은 선형 접근법처럼 프로그램 개발 절차가 획일적으로 주어진 것이 아니라, 시간상의 제약을 받지 않고 몇 개의 절차가 동시에 이루어지며, 각 단계마다 적절한 평가가 되풀이되고 피드백이 이루어지게 된다〈그림 2-5〉.

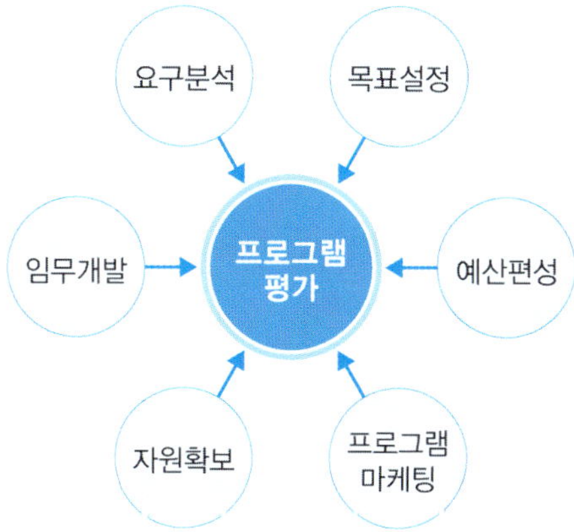

그림 2-5 비선형적 접근방법

비선형 접근법은 다른 접근법에 비해 시간과 자원배분이 개발자의 재량에 의해 조정될 수 있고 변화에 유연하게 대응할 수 있으며, 프로그램 개발자의 경험을 통해 얻은 독특한 프로그램 개발법이 사용된다. 하지만 프로그램 개발자의 전문능력이 중시되며 다른 접근법에 비해 사용하기가 어렵다는 한계점을 지니고 있다.

4) 선형 접근법

프로그램 개발 과정에서 가장 많이 쓰이는 방법으로 프로그램 개발 과정을 단계별로 세분화하여 그 절차를 도식화하는 것이다. 따라서 선형모델이 제시하는 과정을 순서대로 실행하기만 하면 하나의 프로그램이 완성될 수 있도록 개발과정을 차례로 묘사하고 있다〈그림 2-6〉.

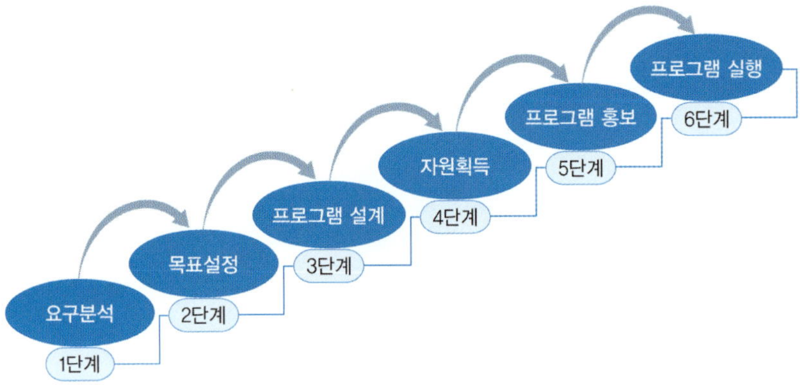

그림 2-6 선형 접근법

선형 접근법은 프로그램 개발 경험이 없는 초심자들이 유용하게 사용할 수 있고, 초심자의 프로그램 실패 가능성을 최소화시켜 준다. 반면, 조직을 정적인 것으로 가정함으로써 현실적으로 역동적인 조직의 특성상 선형 접근법이 제시하듯 논리적 경로로 개발된 프로그램은 조직과 환경의 변화에 대처할 수 있는 유연성이 없다는 한계점을 지니고 있다.

5) 체제분석적 접근법

체제분석적 접근법(System Analysis Approach)은 평생교육기관을 하나의 사회체제로 간주하고 프로그램 개발자가 학습자, 평생교육기관, 환경 등과 상호작용을 통해서 개발하는 것을 중요시한다. 체제분석적 접근방법은 투입-과정(교육활동)-산출이라는 기본적인 체제로 구성되어 있다〈그림 2-7〉.

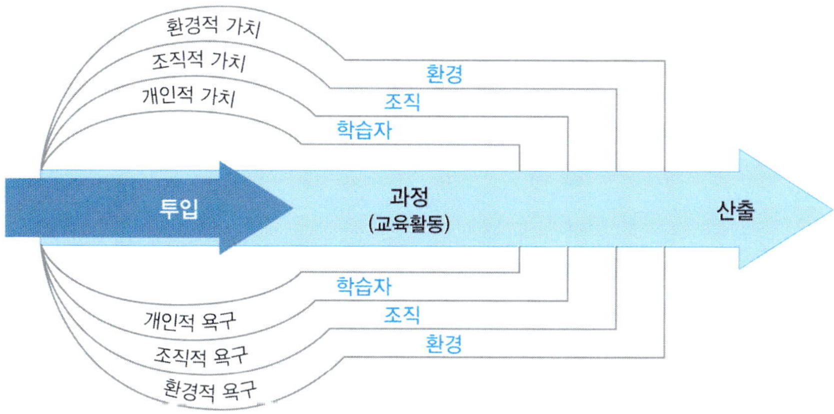

그림 2-7 체제분석적 접근법

프로그램 개발 과정에서 환경과 조직, 그리고 학습자의 개인적 가치와 욕구를 동시에 고려하고, 프로그램 개발 과정에 나타나는 여러 가지 상황을 체계적으로 반영하는 것이 특징이다. 체제분석적 접근방법은 교육 프로그램 개발이 미시적인 관점에서 학습목표 설정이나 학습내용 및 방법의 선정에 관심을 두기보다는 거시적인 관점에서 평생교육기관을 둘러싼 사회 · 문화적 맥락을 고려하여 다양한 요소들이 체계적으로 분석되고 효율적인 대안들이 신중하게 결정되어야 한다는 것을 보여 준다.

3. 프로그램 개발 모형

1) DACUM 직무분석 방법

DACUM(Developing A Curriculum) 직무분석은 1966년 미국 Iowa Job Corp에서 교육훈련 과정을 개발하기 위한 방법론으로 시작하였다(Moser & Norton, 2010). DACUM을 통한 직무분석 방법은 직무를 정확하게 인지하고 있는 현업 내용전문가(Subject Matter Expert: SME)들이 참여하는 워크숍을 통해 직무를 구성하는 요소와 이에 필요한 지식, 기술 등을 결정함으로써 직무분석에 소요되는 기간을 단축할 수 있고, 질 높은 직무분석 결과를 생성할 수 있는 장점이 있다(Norton & Moser, 2008: 윤동열 외, 2011).

다시 말해 DACUM 직무분석은 교육 프로그램에서 가르쳐야 할 내용(what is being taught)과 직무현장에서 일어나는 것(what is happening in the real world)의 차이(gap)를 줄이기 위해 책무와 과업을 체계적으로 분석하는 과정이다. 이것은 지금까지 교육훈련 프로그램에서 발생할 수 있는 두 가지 비효율적인 문제점을 해결할 수 있다. 즉, 교육 프로그램에서 가르쳐야 할 내용을 가르치지 않는 것(failing to teach what should be taught)과 가르치지 말아야 하는 것을 가르치는 것(teaching what should not be taught)이다(Norton & Moser, 2008).

따라서 DACUM 직무분석을 사용하면 교육 프로그램과 현장의 요구의 차이를 줄일 수 있다. 이는 해당 직무를 책무, 과업, 절차, 지식, 안전사항 등으로 계열화 · 세분화하고 교육 프로그램에 필요한 교육훈련 내용을 결정하는 요구분석 과정의 한 형태라고 볼 수 있다. 교육 프로그램 개발을 수행하기 위한 DACUM 직무분석은 〈그림 2-8〉과 같이 요구분석, 직무분석, 과업검증, 과업선정 및 분석의 단계로 구성되어 있다(Norton & Moser, 2008).

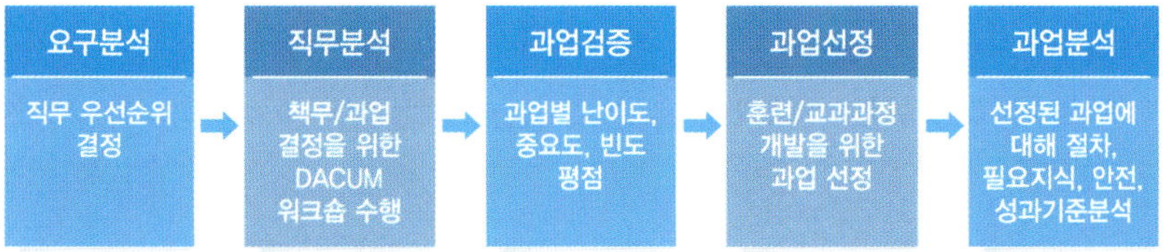

그림 2-8 DACUM 직무분석과 교육훈련 프로그램 개발 절차

DACUM 직무분석은 현업 내용전문가들과 2~3일 간의 워크숍을 통해 직무분석을 실시하여 적절한 과업을 도출하는 과정이지만 현업 내용전문가들이 2~3일 간의 워크숍에 참여하기 어려운 현실적인 면을 고려할 때 DACUM 직무분석가는 분석할 직무에 대한 사전연구를 통해 간소화된 DACUM을 사용할 수도 있다. 하지만 직무분석 기간 단축을 위해 분석할 직무에 대한 사전조사를 실시하였더라도 워크숍을 하는 기간에 현업 내용전문가들의 의견을 최대한 반영하고 이들이 책무와 과업 등에 대하여 충분하게 생각하여 합의가 도출될 수 있도록 조율해야 한다(윤동열 외, 2011).

DACUM 직무분석을 통해 정해진 기간 내에 해당 직무를 구성하는 책무, 과업 등을 보다 체계적으로 분석하기 위해서는 상호협력과 집단 내 원활한 의사소통이 필수적이다. 이를 위해 DACUM 워크숍은 현업 내용전문가와 직무분석가의 라포(rapport) 형성, 회의진행 시 요구되는 각 참여자의 역할 소개, 책무 및 과업 진술 기준 교육 등의 오리엔테이션 절차가 〈표 2-5〉와 같이 진행된다(Norton & Moser, 2008).

표 2-5 DACUM 직무분석의 절차 및 활동

단계	절차	주요활동
1	오리엔테이션	• 아이스브레이킹 • 참여자의 역할 및 규칙 소개 • DACUM의 철학 및 개념 소개 • DACUM 차트에 대한 예시 소개 • 책무와 과업 진술방법 소개

단계	절차	주요활동
2	직업개관 및 조직차트 작성	• 수업업무에 대한 전반적 기술 • 조직차트 작성
3	주요책무 도출	• 책무도출 • 도출된 책무에 대한 계열화와 정교화 • 도출된 책무에 대한 합의
4	책무별 과업 도출	• 책무별 수행과업에 대한 브레인스토밍 • 과업 계열화와 정교화 • 도출된 과업에 대한 합의
5	지식, 태도, 기술, 동향 분석	• 직무수행에 필요한 지식, 태도, 기술, 동향
6	차트 검토 및 수정	• 개괄적인 업무기술서와 책무, 과업 비교 • 조직차트와 책무, 과업 비교 • 용어정리

직무를 구성하고 있는 책무와 과업을 결정하여 DACUM 차트를 개발하는 과정인 직무분석은 〈그림 2-9〉와 같다(Norton & Moser, 2008).

그림 2-9 DACUM 차트

책무는 하나의 직무에서 수행하는 업무를 6~12개의 큰 영역으로 구분한 것으로, 책무 진술을 위한 기준은 〈표 2-6〉와 같다(Norton & Moser, 2008). 책무분석은 과업을 보다 효과적으로 분석하기 위한 수단적 절차이다.

표 2-6 책무 진술

- 행위를 나타내는 용어로 기술한다.
- 6~20개의 과업을 포괄할 수 있는 집합체를 의미한다.
- 동사+한정어(필요시)+목적어로 기술한다.
- 일반적으로 하나의 직무는 6~12개의 책무로 구성된다.
- 각각의 책무는 독립적인 의미전달이 가능해야 한다.

직무분석 이후 과업 단위로 검증이 이루어지는데 과업별로 성과기준, 필요지식, 기술이 도출되며, 이를 바탕으로 교과과정 개발에 필요한 정보를 획득한다는 점을 감안하면 과업은 직무분석에서 가장 중요한 요소라고 할 수 있다. 과업이란 한 명의 작업자가 제한된 기간 내에 작업현상에서 수행하는 의미 있는 작업단위이다. 따라서 과업은 궁극적으로 고용주 및 고객으로부터 일의 대가를 받는 최소의 작업단위이며 보통 하나의 직무는 75~125개의 과업으로 구성되어 있다(윤동열 외, 2011).

직무를 구성하는 책무와 과업 분석이 완료되면 과업 수행에 필요한 지식, 기술, 작업자 태도 등을 분석하고, 필요시 해당 직무의 미래 동향, 입직기준 등을 분석한다(Dofasco, 1996; Norton & Moser, 2008).

이상의 과정이 완료되면 워크숍 초기 실시한 직무 전반에 대한 개괄 자료와 워크숍을 통해 도출한 책무와 과업을 비교하고, 필요시 책무, 과업을 추가하거나 변경할 수도 있다.

2) IMPACT 훈련 모형

이 모형은 교육요구를 충실히 파악하고(Identify: I), 바람직한 접근방식을 선택하고(Map:

M), 적합한 학습도구를 제작하며(Product: P), 적절한 교육기법을 적용하고(Apply: A), 교육결과를 측정하고(Calculate: C), 교육효과를 지속시키는(Track: T) 단계로 구분된다. 자세한 내용은 〈표 2-7〉과 같다.

표 2-7 창(Chang)의 High-IMPACT 모형

I-M-P-A-C-T 단계		내용
Identify	교육요구 파악	이 단계에서는 현재 상황을 사정하고, 미래의 비전을 가지고, 정보를 수집하고 분류하며, 결과를 공유한 뒤, 다음 조치를 결정한다. 즉, 교육필요점을 찾아내는 단계이다.
Map	교육접근방식 선정	이 단계에서는 교육목표를 설정하고 교육대상자를 고려하여 교육방식을 설계한다. 파악된 교육요구를 해결하기 위해 적절한 교육방법을 선정하는 단계이다.
Product	학습도구 제작	이 단계에서는 프로그램 자료를 선정하고, 내용을 결정하며, 개발과정에 초점을 둔다. 교육을 하기 위해 필요한 각종 자료를 개발하고 제작하는 단계이다.
Apply	교육기법 적용	이 단계에서는 개발된 교육자료를 효과적으로 사용하며 실제 현장에서 적용해 보는 단계이다.
Calculate	교육결과 측정	이 단계에서는 프로그램의 반응을 평가하고, 직무수행상의 행동을 평가하고, 경영상의 결과를 분석하며, 조직에 미치는 영향력을 추적한다.
Track	교육효과 지속	이 단계에서는 교육효과를 지속적으로 발휘하기 위하여 노력하는 단계이다.

3) ADDIE 모형

ADDIE 모형은 교수체제설계의 기본적이고 주요한 과정인 분석(Analysis), 설계(Design), 개발(Development), 실행(Implementation), 평가(Evaluation)의 다섯 가지 과정으로 이루어졌으며 다양한 교수체제설계 모형의 기초이자 가장 널리 활용되는 모형이라고 할 수 있다. 일반적으로 ADDIE 교수설계 모형은 체제적(systemic)이고 체계적(systematic)이며, 신뢰적

(reliable), 순환적(iterative), 경험적(empirical)인 특성을 가진다. 교수체제설계 모형을 통해 성공적인 수행목적을 달성하기 위해서 교수설계자는 전체 교수체제 요소들 사이의 상호의존성을 의식해야 하므로 체제적이라고 할 수 있으며, 각 단계가 주의 깊게 처방되고 논리적 순서를 따라 구성되므로 체계적 특성을 가진다고 할 수 있다.

또한 ADDIE 모형이 신뢰성을 갖는 이유는 제시된 각 단계가 특정한 교수설계자나 한정된 장소에 관련 없이 동일하게 수행될 수 있기 때문이다. 그리고 교수설계자가 프로그램 개발을 수행할 동안 분석, 설계, 개발, 실행, 평가 단계가 여러 번 반복될 수 있어 다른 모형에 비해 순환적이고 다양한 자료를 기반으로 의사결정을 하므로 경험적 특성을 지닌다(강다연, 2020). 따라서 ADDIE 교수설계모형을 기반으로 프로그램을 개발한다면, 교육 프로그램의 목적과 취지에 맞춰 효과적이고 효율적인 프로그램을 설계할 수 있을 것이다. ADDIE 모형의 절차는 〈그림 2-10〉, ADDIE 단계의 구체적인 내용은 〈표 2-8〉과 같다.

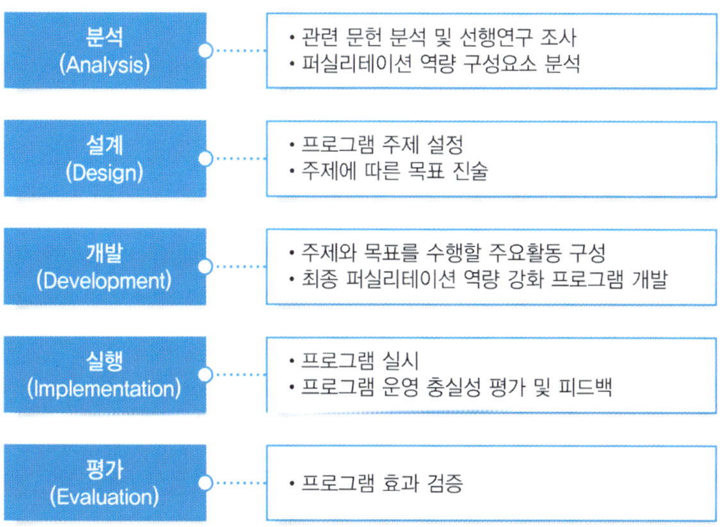

그림 2-10 ADDIE 모형의 절차

표 2-8 ADDIE 단계의 구체적인 내용

단계	내용
분석(Analysis) 단계	프로그램 개발을 추진하기 위하여 필요로 하는 다양한 요소들을 확인하고 도출하는 단계로 개발의 필요성 검토 및 추진여부 결정, 개발팀 및 자문위원회 구성, 기관내부 및 외부 환경 분석, 잠재적 훈련생 분석, 학습요구 및 직무분석, 학습요구의 우선순위 결정이 포함된다.
설계(Design) 단계	분석된 내용을 바탕으로 교수자와 학습자의 교수학습활동과 관련된 교육내용을 구체화시키는 단계로 교육목표 설정 및 진술, 학습내용 선정 및 조직, 교수방법 선정, 교수매체 선정, 평가방법 계획 등이 포함된다.
개발(Development) 단계	설계안에 기초한 교재와 강의지침서를 개발하는 단계로 학습자용 교재 개발, 교수자용 매뉴얼 개발, 학습자료 개발 등이 포함된다.
실행(Implementation) 단계	프로그램을 운영하기 위한 운영계획과 교육을 실시하는 단계로 자원확보 및 배분, 마케팅 및 홍보, 강사섭외, 장소선정, 프로그램 실행 등이 포함된다.
평가(Evaluation) 단계	프로그램을 실행한 후에 성과를 판단하여 개선하는 단계로 평가과정 설계, 평가방법 선정 및 도구개발, 평가자료 수집 및 분석, 평가결과 보고 및 활용 등이 포함된다.

4) 빅데이터 분석

4차 산업혁명 시대가 도래한 오늘날 빅데이터 분석, 인공지능, 사물인터넷, 로봇공학, 3차원 인쇄, 나노 기술, 무인 운송 수단(무인 항공기, 무인 자동차)과 같은 핵심 분야의 기술 혁신이 우리 삶의 많은 부분을 변화시키고 있다. 그중에서도 디지털, 물리학, 생물학적 세계는 빅데이터로 통합되었으며, 이는 교육, 경제, 산업 등 모든 분야에 영향을 미치고 있다. 빅데이터는 대규모의 다양한 데이터를 생성, 수집, 분석, 표현한다. 다변화하는 현대사회에서 빅데이터의 기술발전은 더욱 정확한 예측을 가능케 하여 효율적으로 활용되고 있으며, 개인화된 사회 구성원의 맞춤형 정보를 제공하고 관리, 분석함으로써 과거에는 불가능했던 다양한 기술을 실현시켰다.

빅데이터 분석 기획은 의사결정을 위한 기회를 발굴하고 필요사항을 구체화하여 필요 데이터와 분석을 정의하는 접근법이다. 접근방법은 문제의 구체적인 정의가 가능하고, 필요 데이터와 분석방법, 그리고 역량이 충분하다는 전제하에 가능하다. 이는 전통적인 하향식 문제해결방법에 해당하며, 만약 이러한 조건을 충족할 수 없는 경우 전통적인 접근방법은 비효율적이다. 이를 보완하기 위한 빅데이터 기획 접근방법은 하향식, 상향식, 프로토타이핑 접근방식인 세 가지로 구분할 수 있다. 세 가지 접근법 중 대립적인 접근방법으로 대표되고 있는 하향식과 상향식은 〈그림 2-11〉과 같이 구분 가능하다(김현성, 2020).

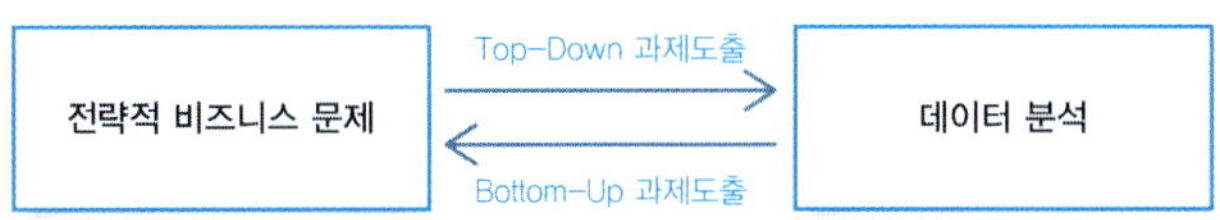

그림 2-11 빅데이터 분석 접근방법

먼저 하향식 접근방법은 문제해결을 위해 필요한 데이터를 수집하고 분석하는 것이고, 상향식은 현재 보유하고 있는 데이터를 분석해 데이터에 숨겨진 뜻밖의 패턴이나 관계를 찾음으로써 결과적으로 예상치 못한 문제를 해결(Serendipitous problem solving)하는 것을 의미한다(김현성, 2020; 박인근 외, 2019).

(1) 하향식 접근방식

하향식(Top-down) 접근방식은 데이터 종류나 분석법에 문제상황을 억지로 맞추는 것이 아닌 해결할 이슈나 문제를 선정 후 이에 대한 원인을 진단하고 연관된 해결방안을 도출하는 시나리오를 수립하는 것을 우선시한다. 즉, 선행적 문제해결 시나리오를 정의하고 적합한 데이터 및 분석기법을 찾아 활용하게 된다. 이때 분석기법은 다양한 이슈나 문제에 대한 해결이 가능한 하나의 실행동인(enabler) 역할을 담당한다.

분석과정을 단계화하고 각 단계에서 수행할 활동들을 정의하고, 그에 따르는 산출물을 점검·확인하여 성공적 기획활동을 도모하는 방식으로 정의할 수 있다. 이와 같은 절차는 〈그림 2-12〉와 같다(김현성, 2020; 노규성 외, 2018).

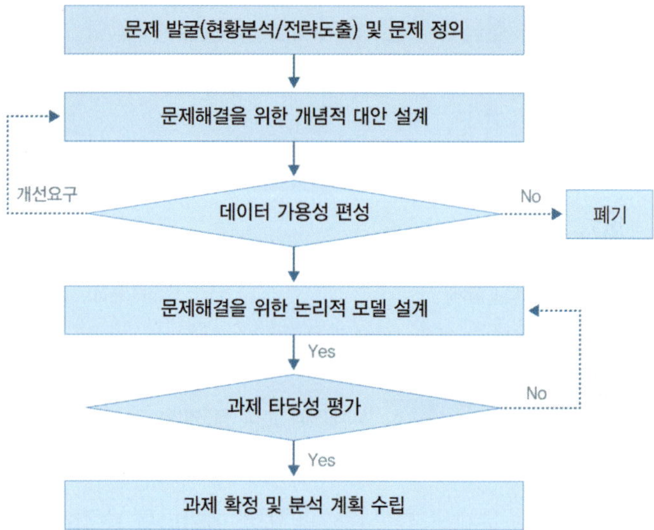

그림 2-12 하향식 빅데이터 분석기획 프로세스

(2) 상향식 접근방식

상향식(Bottom-Up) 접근방식은 다양한 목적을 위하여 생성된 데이터를 중심으로 숨겨진 의미를 파악하려는 노력을 말한다. 보유데이터가 점차 다양해지면서 분석기법 또한 고도화되었으며, 새로운 개념방식의 알고리즘도 등장하고 데이터 분석 용량, 인프라 속도 측면에서도 충분한 성능을 가지고 있어 다양한 실험적 시도가 가능하다.

데이터의 시각화, 조합, 통합을 통해 의미 있는 패턴을 파악할 수 있고, 기존 방식에 대한 이해가 수월해지며 새로운 방식의 이슈나 문제도 해결 가능하다. 이를 '데이터 주도 분석과제 도출'이라고도 한다. 규칙이나 솔루션으로 해결에 기여하지 못해도 그

결과는 기회발견이나 문제에 활용이 되고 문제 정형화 정도에 따라 하향식, 프로토타이핑 접근법으로 프로세스를 시작하며, 그 절차는 〈그림 2-13〉과 같다(김현성, 2020; 노규성 외, 2018).

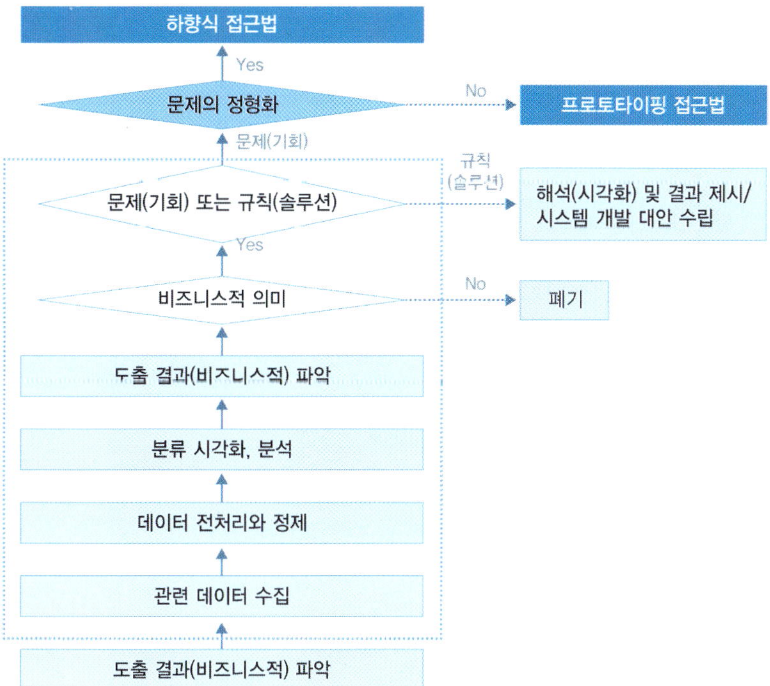

그림 2-13 상향식 빅데이터 분석 기획 프로세스

(3) 프로토타이핑 접근방식

프로토타이핑 접근방식은 사용자가 데이터나 정보 요구사항을 정확히 규정하기 어렵거나 데이터 원천도 파악하기 어려운 경우에 일단 분석을 실시하고 그 결과를 확인하고 개선을 반복적으로 해 나가는 방식을 말한다. 하향식 접근방식은 정형화되어 있고, 데이터가 완벽하게 존재할 경우에 효과적이다. 반면, 프로토타이핑 방법은 완전하

지 못해도 모형이나 해결책을 신속하게 제시함으로써 이를 기반으로 문제를 보다 명확히 하거나 필요한 데이터 식별을 구체화함으로써 빅데이터 분석 기획에 유용한 방법이다. 프로토타이핑의 필요성과 결과는 〈표 2-9〉와 같다(김현성, 2020; 노규성 외, 2018).

표 2-9 프로토타이핑의 필요성과 결과

구분	항목	내용
필요성	문제에 대한 인식 수준	문제가 불명확한 경우나 접하지 못한 새로운 문제의 경우
	필요 데이터 존재 여부의 불확실성	문제해결을 위한 데이터가 모두 존재하지 않는 경우 수집방법, 대체 데이터 등에 대한 부분을 반복적인 순환과정으로 사용자와 분석가 간의 협의 가능
	데이터의 사용 목적의 가변성	데이터의 가치가 사전의 수집목적과 다르게 효용이 지속적으로 변화 가능. 즉, 기존 데이터의 재정의와 검토를 통해 사용 목적과 범위가 확대
결과	성공적 과제도출	프로토타입 결과에 만족한 경우
	개선요구	프로토타입의 일부분만 만족하여 개선해야 하는 경우
	실패 · 폐기	타당성이 전혀 없다고 판단되는 경우

가장 보편적인 결과는 '개선요구'이며, 데이터 분석가와 비즈니스 분석가와 함께 새로운 프로토타입으로 변경해 나간다. 이러한 과정은 결과가 성공이거나 폐기 요구가 될 때까지 〈그림 2-14〉와 같이 수행된다(김현성, 2020; 노규성 외, 2018).

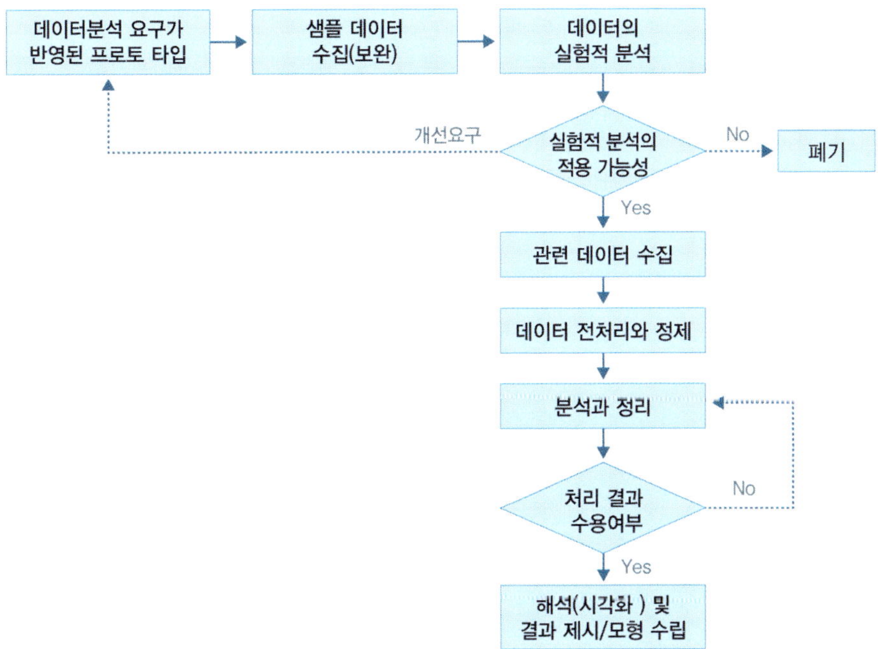

그림 2-14 프로토타이핑 빅데이터 분석 기획 프로세스

(4) 분석 기획 접근방식의 융합적 적용

프로토타이핑 접근방식과 하향식, 상향식 접근방식은 독립적으로 온전하게 기능을 발휘하는 경우는 흔치 않다. 빅데이터 분석을 통한 결과 도출은 한 가지 이상의 방식이 융합하여 결합될 때 효과적인 결과가 제공될 수 있다. 이는 비즈니스 분석가의 지식과 직관, 데이터 분석가의 데이터 특성이해, 그리고 문제 환경의 복잡성을 극복할 수 있는 접근방안의 결합이 필요하다. 세 가지 접근방식의 특성을 종합하면 〈표 2-10〉과 같다 (김현성, 2020).

표 2-10 빅데이터 기획 접근방식 유형 비교

구분	하향식	상향식	프로토타이핑
문제의 사전 정의 문제해결 요구	명확히 존재	사전에 문제가 정의 되지 않음	문제가 존재하나 어떻게 해결책을 강구할 것인지는 불명확
빅데이터 분석 주도자	비즈니스 담당자	데이터 분석가(주) 비즈니스 담당자(부)	비즈니스 담당자
분석의 동인	비즈니스 지식/직관	데이터 기반	비즈니스와 데이터 기반의 복합
기획 절차	명확한 절차 존재	없음	반복적/정교화 과정
요구 데이터의 정의	사전에 정의 가능	분석과정에 따라 요구 데이터가 변화	부분적인 데이터 요구 변화가 반복적으로 발생 가능
최종 결과물	명확한 과제도출 혹은 과제도출 실패 시 프로토타이핑 접근으로 다시 시작	솔루션/규칙 발견으로 종료 문제/기획 발굴로 하향식/프로토타이핑 접근법으로 문제해결	명확한 과제 도출

CHAPTER

03

프로그램의 개발 및 기획

배울내용

1. 프로그램의 개발
2. 프로그램의 기획

학습목표

1. 프로그램 개발의 의미를 파악한다.
2. 프로그램 개발의 개념적 모형을 이해한다.
3. 프로그램 개발의 성격과 제한 요인을 설명할 수 있다.
4. 프로그램 공급모형의 구성요소를 설명할 수 있다.
5. 평생교육 프로그램의 기획에 대해 설명할 수 있다.
6. 프로그램의 기획과정을 숙지한다.

CHAPTER

03 프로그램의 개발 및 기획

1. 프로그램의 개발

1) 프로그램 개발의 의미

평생교육 프로그램이란 "안드라고지 원리에 근거하여 학습체제인 개인, 조직, 지역사회가 교육적 경험을 통해 일정한 변화를 일으킬 수 있도록 교육내용, 교육방법, 교육활동, 교육과정, 학습자 참여를 하나로 통합하여 체계화시킨 교육의 실체"로서 거시적 관점에서 평생교육 프로그램은 평생교육기관에서 제공하는 모든 형태의 학습활동을 말하고, 미시적 관점에서 프로그램은 특정내용을 학습하기 위한 각각의 개별 학습과정의 설계를 말한다(기영화, 2001).

그리고 평생교육 프로그램 개발은 이상적인 교육행위의 조직과 운영을 기본으로 하는 실천 활동으로 대상 고객집단과 기관 간의 공동의 노력을 통해 정보와 자원을 획득하고, 일정한 절차에 따라 적절한 순서대로의 프로그램을 구성하여(이화정 외, 2003), 프로그램을 대상에게 제공하여 그 효과를 평가하고 개정하는 과정을 의미한다. 또한 프로그램 개발의 개념은 프로그램 개발자가 프로그램 개발의 준비과정에서부터 최종적인 평가 및 개정 단계에 이르기까지 매우 광범위한 영역과 사건, 그리고 절차를 하나하나 밟아 가는 것이라고 할 수 있다(고영화, 2007). 이는 프로그램 개발이 평생교육기관에서 교육적 사명과 역할을 다하기 위한 새로운 변화의 창출이며 또한 끊임없이 변화하는 사회 양상과 학습자의 요구 및 필요에 대응하는 적응기제임을 의미한다(노경환, 2013).

평생교육 프로그램 개발은 평생교육기관 차원에서 중요한 의미를 지닌다. 왜냐하면 이는 외부환경 변화라는 사회현상에 적극적으로 대처하는 평생교육기관의 대응이자 평생교육 전문가들이 변화하고자 하는 의지의 산물이며 교육적 대응이기 때문이다(노경환, 2013). 이러한 프로그램 개발의 의미를 다양한 측면으로 나누어 해석할 수 있는데, 이는 〈표 3-1〉과 같이 구조적 측면, 절차적 측면, 행위적 측면, 현상적 측면으로 설명할 수 있다(이화정 외, 2003).

표 3-1 프로그램 개발의 의미

구분	내용
구조적 측면	프로그램 기획, 프로그램 설계, 프로그램 마케팅, 프로그램 실행, 프로그램 평가를 모두 포함한다.
절차적 측면	프로그램을 체계적이고 과학적으로 개발하기 위해 프로그램 개발 전문가가 행하는 모든 활동의 절차 및 단계로 규정되는 일련의 과정을 뜻하는 것으로 전통적 견해를 의미한다.
행위적 측면	프로그래머가 담당해야 할 역할과 그들이 실질적으로 직면하는 문제를 해결해 나가는 일련의 과정으로, 평생교육 프로그램과 관련된 권력이나 주체들 간의 협상, 개발자의 책임성 등을 고려해야 한다.
현상적 측면	학습자와 교수자 사이의 상호작용을 통하여 문제해결에 필요한 지식과 정보를 창출하고 그것을 토대로 내용을 선정, 조직하고 매체화된 자료로 개발하는 행위를 의미한다.

뿐만 아니라 고영화(2007)는 프로그램 개발의 개념을 프로그램 기획이나 설계의 좁은 의미로 이해하는 것과 기획, 설계, 평가까지 전 과정을 포함하는 넓은 의미로 이해하는 것으로 구분하였으며, 권이종과 이상오(2001)은 프로그램 개발의 범위를 개발 과정과 전개 과정으로 구분하고 개발 과정을 계획과 조직의 단계로 구분하였다.

따라서 프로그램 개발은 평생교육기관이 피드백을 획득하는 주요 수단으로, 피드백 활용은 평생교육기관을 변화시키고 환경의 변화에 적응할 수 있도록 할 뿐만 아니라 조직체가 성장할 수 있는 토대를 형성하는 데 도움이 된다(노경환, 2013).

2) 프로그램 개발의 개념적 모형

프로그램 개발은 넓은 의미에서 프로그램을 기획, 설계, 운영 및 평가하는 모든 활동을 포함하는 과정으로 이해되고 있다. 즉, 프로그램의 개발의 개념적 모형은 〈그림 3-1〉과 같다.

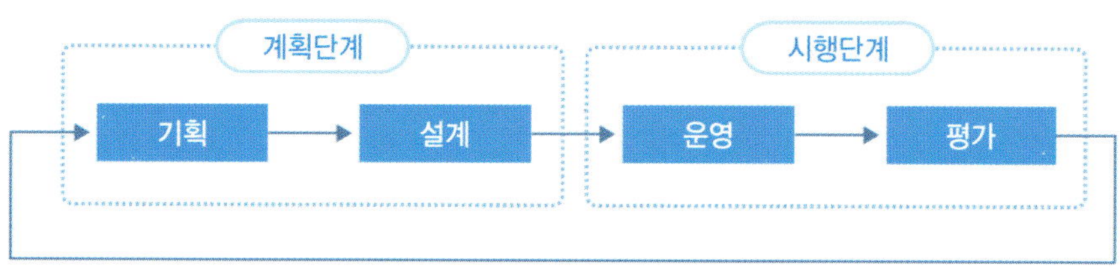

그림 3-1 프로그램 개발의 개념적 모형

프로그램 개발을 계획 과정과 시행 과정으로 구분해 보면, 프로그램 계획은 프로그램 개발을 구체적으로 기안하는 기획 부분과 목표나 내용의 실체와 그 조직을 의미하는 설계 부분을 포함한다. 특히 프로그램의 제반 요소들, 목적과 목표, 학습활동 그리고 평가 등을 고안하고 계획하며 선택하는 데 필요한 의사결정, 즉 여러 가지 관련된 철학적, 심리적, 사회 · 문화적 기초에 대한 면밀한 검토와 분석의 토대 위에서 이루어져야 한다.

프로그램 시행은 프로그램 자체가 그 기능을 수행해 나가는 데 필요한 모든 과정을 의미한다. 이때 가장 기본이 되는 과정에는 프로그램 기획, 실행과 운영, 평가를 포함한다. 이것은 실제로 행동으로 옮기는, 즉 학습지도 현장으로 옮기는 데 따른 제반 절차와 과정에 대한 문제를 검토하는 것이다. 따라서 프로그램 개발이란 기본적으로 프로그램 계획과 시행을 포함하는 용어로 이론과 실제의 통합을 이루고자 하는 행위이다.

프로그램 개발에서 먼저 프로그램 기획이 이루어지고 다음으로 프로그램의 시행, 즉 실행과 운영은 앞에서 세운 세부계획을 곧바로 실천에 옮기는 행동이다. 좁게는 평생교육현장에서 넓게는 평생교육기관에서 프로그램이 이루어지는 단계이다. 그리고 이러한 일련의 프로그램 개발 과정은 프로그램 평가로 이어진다. 프로그램 평가는 프로그램 개발의 마지막 절차이자 피드백을 통해 이론적인 검토와 프로그램 개발의 다음 단계로 이어지는 가교 역할을 한다.

3) 프로그램 개발의 성격과 제한 요인

프로그램 개발이란 평생교육기관에서 교육적 사명과 역할을 다하기 위한 새로운 변화의 창출이며 또한 끊임없이 변화하는 사회 양상과 학습자의 요구 및 필요에 대응해야 하는 적응기제이다. 따라서 평생교육에서 프로그램 개발은 개인 학습자, 학습자 집단 그리고 지역사회의 변화를 지향하는 것이며, 프로그램의 개발의 범위, 잠재적 학습자의 요구 사항, 요구 분석의 우선순위 결정, 프로그램 운영 전략, 결과에 대한 평가 준거 등 제반 내용들의 연속적인 의사결정과정이다. 이러한 과정은 평생교육기관과 학습자 및 그들의 대표나 관련기관 전문가 등 여러 계층의 사람들이 복잡한 절차와 단계에 공동으로 참여하는 집단 활동으로 하나의 체제로 간주될 수 있으며, 특히 잠재적 고객 집단의 자발적인 참여를 유도하기 위해 각별한 노력을 기울여야 한다.

그리고 프로그램 개발은 평생교육기관이 피드백을 획득하는 주요 수단으로 피드백 활용은 평생교육기관을 변화시키고 환경의 변화에 적응할 수 있도록 할 뿐만 아니라 조직체가 성장할 수 있는 토대를 형성하는 데 도움이 된다.

그러나 프로그램을 개발하는 과정에 최상의 모델을 선정하여 진행한다 할지라도 인식되지 않거나 통제할 수 없는 환경적인 요인, 기관 및 조직체적 요인, 개발 과정 요인 등 많은 제한 요소에 의해 영향을 받기 때문에 세심한 주의를 기울이는 것이 필요하다 (Kowalski, 1988). 프로그램 개발에 있어 제한 요인으로 작용하는 것을 구체적으로 살펴보면 다음과 같다.

첫째, 환경적인 제한 요인으로, 이는 평생교육기관 및 조직체의 외부에 존재하는 것으로 가장 확인하기 어렵고 복잡한 장애요인들이다. 구체적으로 평생교육에 대한 잠재적 학습자의 낮은 의식 수준과 그들 사이의 네트워크 부족, 평생교육기관 및 조직체들 사이의 심한 경쟁, 잠재적 학습자들의 평생교육에 대한 부정적인 태도 등을 포함할 수 있다.

둘째, 평생교육기관의 제한 요인으로, 이는 평생교육기관의 속성, 평생교육기관 내부의 인식 부족, 재정자원의 부족, 부적절한 교육시설, 평생교육에 대한 협의적인 시각, 평생교육 프로그램 제공의 이기적인 동기 등이 포함된다. 평생교육기관의 속성이란 기관의 목적, 철학, 이념, 구조 등으로 평생교육기관이 어떤 철학과 이념을 가지고 있느냐에 따라 프로그램 개발 방향이 달라지며, 또한 프로그램 개발자의 계획행동에도 많은 영향을 미친다. 뿐만 아니라 재정적 상태는 프로그램을 개발하는 데 대단히 중요한 요인이므로 기관의 재정적 상태를 정확하게 파악하고 계획을 세워 프로그램을 개발하는 것이 무엇보다 중요하다. 따라서 프로그램 개발 전문가는 기관의 철학과 목표를 통해 프로그램 개발의 방향을 설정하고 개발 과정에 영향을 미치는 요인들에 대한 뚜렷한 인식이 필요하다.

셋째, 프로그램을 개발하는 과정 요인으로, 이는 예산부족, 개발자의 전문성 결여, 개발 시간상의 제한, 개발 과정에 참여한 사람들 사이의 갈등 사항 등이다. 특히 프로그램 개발자의 개인적인 가치관과 목표, 프로그램 개발과 관련된 개념과 원리에 대한 정확한 이해, 프로그램 개발의 전문성은 매우 중요한 요인이 된다. 이와 같은 의미로 프로그램 개발의 성격을 파악하면 프로그램 개발자는 프로그램 설계에서 프로그램 개발의 본질과 그 변화의 과정에 영향을 미칠 수 있는 참여 체제의 특성, 즉 평생교육기관의 사명과 이념, 학습자 집단, 학습체제나 사회 · 문화적 특성, 그리고 프로그램 개발자의 개인적인 특성과 독특한 양식까지도 포함할 수 있는 차원으로 그들의 관점을 확장해야 한다.

이처럼 평생교육 프로그램 개발에 영향을 미치는 요인들은 평생교육기관 경영자, 평생교육전문가, 강사, 학습자, 상담자, 관련 정책 결정자와 지역사회의 각 기관에서 교육 프로그램의 계획과 실행을 담당하는 관련자에 이르기까지 매우 다양하다.

보일(1982)은 프로그램이란 학습자와 프로그램 개발자가 공동으로 만들어 가는 일련의 활동과 결정이라고 정의하면서 프로그램 개발에서 〈표 3-2〉와 같은 내용을 고려해야 한다고 주장하였다.

표 3-2 프로그램 개발 시 고려사항

- 변화시키거나 개선해야 할 문제점이나 상황에 대해 분석하고 나아가 의사결정을 위한 조직적인 구조를 개발한다.
- 학습에 필요한 자원과 학습자, 그리고 지역사회에 대한 분석결과를 효과적으로 이용한다.
- 바람직한 변화가 학습활동 계획에 포함될 수 있도록 확인해야 할 문제점과 상황에 우선순위를 매긴다.
- 주민과 지역사회가 함께하는 프로그램을 통해 얻을 수 있는 장점을 확인한다.
- 프로그램의 효과적인 홍보와 수행을 위해 동원 가능한 자원과 지원 정도를 확인한다.
- 적절한 학습경험을 다양한 참여 학습자들에게 제공할 수 있도록 활동계획을 설계한다.

- 대회, 회의, 워크숍, 개별적 참고자료와 라디오, TV 프로그램을 통해 적절한 학습기회를 제공하도록 고안한다.
- 프로그램의 가치에 대한 효과적인 판단을 하는 데 필요한 책무가 무엇인지를 파악한다.
- 재정관계, 의사결정자, 참여자 그리고 기타 관심 있는 자들과 집단에게 프로그램의 가치를 홍보한다.

따라서 평생교육기관의 프로그램 개발은 기본적으로 각 기관 나름대로 특성을 살리고 프로그램의 기획, 시행, 평가에 관련된 모든 제반 요소들을 체계적으로 분석하고 통합 · 수렴하는 종합적인 과정이다. 또한 현재 우리가 당면하고 있는 평생교육에 대한 부단한 물음들에 대한 해답을 추구하며 미래의 보다 나은 교육을 위한 점진적인 개혁이다. 평생교육 프로그램의 개발은 개발 과정에 참여한 사람들 간의 합의에 바탕을 둔 집단 의사결정이며, 그 교육기관의 조직개발을 위한 참여적 발전과정이다.

4) 프로그램 공급모형의 구성요소

평생교육 프로그램 공급은 특정 환경의 영향 아래 평생교육 프로그램의 투입요소, 과정요소, 산출요소, 피드백요소의 유기적인 시스템적인 작동으로 이루어진다. 즉, 평생교육 프로그램의 공급은 일반적으로 기획과 개발, 운영, 평가, 피드백 단계로 크게 나누어 볼 수 있다. 평생교육 프로그램의 운영은 절차적인 과정을 통해 이루어진다.

평생교육 프로그램 공급은 이 같은 단편적 과정이기보다는 평생교육과 관련한 여러 정책과 제도, 법, 지역사회의 영향을 받으며, 학습자의 요구 등과 관련하여 운영되는 복합적 과정이다. 평생교육 프로그램 공급과 관련된 선행 연구를 바탕으로 평생교육 프로그램 공급모형을 살펴보면 〈그림 3-2〉와 같다(남미란, 2021).

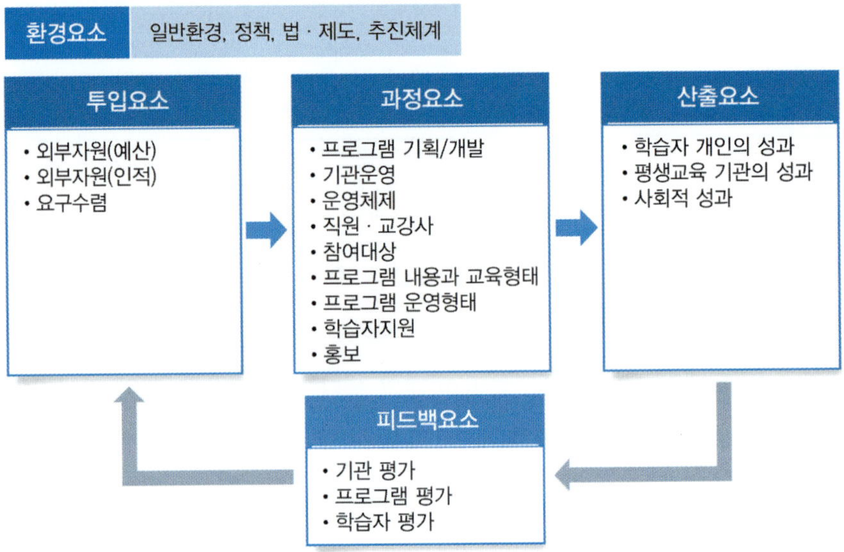

그림 3-2 **평생교육 프로그램 공급모형**

출처: 남미란(2021). 평생교육 프로그램 공급모형 개발 연구: 델파이(Delphi) 기법 적용. 대구대학교 대학원 박사학위 논문.

평생교육 프로그램 공급모형 분석틀은 시스템이론에 기반하여 프로그램의 공급과 관련된 주변환경과 상황을 고려하여 상호작용하며 환류를 통한 선순환적으로 이루어지며, 프로그램 공급은 지속적으로 질적 향상이 이루어져야 한다. 그리고 각 요소 간의 상호작용과 환류를 통한 프로그램 공급의 개선이 계속적으로 이루어지는 것이 필요하다.

(1) 환경(environment)요소

환경은 평생교육 프로그램 공급체계에서 전체적 영향을 주는 요소이다. 평생교육 프로그램에서의 환경은 다양한 요소로 구성된다. 즉, 정치, 경제, 문화, 제도, 정책, 법 등에 관한 요소들이 환경요소이며, 이는 다시 일반환경과 과업환경으로 구분된다. 환경 속에서 직·간적접인 영향력을 가지고 상호작용하는 것으로써 환경에서 보다 긴밀하게 연계되어 있는 환경을 과업환경이라고 하고, 과업환경보다 덜 간접적 영향을 주는 것을 일반환경이라고 한다. 평생교육 프로그램 공급모형에서 일반환경은 평생교육 정의와 여러 학자가 말하는 평생학습사회와 같은 생활 속에서 평생교육을 인식하고 문화화하는 것이다(권양이, 2018; 최다미, 2018; 최종진 외, 2018; Green, 2002). 평생교육의 과업환경으로는 법에 관한 자료로 국가법령정보센터(2021), 교육부(2000)와 평생교육 관련법에 대한 제정 및 개정, 문제점 지적, 개선점 등이 여기에 해당한다(김주영, 2018; 오영석, 2018).

평생교육의 정책과 제도도 평생교육의 환경을 구성하는 요소이다(김경애, 2019). 한편 평생교육 추진체제도 평생교육 환경을 구성하는 요소로 중앙정부 수준, 광역시·도 지자체 수준, 시·군·구 기초지방자치단체 수준으로 구성된다(양흥권, 2017). 평생교육 추진체제는 고정된 환경이 아니라 상시적으로 개선되는 환경이다. 평생교육의 과업환경은 법적인 환경요소가 있다. 평생교육과 관련된 환경으로서의 법적체계는 1949년 「교육법」의 제정으로부터 시작하여, 1982년 「사회교육법」이 제정되었고, 현재 평생교육 환경으로 작용하고 있는 「평생교육법」이 1999년도에 제정되었다. 이후 2007년 「평생교육법」이 전면 개정, 일부 개정 등의 여러 차례의 수정·보완 과정을 거쳤다. 우리나라에서 평생교육은 「평생교육법」을 근간으로 추진되며, 법은 정책과 제도에 영향을 주고받으며, 상호작용을 하는 관계이다.

(2) 투입(input)요소

투입요소는 환경으로부터 특히 과업환경에서 프로그램 공급체계에 영향을 주는 요소이다. 투입은 기관에서 프로그램을 운영하기 전 프로그램을 구성하고 기획하기 위한 직접적 요소에 해당한다. 평생교육 프로그램 공급체계의 구체적 투입요소들을 살펴보면, 외부자원으로 예산 및 시설과 인적자원이 있으며, 학습자의 요구 반영 등이 있다.

평생학습 사업의 활성화를 위하여 전문 인력, 조직체계, 학습자 요구 반영, 재정 등이 투입요소에 해당한다(김승옥, 2010).

투입요소는 프로그램에 참여하는 학습자 측면에서도 중요하고(조연숙, 2001), 프로그램에 참여한 학습자를 중심으로 서비스 질을 조사하여 파악하고 교육사업에 대한 성과와 환류를 통한 프로그램의 질적 향상을 높이는 데도 중요하다(박혜영, 2009).

다시 말해 평생교육 프로그램 공급 체계에서의 투입요소는 평생교육 프로그램의 운영에 기본이 되는 물적자원, 인적자원, 시설자원, 정보자원 등의 요소에 해당하는 것으로 투입요소는 프로그램 공급모형의 다음 단계인 과정(process)에 영향을 주는 요소이다.

(3) 과정(process)요소

과정요소는 평생교육 프로그램을 효과적으로 운영하는 것과 관련된 요소이다. 투입단계에서의 프로그램에 대한 전체적 예산과 인력 및 학습자 요구 사항이 파악되면 과정단계에서 프로그램을 운영하는 기관에서의 프로그램 운영 방향의 실제적 측면이 반영된다.

과정요소의 핵심은 평생교육 프로그램이라고 할 수 있다. 프로그램을 기획하고, 개발하여 운영하는 것이 과정요소의 핵심이다(윤옥한, 2017). 구체적으로 과정요소에서는 환경과 내적요소와 학습자 요구를 고려하여 프로그램의 기획과 개발 및 프로그램의 운영이 이루어지는 것이다. 이 같은 과정요소에는 인적자원도 관여하는데, 지역사회 주민, 타 기관의 인사, 직원과 강사, 자원봉사자, 학습자 등이 과정요소에 관여하는 인적요소이다. 그리고 프로그램의 내용과 프로그램의 운영형태, 학습자에 대한 지원과 홍보 등이 프로그램의 운영요소에 해당한다.

평생교육 공급체제에서 지역사회와 관련된 요소들도 과정요소에 해당한다. 즉, 네트워크와 협력하는 외부기관과 외부인사도 과정요소에 영향을 주는 요소이다(홍숙희, 2011). 평생교육기관을 서비스 기관으로 보고, 프로그램 운영과 관련된 마케팅 요소도 과정요소에 해당한다(양은아, 2019; 오영석, 2018).

프로그램 운영과 관련된 관계자인 평생교육사, 전문가, 실무자, 교·강사, 학습자, 수요자, 공급자 등 여러 이해관계자들도 과정요소에 해당하는 인적요소이다(백순근, 유예림, 2008; Green, 2002; Scriven, 2007).

평생교육 프로그램을 운영하는 과정에서 예기치 못한 문제나 변수가 발생할 수 있고, 기관의 운영자는 이 같은 문제에 대응한다. 또한 프로그램이 공급되고 운영되는 사전·사후 조사뿐만 아니라 운영 중에도 수시로 모니터링을 통하여 프로그램 운영을 전반적, 종합적으로 관리하는 것이 중요하다.

프로그램을 제공하는 주체는 프로그램 운영기획 단계에서 프로그램의 종류, 프로그램 대상, 프로그램 운영방식 등에 대한 구체적 기획과 개발을 진행한다. 과정요소는 이 같은 평생교육 프로그램의 기획과 개발에 관련된 요소, 기관의 경영과 운영전반에 관련된 요소, 프로그램 운영에 투입되는 지원과 교강사 등 인적자원, 프로그램에 참여하는 학습자, 프로그램의 교육내용과 프로그램의 교육운영 형태, 프로그램 운영형태, 학습자에 대한 지원과 홍보 등이 여기에 해당하는 요소이다.

이처럼 과정요소는 프로그램이 운영되는 것과 밀접한 영향과 직접적인 요소들인 기관과 프로그램 운영에 관한 요소 등이 포함되어 있어 과정요소도 평생교육 프로그램의 공급에 있어서 중요한 기능을 담당한다.

(4) 산출(output)요소

평생교육 프로그램 공급모형에서 산출요소란 프로그램의 참여와 운영 결과로 나타나는 최종 성과에 해당하는 요소이다. 산출요소는 개인적인 측면과 기관적인 측면 및 사회적인 측면의 요소로 구성된다. 이처럼 산출요소는 프로그램이 공급되고 운영됨에 따른 프로그램의 결과와 성과에 해당하는 요소이다. 개인적 측면의 요소는 프로그램에 참여하여 과정을 모두 잘 이수함으로써 프로그램 참여초기에 본인의 참여동기와 목표의 성취와 관련된 요소이다.

학습자는 프로그램에 참여하여 자신의 개인적 목표, 즉 삶의 만족, 역량 개발, 취업, 여가, 취미 등 자신이 프로그램에 참여한 동기를 바탕으로 한 목표가 달성되는 것이다. 프로그램의 참여로 인하여 개인의 역량을 높이고 더 나아가 자격증을 취득하여 취업, 봉사, 재능 기부 등으로 활동을 이어갈 수 있다(장은숙, 박명신, 2015).

프로그램의 산출요소는 민간기관과 정부의 관리 감독에 해당하는 프로그램 운영의 사회적 성과에 대한 측면도 해당된다(강경애, 2019). 프로그램의 운영 성과는 평생교육 프로그램을 운영하는 기관과 지역사회까지 영향을 미칠 수 있다. 최운실(2005)은 평생교육 프로그램 운영성과를 인적자본과 개인적 자본, 사회 · 문화적 자본으로 분류하여 제시하였다. 프로그램 운영의 사회적 성과는 프로그램을 참여하여 동아리, 봉사활동, 지역사회 연계 활동 등으로 이어져 지역사회와 사회적으로 영향력을 미치는 것과 같은 것이다.

이처럼 평생교육 프로그램 운영은 지역사회에도 영향을 준다. 평생교육을 통한 교육공동체의 구성은 지역사회의 공동체 형성에 영향을 주고(이희수, 2005), 지역의 인적자원 개발과 학습동아리는 지역공동체 형성으로 민주적 시민사회 형성에 영향을 주는 것이다(차갑부, 2014). 평생교육 프로그램 운영의 성과는 개인학습자, 평생교육 프로그램을 운영하는 기관, 지역사회 등에 영향을 준다(김종오, 2017).

다시 말해 평생교육 프로그램 운영 모형의 산출요소는 프로그램 운영결과로 나타나는 평생교육의 성과에 해당하는 것이다. 이 같은 요소는 학습자 개인의 역량의 증진과 자아개발과 능력개발, 자격증 취득, 취업 등과 관련된 요소이다. 그리고 기관적 요소는 평생교육 프로그램 운영결과로 기관의 성과 및 발전과 관련된 요소이다. 평생교육 프로그램의 산출은 사회적인 발전과 문화의 변화와 공동체 형성, 민주성의 증진 등과 같은 요소도 산출요소에 해당한다. 그리고 개인, 기관, 지역사회의 산출요소는 이후의 피드백 요소에 영향을 준다.

(5) 피드백(feedback)요소

피드백요소는 프로그램 운영전반을 평가하여 평생교육 프로그램의 개선을 위하여 투입과 과정을 조절하는 요소를 말한다. 프로그램 평가는 프로그램의 가치와 장점 판단과 결정, 효과 및 영향에 대하여 파악하고, 목표달성 정도의 확인과 의사결정의 보조 역할을 하는 것이다(김남선, 2007).

피드백은 기관의 측면, 프로그램의 측면, 학습자의 측면에서 이루어진다. 평생교육 프로그램을 관리하기 위하여 문제점을 파악하여 추후 프로그램 개선에 반영하는 것을 피드백요소라고 한다. 피드백은 프로그램과 관련한 모든 사람들을 대상으로 실시한다. 기관에 소속된 관계자, 프로그램에 참여하는 참여자, 프로그램에 참여한 강사 등 여러 측면에서의 의견들을 알아볼 필요가 있다. 프로그램 피드백이 이루어지는 시기는 프로그램 운영의 사전, 중간, 사후에 이루어질 수 있다. 여기서의 피드백요소는 프로그램 운영의 사후에 이루어지는 요소이다.

피드백 단계를 통하여 프로그램의 운영에서 프로그램의 목표달성을 위하여 운영되고 있는지 그리고 프로그램의 운영 전 · 후 변화가 있는지, 프로그램의 만족하는 점과 부족한 점이 어떤 것인지 등 여러 측면에서의 조사를 통하여 운영과정에서 변화를 할 수도 있고, 추후 프로그램 기획에 반영하여 더 나은 프로그램의 운영을 추구할 수 있다.

피드백 단계는 평생교육 프로그램에 대한 공급체계에서 평생교육기관의 프로그램 운영과 관리에 대한 평가 등과 같은 기관평가, 학습자에 대한 평가, 운영자에 대한 평가 등 여러 측면의 평가 및 만족도 조사를 통하여 프로그램에 전반적 사항을 평가한다(강훈, 2016).

이러한 기관과 프로그램 및 학습자에 대한 평가를 거쳐 프로그램을 관리 · 감독을 할 수 있고, 어떠한 변화와 개선이 필요한지를 파악할 수 있다. 평가의 필요성과 평가로 얻는 결과 등은 이후의 프로그램 개선을 위하여 피드백요소에 반영된다(구경희, 윤명희,

2018; 허영주, 2015).

이처럼 평생교육 프로그램 공급모형에서 피드백요소는 평생교육 프로그램 운영결과로 산출되는 요소를 사정하고 평가하여 프로그램의 투입과 과정 및 산출단계에 피드백되는 요소를 말한다.

2. 프로그램의 기획

1) 평생교육 프로그램의 기획

프로그램 개발단계에서 가장 중요한 것은 "왜 프로그램을 개발하는가?" 하는 물음에 답하는 것이다. 즉, 프로그램을 개발하는 목표가 명확하게 정리되어 있어야 한다(성낙돈, 김창엽, 2013). 프로그램 개발의 목표가 설정이 되면 목표달성을 위한 전반적인 준비과정이 필요하며, 이러한 준비과정을 프로그램 기획이라고 할 수 있다.

따라서 프로그램 기획은 프로그램 개발과정에서 구체적인 프로그램 형태를 결정하기 위한 기초적인 창조과정이며 준비과정이라고 할 수 있다(노경환, 2013). 프로그램 기획은 조직에서 실시하게 될 평생교육이 실제로 시행되지 않은 상태에서 실행과정과 실행 후의 상황 등에 대해 미리 예측하여 볼 수 있게 한다(기영화, 2001). 즉, 프로그램 기획은 프로그램 개발 전체를 조율하는 방향타로서 매우 중요한 의미를 지니게 된다(노경환, 2013). 예를 들어, 프로그램 기획이란 '프로그램 개발에서 무엇을 할 것인가?, 프로그램을 왜 개발하는 것인가?, 프로그램 개발을 어떻게 할 것인가?'를 체계적이고 논리적으로 추진하는 것을 의미한다(김진화, 2001). 따라서 프로그램 기획을 얼마나 철저하게 시행하였는가에 따라 개발될 프로그램의 질이 결정되며 체계적이고 논리적이며 객관적인 프로그램 개발의 토대가 마련된다고 할 수 있다(이해주 외, 2009).

분(Boone, 1985)은 평생교육 프로그램 기획의 성격에 대해 미래지향적인 활동, 적극적이고 능동적인 행위, 평생교육기관의 효율성 증대 기능, 연속적이며 단계적인 과정, 협동적인 노력 등이라고 주장하였으며, 그 내용을 구체적으로 살펴보면 다음과 같다.

첫째, 프로그램 기획이 미래지향적인 활동이라는 의미는 평생교육기관이 그 기관의 목적과 이념을 실천해 나가기 위한 교육 프로그램을 사전에 준비하는 것이다. 둘째, 프로그램 기획이 적극적이고 능동적인 행위라는 의미는 평생교육기관이 변화하는 사회에 대해 수동적으로 대처해 나가기보다는 평생교육기관의 생존과 발전을 위해 적극적으로 행동하는 것이 바로 프로그램 개발이라는 것이다. 셋째, 프로그램 기획이 평생교육기관의 효율성 증대 기능을 수행한다는 의미는 평생교육기관이 미래에 수행할 프로그램 운영에 대해 사전에 철저한 준비과정을 거침으로써 자원의 배분과 운영의 합리화를 통해 평생교육기관의 운영과 관리 면에서 효율성을 증대시킬 수 있다는 것이다. 넷째, 프로그램 기획은 관련 정보를 수집, 분석하고 요구를 확인, 사정, 분석하는 연속적이며 단계적인 과정이라는 것이다. 다섯째, 프로그램 기획이 협동적인 성격을 가지고 있다는 것은 프로그램 기획에 영향을 끼치는 제반 요소들을 반영하되 특별히 프로그램 개발 과정에 영향을 끼치는 많은 사람들의 참여가 이루어져야 바람직하다는 것을 뜻한다. 즉, 평생교육 프로그램 기획은 개발하고자 하는 프로그램의 그림을 그려서 결정하는 작업으로 구체적인 프로그램 형태를 결정하기 위한 기초적인 창조과정임과 동시에 프로그램 개발의 기본 방향을 설정하고, 프로그램을 개발하기 이전 단계에서 필요한 모든 사항을 준비하고 고민하는 포괄적인 과정의 의미를 지닌다.

2) 프로그램의 기획과정

프로그램의 개발에서 프로그램 개발의 기본 방향을 설정하는 기획이 무엇보다 중요하다. 이러한 프로그램의 기획과정은 프로그램의 상황분석, 프로그램 요구분석, 프로그램 목표전환, 프로그램 운영방법, 프로그램 자원확보 및 관리, 마케팅과 홍보전략, 프로그램 평가와 결과보고 순으로 이루어진다. 조창빈(2014)은 선행 연구들을 바탕으로 기획과정 영역을 〈그림 3-3〉, 영역별 세부내용은 〈표 3-3〉과 같이 제시하였다.

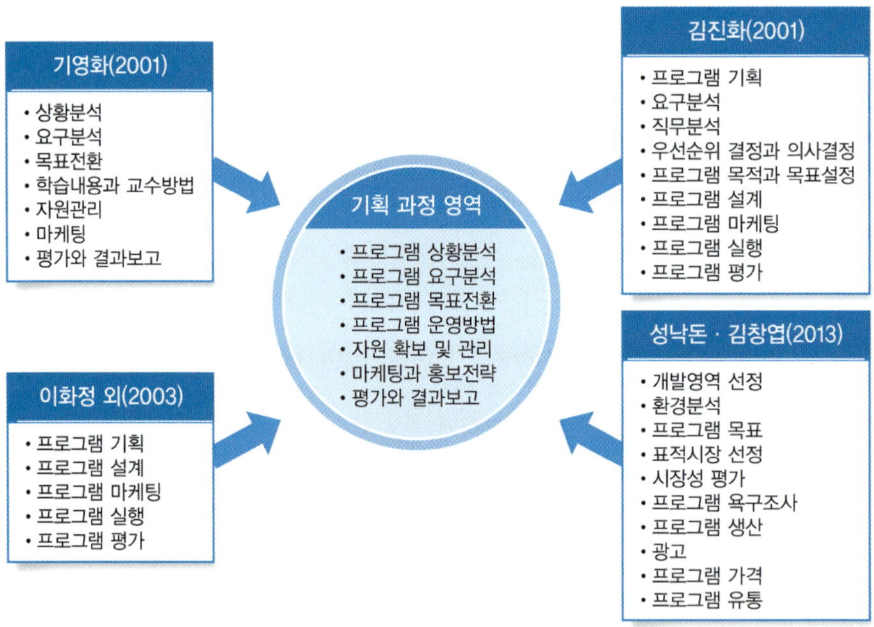

그림 3-3 기획과정 영역

출처: 조창빈(2014). 장애인 평생교육 여가활동 프로그램 기획과정 분석. 단국대학교 대학원 석사학위논문.

표 3-3 프로그램 기획과정 영역별 세부내용

기획과정 영역	기획과정 영역별 세부내용
프로그램 상황분석	프로그램 개발의 기초 작업으로 프로그램의 내부적 요인과 외부적 요인을 분석하여 프로그램의 주제 및 목적을 실현할 수 있는지 파악하는 단계이다.
프로그램 요구분석	프로그램 대상자의 요구를 파악하는 작업으로 대상자 개인의 요구를 파악하고 이를 프로그램에 반영할 수 있도록 도식화하는 단계이다.
프로그램 목표전환	요구분석 결과를 프로그램의 목표로 전환하는 작업으로 대상자의 여러 요구 중 상황분석 결과에 맞게 실현가능한 요구를 선택하여 이를 구체적인 프로그램 목표로 전환하고 결정하는 단계이다.
프로그램 운영방법	목표에 맞는 운영방법을 설계하는 작업으로 정해진 프로그램 목표를 바탕으로 학습내용, 교수방법, 운영기간 등을 구체적으로 결정하는 단계이다.
프로그램 자원확보 및 관리	프로그램에 관련된 인적, 물적 자원을 선정하는 작업으로 프로그램에 관련된 모든 예산 및 예산관리방법을 결정하는 단계이다.
프로그램 마케팅과 홍보전략	프로그램 대상자의 참여를 이끌어 내는 작업으로 상황분석결과를 바탕으로 잠재적 프로그램 대상자에 맞는 전략을 수립하고 실행하는 단계이다.
프로그램 평가와 결과보고	프로그램의 목적과 목표가 이루어졌는지 확인하는 작업으로 프로그램 평가에 관련된 전반적 사항(평가주체, 평가목적, 평가내용 등)을 결정하고 평가결과를 보고할 시기, 대상 등을 결정하는 단계이다.

CHAPTER

04

프로그램 상황분석

배울내용

1. 프로그램 상황분석의 개념
2. 상황분석 관련 이론
3. 상황분석의 실제

학습목표

1. 프로그램 상황분석의 개념을 설명할 수 있다.
2. 상황분석의 의미를 파악한다.
3. 상황분석의 요소를 구분할 수 있다.
4. 상황분석 절차를 숙지한다.
5. 상황분석의 실제를 통해 프로그램 개발의 적용가능성을 모색해 본다.

CHAPTER

04 프로그램 상황분석

평생교육 프로그램의 개발은 프로그램에 대한 기획이 이루어지고 나면, 상황분석, 요구분석, 목표전환, 운영방법, 자원확보 및 관리, 마케팅과 홍보전략 그리고 평가와 결과보고 순으로 이루어지게 된다.

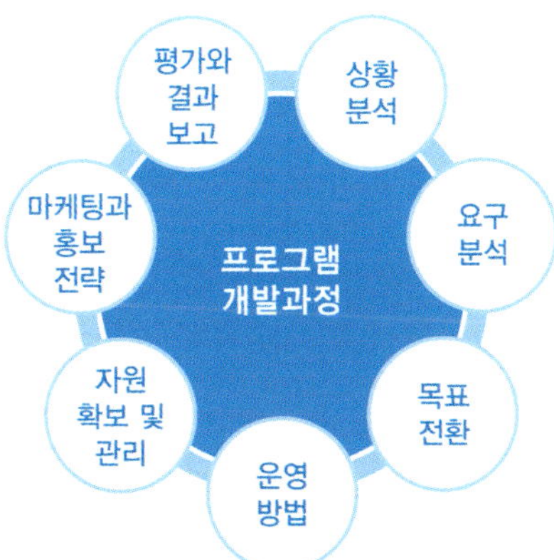

그림 4-1 프로그램 기획과정

〈그림 4-1〉의 프로그램 기획과정에서 본 장에서는 프로그램 상황분석에 대해 자세하게 살펴보고, 나머지 프로그램 개발과정은 5장(프로그램 요구분석), 6장(프로그램 목표전환), 7장(프로그램 운영방법), 8장(프로그램 자원확보 및 관리), 9장(프로그램 마케팅과 홍보전략), 10장(프로그램 평가와 결과보고)에서 구체적으로 살펴보고자 한다.

1. 프로그램 상황분석의 개념

프로그램 기획과정의 첫 단계에서는 프로그램 개발의 상황분석(situational analysis)이 이루어진다. 이 단계는 프로그램 기획이 효과적으로 이루어지기 위해 개발의 필요성이나 그 요구에 대한 프로그램의 주제와 목적 등을 명확하게 확인하는 과정이다(노경환, 2013). 따라서 프로그램 기획에서는 기관의 외부적 환경과 내부적 조직특성 등을 포함하는 기관의 내·외적 환경 분석 작업이 매우 중요한 요소가 된다(이화정 외, 2003).

프로그램 상황분석은 프로그램 개발과 관련된 기본적인 모든 요소를 파악하는 것을 말한다(김진화, 2001). 따라서 프로그램 상황분석은 프로그램이 개발되기 위한 가장 기초적인 작업으로 프로그램의 상황을 분석하는 작업은 프로그램의 밑그림을 그리는 작업이라고 할 수 있다. 구체적으로 왜 그 문제가 발생하게 되었는가?, 프로그램이 개발될 필요성이 있는가?, 누구를 위한 프로그램 개발인가? 하는 등의 문제를 다루게 된다(기영화, 2001). 이 때문에 프로그램 상황분석은 프로그램 개발의 기초 작업이며, 동시에 프로그램이 왜 필요한지에 대한 타당성을 검증하는 과정이라고 할 수 있다.

프로그램 상황분석의 영역은 크게 지역사회 분석, 기관 및 조직 분석, 사회적 맥락 분석으로 구분할 수 있으며, 세부적 영역은 학자들마다 차이를 보이고 있다. 구체적으로 프로그램 상황분석 영역에 대해 김진화(2001)는 지역사회 분석의 세부 영역으로 문화적, 사회적, 심리적, 경제적, 정치적, 물리적 요소에 대한 분석을 포함시키고 있으며, 기관 및 조직의 분석에는 기관의 철학, 조직구조, 목적, 임무 등을 포함시키고 있다. 또한 사회적 맥락 분석에서는 사회적 요구와 얼마나 일치하며, 그것을 얼마만큼 반영한 것인가에 초점을 맞추고 있다. 기영화(2001)는 프로그램 상황분석의 세부영역으로 프로그램 개발 여부, 프로그램 아이디어 창출, 프로그램 환경분석(조직분석과 지역사회 여건분석), 프로그램 고객분석(잠재적 고객, 목표집단과 지도자 규명)을 포함시키고 있다.

위와 같이 상황분석의 영역들은 프로그램의 잠재적인 참여자와 프로그램 환경요소인 조직 및 지역사회를 분석하여 얻은 자료로서 프로그램 개발의 초석이 된다고 할 수 있다. 즉, 프로그램 상황분석은 프로그램 개발을 위한 모든 주변 환경과 내부적 요인 등을 파악하고 프로그램 개발 자체의 타당성을 검증하는 과정이라고 할 수 있다.

2. 상황분석 관련 이론

상황분석(situational analysis)은 상황(situation)과 분석(analysis)이라는 두 가지 중요한 개념을 의미하며(Marsh, 1997), 상황분석은 한 평생교육기관의 상황에 적합한 교육과정 및 프로그램 개발을 위해 반드시 필요한 과정 중의 하나이다.

평생교육 프로그램을 개발하는 데 있어서 상황분석은 왜 필요한가? 이 질문에 대한 해답은 상황분석의 의의를 분명히 해 줄 것이다. 또한 상황분석에는 어떠한 요소가 포함되며, 그 과정은 어떻게 이루어지는가에 대한 탐색도 평생교육 프로그램 개발의 과정을 체계화하는 데 도움을 줄 수 있다.

1) 상황분석의 의미

평생교육 프로그램 개발에 있어서 상황분석은 어떤 의미가 있는가? 그것은 당해 평생교육기관의 현재 상황을 중심으로 평생교육 프로그램이 개발되어야 하기 때문에, 상황분석이 평생교육기관의 현재 상황을 충분히 설명해 줄 수 있다는 점이다.

과거 교수자중심에서 최근 학습자중심의 교육과정 및 프로그램의 개발이 강조되면서 교육과정 및 프로그램 개발의 첫 단계이자 지속적인 단계로서 상황분석의 중요성이 증가하고 있다. 왜냐하면 목표와 학습경험의 선정을 정당화하기 위해, 전문가들은 상황이나 학습상황의 본질을 검토해야 하기 때문이다. 이것은 교사들이 학습자들의 배경과 경험, 교사의 태도와 지식, 평생교육기관의 분위기, 자원 및 외부의 규제와 같은 요소들을 포함한 학습상황을 검토해야 함을 의미한다.

따라서 평생교육 프로그램의 개발은 평생교육기관 수준의 상황을 정확히 검토하는 데에서 시작되며, 모든 평생교육기관의 상황이 다르기 때문에 한 평생교육기관의 상황분석 결과를 다른 평생교육기관에서 이용할 수 없다. 평생교육기관의 상황을 정확히 파악했을 때, 그 상황의 잠재성이 실현될 수 있는 교육과정 및 프로그램이 개발될 수 있는 것이다(Brady, 1995).

상황분석의 필요성을 주장하는 근거가 어디에 있는가를 교육과정적 입장에서 살펴보면 〈표 4-1〉과 같다(Nicholls & Nicholls, 1978; Marsh, 1992; Oliva, 1982; Print, 1988; Sockett, 1976).

표 4-1 상황분석 필요성의 근거

- 학습자중심의 교육과정 및 프로그램을 개발하기 위해서이다. 평생교육 프로그램이 평생교육기관의 제반 여건에 비추어 "기존 프로그램으로 충족시키지 못하는 학습자의 요구를 충족시키기 위해" 개발하는 것이 주된 이유라면 학습자의 요구나 흥미가 프로그램에 반영될 수 있도록 학습자에 관한 분석에 일차적인 초점을 맞추어야 하기 때문이다.
- 학습자, 교사, 지역사회의 제 요인들을 평생교육 프로그램에 최대한 수용하기 위해서이다. 상황은 학습자, 학습자의 가정과 배경, 평생교육기관과 그 풍토, 교직원, 시설과 설비 등 여러 가지 요인들로 구

성되어 있으며, 교육과정 및 프로그램 계획과 관련된 이들 제 요인들을 분석하는 것은 합리적인 접근 방법을 향한 하나의 단계가 될 수 있기 때문이다.

- 가변성과 복잡성을 가진 평생교육기관의 현재 상황을 평생교육 프로그램에 대폭 반영할 수 있기 위해서이다. 교사들은 비록 점진적이지만 상황이 가변적이라는 것을 이해해야 한다. 이것은 상황분석에 있어서 평생교육기관의 현재 상황의 가변성과 복잡성이 포함되어야 함을 뜻한다. 평생교육기관이 하나의 사회집단이라고 볼 때, 그 집단은 그 나름대로의 복잡성을 가지게 된다.
- 평생교육 프로그램의 목표설정을 위한 기본 토대를 마련해 주기 때문이다. 상황분석이란 학습자, 교사 및 시민들이 대안적인 교육목표를 논의할 수 있도록 하는 데 아주 중요한 수단이다. 또한 상황분석은 평생교육 프로그램의 목적과 목표를 달성하기 위한 토대를 마련해 준다. 예를 들어, 장애를 가진 학습자들의 셈하기 능력의 저하가 학교에서 대안적인 목표를 설정해야 할 문제점으로 인식된 경우, 장애를 가진 학습자들의 셈하기에 대한 태도, 학습방법, 학급풍토에 대한 상황분석을 실시하고, 또한 교사의 교수방식, 교육관, 셈하기에 대한 태도를 분석한 결과는 장애인의 셈하기 능력의 저하의 원인을 밝혀내는 데 매우 유용한 자료가 될 수 있기 때문이다.
- 상황분석은 언제나 새로운 자료를 평생교육 프로그램의 개발에 공급해 줌으로써, 프로그램 개발이 지속되도록 해 준다. 즉, 새로운 자료는 사전 의도에 해당하는 목표설정과 사전 의도의 구현을 위한 내용의 선정 · 조직에 기여한다. 또한 실행과 평가에서 얻어진 자료들은 검증을 통한 자료들로 프로그램 개선 작업에 기여하게 된다.

그러므로 상황분석을 통해 얻어진 자료들이야말로 후속의 프로그램 개발에 있어서 의사결정을 위한 보다 신뢰롭고 타당한 자료들이라고 할 수 있다.

2) 상황분석의 요소

평생교육 프로그램 개발을 위해서 참여자들이 가장 먼저 수행해야 할 일은, 평생교육기관의 상황 중에서 어떤 요인들을 분석해야 할 것인가를 결정하는 일이다. 상황은 학습자, 학습자의 가정과 배경, 평생교육기관과 그 풍토, 교직원, 시설과 설비 등 여러 가지 요인들로 구성되어 있다(Nicholls & Nicholls, 1978). 즉, 평생교육기관의 상황을 구성하는 요소는 크게 평생교육기관의 외적 요소와 내적 요소로 구분되는데, 구체적으로 살펴보면 〈표 4-2〉와 같다(Skilbeck, 1976).

표 4-2 스킬벡(Skilbeck, 1976)의 상황분석의 외적 요소와 내적 요소

구분	내용
외적 요소	• 사회 · 문화적 변화(부모의 기대, 고용주의 요구사항, 지역사회의 가정과 가치, 성인과 아동 간의 변화하는 관계 및 이념) • 교육청 및 감독기관의 요구(정책방침, 교육과정계획, 교육연구) • 가르쳐야 할 교과 및 프로그램의 본질적인 변화 • 교사지원기관의 잠재적인 기여(교사양성 대학, 연구기관) • 평생교육기관에 들어오는 많은 자원
내적 요소	• 학습자: 태도, 능력 및 분명한 교육적 요구 • 교사들: 가치, 태도, 지식, 경험, 특수한 장 · 단점, 역할 • 평생교육기관의 관습과 정치구조: 전통, 힘의 분배, 권위 있는 관계, 규준에 부합하고 일탈현상을 다루는 방법을 포함한 일반적인 가정과 기대 • 건물, 장비 및 그런 자원을 늘릴 잠재성을 가진 물적 지원 • 기존의 프로그램에서 지각되고 느껴진 문제점과 단점

그리고 브래디(Brady, 1995)는 스킬벡(1976)이 제안한 외적 요소에 속해 있는 5항목과 내적 요소에 속하는 5항목에 많은 하위 항목들을 첨가하여 상황분석 요인들을 더욱 구체적으로 제시하였는데, 그 내용은 〈표 4-3〉과 같다.

표 4-3 브래디(1995)의 상황분석의 외적 요소와 내적 요소

구분	항목	내용
외적 요소	문화적 사회적 변화와 기대	• 여성의 권익 신장과 고용 증대 • 지역 주민의 증감 • 고등교육 진학자의 증가 • 외국과의 교류로 삶의 기준 상승 • 고용주의 요건 • 부모의 기대(문해, 숙제, 학교훈육) • 교회 또는 여타 문화 집단의 영향 · 지역의 산업
	교육 체제의 요건	• 외부 평가의 유형과 영향 • 교육과정 의사결정에서 평생교육기관의 기능 • 평생교육기관의 자율성의 정도

구분	항목	내용
		• 지역주민의 참여의 정도 • 물리적 공간, 소풍, 운동장 등에 있어서 체제의 요건
	교과의 성격	• 통합교과 • 교과방법의 변화
	교사지원체제의 잠재적 공헌	• 지역의 고등교육기관 • 교육과정 컨설턴트 • 현직연수 과정 • 시청각자료 • 전문시적 • 시범수업과 조언
	자원	• 부가적으로 사용 가능한 기금 • 학부모와 지역사회의 잠재적 기부 • 학부모의 보조교사 활용 여부
내적 요소	학습자	• 학습자의 특징: 수, 연령, 거주지역, 인종배경 • 평생교육기관의 상황: 교사나 프로그램과 관련된 상황 • 신체발달: 신체적인 발달상태, 운동기능, 신체적 요구, 건강 • 심리발달: 자아개념, 동기, 요구가 충족되지 못한 증거 • 정서·사회적 발달: 다른 학생들·교사·학부모와의 관계, 자기주도성, 공격성이나 유순함의 증거 • 지적발달: 준비성, 능력, 인지발달 수준, 특수한 재능, 경험 • 개인의 특징: 성격, 도덕적 발달, 가치와 태도, 동기유발, 야망, 자신감, 반사회적·친사회적 경향, 독특한 행동
	교사	• 교사의 장·단점 • 교사들의 관심 • 교사의 기대 • 전반적인 프로그램 개발과 혁신에 대한 교사의 태도 • 교수양식 • 교사의 자기평가 • 교사역할
	평생교육기관의 풍토	• 평생교육기관장의 지원 • 평생교육경영의 강조점 • 교사들 간의 친밀성 • 교직원들 간의 비협동성

구분	항목	내용
	물적 자원	• 사용가능한 평생교육기관의 시설 • 시설활용에 대한 방침 • 지역사회 시설과 관련된 방침과 업무 • 특수한 공간의 이용가능성 • 수업자료의 특성과 수 • 새로운 자료를 선정하는 절차 • 물적 자원을 구입할 수 있는 자금 • 전문적인 도서의 질과 범위
	기존의 프로그램에서 인식된 문제점	• 혁신에 대한 교사의 이해부족 • 혁신이 부적합한 평생교육기관 • 혁신에서 요구하는 새로운 역할에 대한 교사의 이해부족 • 새로운 역할을 수행하는 데 필요한 교사의 전문적인 지식부족 • 필요한 자원의 부족 • 평생교육기관에서 필요한 의사소통의 부족

또한 윌리스(Willis, 1993)는 평생교육기관에 대한 상황분석으로서 요구조사 항목을 제시하였는데, 많은 평생교육기관에서 학습자의 진실한 요구를 조사하지 못해 프로그램 개발의 기능상실을 초래하고 있다고 주장하고 있다. 요구조사를 하는 주된 이유는 실제 의도가 현재의 교수형태를 통하여 충족되고 있는가를 결정하기 위해서이며, 그러한 조사를 통해 교육목적, 교수방법, 학습자에 대한 기대를 조절할 수 있다. 따라서 요구조사의 강조점은 현재의 상태라기보다는 그러한 조건들이 프로그램에 어떻게 영향을 미치는가에 관한 것이다. 요구조사에서 검토해야 할 항목들에 대해 구체적으로 살펴보면 〈표 4-4〉와 같다.

표 4-4 요구조사에서 검토해야 하는 항목들

구분	내용
일반적 정보	• 거주의 위치 • 지역의 인구통계학적 특징 • 지역의 천연자원 • 상업-산업 자료 • 지역 주민의 수입 수준 • 특수한 사회·경제적 고려 사항
일반 주민 특성	• 주민 발전 패턴 • 주민의 나이, 인종 • 주민의 교육적 수준 • 예상되는 인구
학습자의 특성	• 학년에 따른 재적 수 • 지역의 출산율·노인인구의 경향 • 전입과 전출 형태 • 지역의 인종·성·종교 구성 • 25세 이상의 학력
지역의 프로그램과 교육과정	• 평생교육기관 프로그램의 조직 • 프로그램의 개념과 원리 • 교육과정 • 특별 프로그램 요구
전문적 직원	• 교사의 훈련과 경험 • 추세와 발전에 대한 인식 • 변화에 대한 태도
교수 패턴과 전략	• 교수 프로그램의 철학적 초점 • 관찰과 지각에 의한 교수 데이터 • 사용하고 있는 교수 전략의 평가 • 사용하고 있는 교수 자료 • 의사결정과 계획 • 교수를 위한 집단조직 • 학급경영 기술 • 학습자의 평가와 정치 • 학습자의 독립성 • 교수 효과성 평가

구분	내용
학습자 자료	• 학습자 경험 • 학습자의 자존감 • 학습자의 학업성취
시설	• 보유하고 있는 시설과 장소 평가 • 특수 설비 • 설비의 이용 • 예상되는 설비 요구

평생교육기관의 프로그램 개발 계획에 있어 구체적인 배경(context)이 매우 중요하며, 적절한 프로그램 개발을 위해 학습자, 교사, 평생교육기관의 환경에 대한 정보를 얻는 것은 매우 중요하다. 이러한 과정은 상황분석(situational analysis) 혹은 요구조사(needs assessment)라는 용어로 표현된다(Marsh, 1997).

지금까지 살펴본 바와 같이, 학자들마다 상황분석 요소를 다양하게 제시하고 있지만, 대부분 공통적으로 학습자, 평생교육기관, 지역사회, 프로그램(교과)을 상황분석 요소에 포함시키고 있다. 그중에서도 학습자 요인이 상황분석에서 가장 중요한 요인임을 알 수 있다.

3) 상황분석 절차

상황분석 요인들은 그 자체로서 평생교육기관의 프로그램에 반영되어지는 것은 아니다. 그것이 평생교육 프로그램에 반영되기 위해서는 일정한 상황분석 과정을 거쳐야 한다. 이러한 과정은 상황분석의 절차라고 하며, 〈그림 4-2〉와 같이 4단계로 구분할 수 있다(Print, 1988).

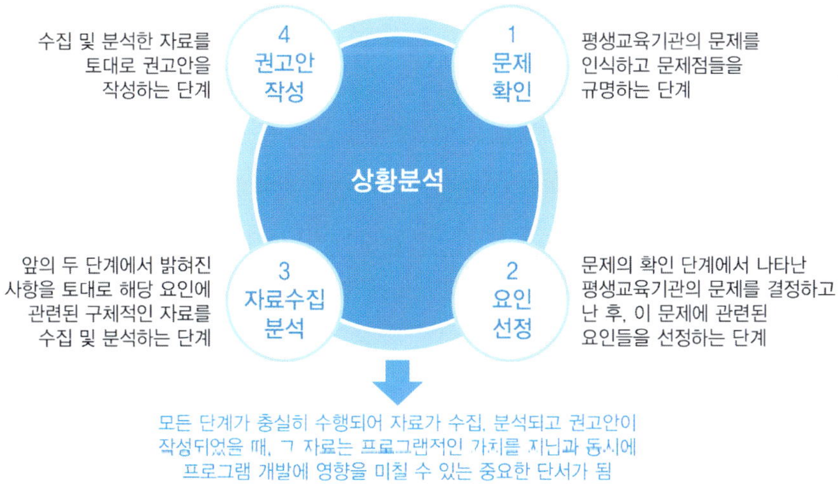

그림 4-2 상황분석의 단계

(1) 문제확인

평생교육 프로그램 개발을 위한 상황분석 과정에서 관심을 기울여야 할 문제는 크게 구체적인 것, 일반적인 것, 그리고 기본적인 것으로 구분해 볼 수 있다. 예를 들어, 구체적인 문제에는 중등학교 상급 학년의 코스 준비, 일반적인 것에는 초등학교 학습자들의 읽기와 쓰기 능력 개선, 기본적인 것으로는 신설 평생교육 프로그램 작성 등으로 볼 수 있다. 또한 기존의 프로그램이 갖고 있는 문제점을 밝혀내야 한다. 이러한 문제점들이 밝혀짐으로써 당해 평생교육기관에 적합한 프로그램을 구성하기 위한 이후의 작업들이 이루어질 수 있다. 이런 점에서 이 단계를 "평생교육기관의 문제를 인식하는 단계"라고 할 수 있다.

(2) 적절한 요인선정

이 단계에서는 "문제의 확인 단계에서 나타난 평생교육기관의 문제를 결정하고 난

후, 이 문제에 관련된 요인들을 선정하는 단계"이다. 즉, 기존의 평생교육기관의 프로그램이 학습자들의 요구를 충족시키지 못하는 것이 문제로 확인될 경우, 이 단계에서 학습자 요인과 물적 자원 요인 등을 주된 분석의 요인으로 설정하게 된다. 왜냐하면 학습자의 요구에 부응하는 프로그램을 개발하기 위해서는 먼저 학습자의 요구, 관심, 흥미 등이 명확하게 파악되어야 할 뿐만 아니라, 이러한 제반 요인에 근거하여 프로그램이 개발될 경우, 그 프로그램의 실행에 영향을 미치는 물적 요인도 신중하게 고려되어야 하기 때문이다.

오늘날 평생교육기관에서 운영되고 있는 프로그램을 살펴보면, 프로그램 자체의 문제보다는 제반 여건의 미비로 인해 프로그램이 의도한 대로 실행되지 못하는 경우를 흔히 볼 수 있다. 따라서 상황분석에서는 평생교육기관이 확보하고 있거나 가용할 수 있는 시설, 재정 및 제반 여건에 관한 분석을 실시하고 적절한 자료를 마련함으로써, 이후의 프로그램 계획과 실행 간의 간극을 좁힐 수 있고, 결국 프로그램의 효과성을 보장할 수 있게 된다.

(3) 자료수집과 분석

이 단계에서는 앞의 두 단계(문제확인 및 요인선정)에서 밝혀진 사항을 바탕으로 해당 요인과 관련된 구체적인 자료를 수집 · 분석하는 단계이다. 평생교육기관의 상황에서 자료수집의 기법은 요인에 따라 다양할 수 있다. 자료수집 기법에서 유용한 정보를 얻을 수 있는 하나의 예는 〈표 4-5〉와 같다.

표 4-5 자료수집 기법

요소	기법	수집된 자료
학습자	• 면접 • 각종 기록물 • 체계적인 관찰 • 질문지 • 자기보고 척도	• 학습자의 정보 및 태도 • 배경과 성취자료 • 행동 패턴
교사	• 일화기록 • 각종 프로파일 • 질문지	• 교사의 행동과 태도에 관한 정보 • 능력 및 기능에 관한 기록 • 태도
기관의 풍토	• 체계적 관찰 • 면섭	• 평생교육기관 풍토에 관한 인상 • 학습자, 교사, 학부모의 태도
자원	• 목록 작성 • 체계적 관찰	• 평생교육기관 자원 일람표 • 평생교육기관의 제 자원에 대한 인상

출처: Print, M.(1988). Curriculum development and design. Sydney: Allen & Unwin.

(4) 권고안 작성의 단계

이 단계는 수집·분석한 자료를 토대로 권고안을 작성하는 단계이다. 이렇게 상황분석의 결과를 권고안이나 활동계획으로 전환시킴으로써, 이후의 프로그램 개발 작업이 구체성을 가지게 된다. 즉, 권고안은 프로그램을 개발하는 인사들에게 평생교육기관의 목표, 프로그램 입안, 실행, 평가 전략을 개발하기 위한 지침을 제공한다.

이상에서 살펴본 상황분석 절차의 4단계는 평생교육기관의 상황을 체계적으로 분석할 수 있는 절차라고 할 수 있다. 이러한 모든 단계가 충실히 수행되어 자료가 수집·분석되고 권고안이 작성되었을 때, 그 자료는 프로그램적인 가치를 지님과 동시에 프로그램 개발에 영향을 미칠 수 있는 중요한 단서가 된다.

3. 상황분석의 실제

1) 프로그램 실시 기관분석

기관분석이란 프로그램의 개발을 의뢰한 기관에 대한 분석이다. 즉, 프로그램을 개발하여 운영할 기관을 의미한다. 따라서 기관의 비전, 미션, 경영전략, 경영방침, 주요 사업내용, 시설현황 등에 대한 분석이 반드시 필요하다. 거시적 관점에서 그 기관에 대한 분석뿐만 아니라 미시적 관점에서 개발 의뢰한 기관 내의 특정 본부나 특정 부서의 업무내용 등과 관련된 내용을 분석해야 한다. 간략적인 기관분석에 대한 예는 〈표 4-6〉, 〈표 4-7〉과 같다.

표 4-6 기관분석의 예시 1

비전	학습으로 혁신하다 배리어프리 포용학습도시 남구			
목표	자원의 장벽을 넘어 활력의 길로	공간의 장벽을 넘어 소통의 길로	사람의 장벽을 넘어 포용의 길로	시간의 장벽을 넘어 미래의 길로
추진전략	 도시활력증진 **특성화**	 학습기반 구축 **네트워크**	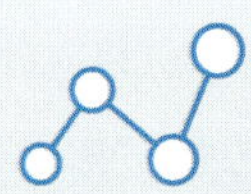 학습공동체 조성 **포용-통합**	 일자라 창출 **학습-고용**
전략과제	① 지역특화 ② 역량강화	① 학습공간의 혁신 ② 촘촘한 학습 연결망	① 모두의 학습실현 ② 함께하는 학습문화	① 학습형 일자리 ② 융합형진로
시설	1층		2층	
	사무실, 생활문화홀		동아리방, 연습실, 남구 진로 · 진학코칭센터	

드론 지도 및 정비전문가

65+스마트 시니어 스쿨

미싱 DIY 가방만들기

인체의 보물지도 찾기

성인 발레교실(야간)

명상의 세계로

가상세계 메타버스

가죽공예전문가

출처: 대구광역시 남구 평생학습관 홈페이지(https://nam.daegu.kr/).

표 4-7 기관분석의 예시 2

기관	분석내용
A 기관	A 기관은 1973년 처음 세워진 개인 유료 노인교육기관이다. "네 부모를 공경하라"는 계명에 따라 어르신들을 공경하고 즐겁게 해 드리기 위해 설립되었다. 프로그램은 강사를 초빙하여 강의 듣는 시간을 주로 마련하고 있으며, 노래 부르기와 율동, 건강 체조와 한자교실이 운영되고 있다. 이곳은 서울의 중심적인 상업지구에 위치해 있으며 지하철이 가까이 있어 접근성이 좋은 편이다. 유료기관으로 회비는 매월 3만 원이고 기관을 이용하는 노인들은 지역민보다 분당, 일산 등 원거리에서 주로 오고 있으며 10년 이상 장기간 이용하고 있다. 이용노인들의 경제적 사회적 지위는 중산층 이상이며, 연령은 70대 중·후반의 노인들이 대부분으로 노인학습자의 수가 점차 줄어드는 현상이 있다. 프로그램 개발자는 이 기관의 대표로 자신의 개인 사업을 하고 있으며, 24년 전부터 기관 운영을 맡고 있다.
C 기관	C 기관은 1992년부터 노인성가정대학을 운영하고 매주 금요일 오전 11시부터 오후 3시까지 4시간 동안 노인교육대학 프로그램을 운영한다. 오전에는 기도의 시간을 갖은 후 레크리에이션 및 다양한 소재의 강좌가 열린다. 점심식사 후에는 노인들이 선택한 동아리활동을 한다. 이 기관의 프로그램 운영에는 대학장 한 명과 교무 한 명이 주된 역할을 하고 노인학습자들이 선택해서 가입한 세 개의 동아리는 여덟 명의 담임과 강사 세 명에 의해 진행된다. 프로그램 운영자는 모두 자원봉사자로 이루어져 있으며 동아리 강사는 모두 대학장이 섭외한다. 대학장은 이 성당의 교인으로 5년째 노인대학을 운영하고 있으며 자신의 개인사업을 하고 있다. 이 노인성가정대학의 목적은 학교생활을 통하여 변천하는 세상에 적응하기 위한 지식과 더불어 사는 지혜를 배우고 실천함으로써, 가정 및 교회공동체와 지역사회 안에서 어른으로서의 인격을 고양하고, 자신과 이웃의 참된 행복을 창조해 가는 데 있다. 기관이 위치한 주변 지역의 주거환경은 전통적 주거 지역과 재개발지역 아파트단지로 구성되

기관	분석내용
	어 있다. 빈곤층 집중 주거지역의 재개발로 중산층의 유입이 빠르게 증가하고 있으며, 이 노인대학에는 모두 100명 정도의 노인들이 등록되어 있다. 전체 노인대학에 등록한 노인의 남녀성비는 2:8 정도이다.

출처: 최미숙(2008). 노인교육기관의 평생교육 프로그램 개발 과정 연구. 숭실대학교 교육대학원 석사학위논문.

2) SWOT 분석기법

(1) 개념 및 정의

SWOT 기법은 조직의 강점(Strength)과 약점(Weakness), 기회(Opportunity)와 위협(Threat)요인으로 구분하여 내·외 환경을 분석하고, 이를 바탕으로 전략적 계획을 수립하려는 기법이다. 다시 말해 어떤 조직의 내부환경을 분석하여 강점과 약점을 발견하고, 외부환경을 분석하여 기회와 위협을 찾아내어 이를 토대로 강점은 살리고 약점은 줄이고, 기회는 활용하고 위협은 억제하는 경영전략 기법이다.

SWOT 분석은 주로 사업체에서 전략주체가 당면하고 있는 환경과 상황을 인식하고 자신의 능력을 파악하여 대응방안을 모색하기 위하여 사용되는 전략기법으로 기업체에서 마케팅 기획 등에 활용되어 왔으며, 최근에는 공공조직의 조직역량 분석과 조직 발전 전략을 모색하는 데에도 효과적으로 활용되고 있다.

(2) SWOT 기법 분석방법

SWOT 분석은 경영조직체에서 파악된 기회와 위협요인, 강점과 약점요인을 정리하고 당면하고 있는 그리고 앞으로 당면하게 될 환경에 대하여 조직체가 확보하고 있는 강점과 약점요인을 중심으로 어떻게 대응할 것인가를 분석하는 도표이다. 이를 토대로 전략을 수립할 때 조직이 강점을 가지고 기회를 살리는 전략(강점-기회전략, SO), 강점을 가지고 위협을 회피하거나 최소화하는 전략(강점-위협전략, ST), 약점을 보완하여 기회를 살리는 전략(약점-기회전략, WO), 그리고 약점을 보완하면서 동시에 위협을 회피하거나 최소화하는 전략(약점-위협전략, WT) 등을 도출할 수 있다.

SWOT 분석과정을 거쳐 강점, 약점, 기회, 위협요인을 도출하여, 네 가지 요인을 이용하여, 〈표 4-8〉에서는 어떤 경영조직체의 강점, 약점, 기회, 위협요인에 대한 SO전략, ST전략, WO전략, WT전략을 도출해 SWOT 분석하는 매트릭스 모형의 예를 제시한 것이다.

표 4-8 SWOT 분석 매트릭스 모형의 예

내부요인 / 외부요인	S(강점)	W(약점)
	① ② ③ ④	① ② ③ ④
O(기회)	SO전략	WO전략
① ② ③ ④	• 강점을 활용하여 기회를 살린다. • 기회를 살리기 위한 강점을 발굴한다.	• 강점을 활용하여 위협을 회피한다. • 위협을 회피하기 위한 강점을 발굴한다.
T(위협)	ST전략	WT전략
① ② ③ ④	• 약점을 보완하여 기회를 살린다. • 약점을 강점으로 전환하여 기회를 살린다. • 기회를 살릴 수 없는 약점은 무시한다.	• 약점을 보완하여 위협을 회피한다. • 약점을 보완할 수 없고, 위협을 회피할 수 없다면 정면대결 또는 철수한다.

〈표 4-8〉에서 SWOT에 해당하는 요인을 각각 4개씩 추출하고 이를 바탕으로 경영전략을 도출한 사례를 구체적으로 설명하면 다음과 같다. 첫째, SO 전략(강점-기회전략): 자신이 가지고 있는 강점과 시장의 기회를 적극 활용하여, 전략상 가장 좋은 위치 상태이다. 둘째, ST 전략(강점-위협전략): 자신이 가지고 있는 강점을 이용하지만, 시장의 상황은 별로 좋지 않는 상태이다. 이 시기에는 좋지 않은 시장 상황 속에서, 시장의 위협을 회피하기 위해 자신이 가지고 있는 강점을 많이 활용하는 전략을 선택한다. 셋째, WO

전략(약점-기회전략): 자신이 가지고 있는 것은 불리한 점이 많지만, 전체적인 시장의 환경은 좋은 상태이다. 이 시기에는 자신의 약점을 극복하여 강점으로 살리고, 시장의 기회를 적절하게 이용해 전략을 펼쳐야 한다. 넷째, WT 전략(약점-위협전략): 자신이 가지고 있는 것도 불리하고, 시장의 기회도 좋지 않은 앞의 4가지 유형 중에서 가장 좋지 않은 상태이다. 이때는 시장의 위협을 회피하고, 약점을 최대한 강점으로 살려서 위협을 회피하는 전략을 사용해야 한다. SWOT 분석에 의한 조직의 내부 환경분석의 예는 〈표 4-9〉, 외부 환경분석의 예는 〈표 4-10〉과 같다(이복희, 유인숙, 2020).

표 4-9 ○○기관 내부 환경분석 사례

영역	강점(S: Strength)	약점(W: Weakness)	해결방안
행정	• 소수 인원으로 의사결정이 용이하여 신속한 업무처리 가능	• 한 사람에게 과도한 업무 편중됨 • 개개인에 높은 전문적 능력 요구	• 자원봉사자 활용 • 복지 실습생 활용
조직	• 조직의 구성원의 전문성이 강함(평생교육사 및 사회복지사 자격 소지자) • 회원제로 체계적이고 소속감 있는 관리	• 건강상의 이유 등 개인적인 사정으로 중도에 포기하는 경우가 생김	• 교육생 선발 시 신중하게 검토 • 가족적인 분위기 조성을 위해 모임 지원
재정	• 정부의 지원금 보조	• 관련기관의 증가로 지원금의 수혜폭 감소 우려 • 지원금만으로 운영예산 충당 부족	• 기업체 및 개인의 후원금 유치하여 극복 • 중산층의 교육생에게는 회비를 받아 예산 확보
프로그램	• 전문지식을 갖춘 조직원이 많음으로 맞춤 프로그램 개발 용이 • 전문적인 교수자 보유 • 취업 전 실습으로 인한 자신감 고취	• 노인들이 새로운 교육에 대한 두려움으로 원활한 프로그램 운영이 어려움 • 실력 있는 교수자는 높은 인건비를 지급해야 함	• 노인들의 자신감 고취 • 지속적인 상담 관리 • 차량 운행 • 복지 마인드가 있는 전문적인 교수자 섭외

출처: 이복희, 유인숙(2020). 평생교육 프로그램개발론. 양성원.

표 4-10 ○○기관 외부 환경분석 사례

환경변화요인	기회(O: Opportunity)	위협(T: Threat)	대응방안
지역적 요인	• 아파트 밀집지역 • 교통이 편리 • 인근지역과의 접근성 용이 • 정부대전청사, 특허 법원, 시청 등 행정의 중심지	• 교통이 편리하여 프로그램 수강을 위해 인근 인지도 높은 기관으로 유출 우려	• 질 높은 프로그램 개발 • 홍보 강화 • 주말 프로그램 개발
환경적 요인	• 중산층이 많음 • 유아교육기관이 많음	• 문화센터 등 유사기관 많음 • 다른 기관의 노인 참여 프로그램이 많음	• 취업 위주의 프로그램임을 강조한 홍보
사회 · 문화적 요인	• 노인의 경제적 자립욕구 증가 • 개인의 자아실현 욕구 증가 • 종합복지관, 노인복지회관 등 노인시설, 경로당 등 206개소(다양한 교수자 섭외 가능)	• 맞벌이 부부가 많아서 자신의 손자를 돌보느라 노인들의 참여 기회가 제한될 수 있음	• 취업 시 유아교육기관에 자신의 손자도 같이 돌볼 수 있도록 배려
재정적 요인	• 정부의 정책적 지원으로 재정 확보 용이 • 대전시의 다른 구에 비해 서구의 경우 재정이 풍부	• 관련기관이 많아서 큰 기관에 대한 재정의 편중이 있을 수 있음	• 지역기업의 후원 유도 • 관련기관과의 긴밀한 연계를 위한 적극적 노력 • 타 지역의 성공사례를 들어 교육의 효과성 피력
타 기관과의 관계	• 취업이 연계될 유아교육기관과의 맞춤교육 용이 • 노인기관 간 교류가 활발하므로 정보공유 용이	• 아직 노인취업에 대한 인식 부족으로 취업할 곳 부족 • 각 기관의 운영에도 바쁘기 때문에 타 기관 프로그램에 무관심	• 상호 도움을 줄 수 있도록 각 기관과의 활발한 교류 노력

출처: 이복희, 유인숙(2020). 평생교육 프로그램개발론. 양성원.

3) 잠재적 학습자 분석

(1) 잠재적 학습자 분석의 필요성

평생교육 프로그램의 참여대상은 학교교육과 달리 매우 다양하고 교육 참여에 강제성이 거의 없다. 따라서 학습자들에게 도움이 되는 프로그램이 제공되더라도 이들의 적극적인 참여를 장담할 수 없다. 그러므로 프로그램 개발단계에서는 누구를 위한, 누구를 대상으로 하는 프로그램인지를 명확히 해야 한다. 또한 개발할 프로그램에 참여가 예상되는 잠재적 학습자들의 학력, 소득, 연령, 성별, 거주지역 등과 같은 다양한 특성을 분석함으로써 프로그램의 홍보, 편성 및 운영 등을 좀 더 효과적으로 수행할 수 있다(이복희, 유인숙, 2020).

(2) 잠재적 학습자 분석 시 고려사항

잠재적 학습자 분석은 프로그램을 개발하기로 상황분석 단계에서 결정하고 난 다음에 진행하는 요구분석 단계와는 차이가 있다. 즉, 잠재적 학습자 분석은 프로그램을 개발할 것인지에 대한 여부를 결정하는 데 필요한 자료수집 차원에서 이루어진다는 점에서 프로그램 개발에 직접적으로 필요한 학습자들의 요구를 분석하는 요구분석 단계와 구분된다.

평생교육 프로그램의 참여대상이 정해지면 이들의 특성을 분석해야 한다(이복희, 유인숙, 2020). 잠재적 학습자를 분석할 때에 고려해야 할 사항들은 다음과 같다 첫째, 학습자의 연령, 성별과 같은 생물학적 특성을 분석해야 한다. 평생교육은 다양한 연령층의 학습자들을 대상으로 하는데, 이들이 살아오면서 경험한 것은 중요한 학습자원으로 다루어진다. 또한 학습자의 지각 및 운동적 특성도 분석해야 한다. 자연스러운 노화의 과정뿐만 아니라 여러 이유로 장애가 있는 학습자들의 특성을 파악하여 이들에게 적합한 수업방법이나 자료를 제시할 수 있다.

둘째, 학습자의 교육수준, 선행지식, 선행경험 등과 같은 교육적 배경뿐만 아니라 다양한 사회 · 경제적 특성을 분석해야 한다. 이를 통하여 학습자에게 적합한 교육내용과 방법을 선정하여 학습의 효과를 높일 수 있다.

셋째, 학습자의 학습동기, 선호하는 학습유형, 학습에서의 불안감 등과 관련되어 있는 태도, 가치관, 신념, 흥미, 학습선호도 등과 같은 정의적 특성을 분석함으로써 이를 통하여 학습자의 성향에 맞는 학습유형을 제시할 수 있고 학습동기도 유발할 수 있다.

(3) 잠재적 학습자 분석을 위한 매핑(mapping)

매핑의 사전적 의미는 '경계를 잘라 정하다'로 구체적이며 일정한 기준에 의해 경계를 정하여 구획하는 것을 말한다. 잠재적 학습자 집단을 분석하는 것은 평생교육기관이나 평생교육 실무자가 앞으로 개발할 평생교육 프로그램에 참여가 예상되는 잠재적 학습자 집단의 특성을 파악하여 대체적인 윤곽을 결정하는 것을 말한다(이복희, 유인숙, 2020).

프로그램 개발과정에서 잠재적 학습자 집단을 분석하기 위한 매핑의 방법에는 사회체제분석(social system analysis), 사회계층화(social stratification), 사회적 차별화(social differentiation), 문화분석(cultural analysis) 등이 있다(Boone, 1985).

이 가운데 사회적 차별화 매핑기법은 평생교육에서 잠재적 학습자를 분석할 때 많이 사용되는데, 주로 연령, 성별, 사회적 역할, 사회 · 경제적 상태, 교육경험 등과 같이 사회구성원이 가진 고유한 특성에 의해 구분하는 것이다(김진화, 2001). 잠재적 학습자의 특성은 나이, 교육수준 등의 일반적 특성과 가르치고자 하는 교수내용에 대한 지식정도, 선수학습능력 정도, 학습동기 유형 등 구체적 특성으로 파악한다(이복희, 유인숙, 2020).

CHAPTER

05

프로그램 요구분석

배울내용

1. 프로그램 요구분석에 대한 이해
2. 요구분석 관련 이론
3. 요구분석의 실제

학습목표

1. 프로그램 요구분석에 대해 이해한다.
2. 요구 및 요구분석의 개념을 익힌다.
3. 요구분석의 방법을 유형과 각 방법의 장단점을 설명할 수 있다.
4. 요구분석의 우선순위 결정방법을 파악한다.
5. 요구분석의 실제를 통해 요구분석이 이루어지는 전반적인 절차를 이해한다.

CHAPTER

05 프로그램 요구분석

평생교육 프로그램의 개발은 프로그램에 대한 기획이 이루어지고 나면, 상황분석, 요구분석, 목표전환, 운영방법, 자원확보 및 관리, 마케팅과 홍보전략 그리고 평가와 결과보고 순으로 이루어지게 된다〈그림 4-1 참조〉. 프로그램 상황분석에 대해서는 4장에서 살펴보았고, 본 장에서는 프로그램 요구분석에 대해 자세하게 살펴보고자 한다.

1. 프로그램 요구분석에 대한 이해

프로그램 기획의 두 번째 단계에서는 프로그램 참여자인 학습자의 요구를 파악하는 과정이 필요하다. 이는 기존 형태의 교육과 달리 잠재적인 학습자의 요구가 프로그램 개발 시 전적으로 반영되기 때문이다. 따라서 프로그램 요구분석은 프로그램 개발의 가장 근본적인 타당성을 검증하는 단계의 의미를 지니기도 한다.

평생교육의 참여자들은 대부분 자발적 참여자들이기 때문에 정확한 요구분석이 참여자들의 자발적인 참여를 유도할 수 있는 수단이 되기도 한다. 상황분석을 통해 잠재적 학습자를 결정하고 나면, 다음에는 학습자들이 가지고 있는 학습요구를 파악하는 것이 필요하다. 성공적인 프로그램 개발을 위해서는 학습자의 요구를 철저하게 분석해야 한다(이화정 외, 2003).

프로그램 요구분석의 방법은 상황분석의 결과에 따라 다양하게 사용될 수 있다. 즉, 평생교육 프로그램의 주제, 대상의 성별과 연령, 지역 등 다양한 환경을 고려하여 요구분석의 방법을 선택해야 한다. 이에 대해 이화정 등(2003)은 요구조사 방법에 대해 질문지 기법, 면담 기법, 관찰법, 델파이 기법, 비형식적 대화, 테스트, 대중매체와 전문문헌 검토 등의 방법을 제시하였으며, 김진화(2001)는 형식적 요구분석 기법(서베이, 관찰법, 개별적 소개법, 결정적 사건 분석법, 능력분석법, 델파이법, 교차목적 행렬표, 큐 분석방법)과 무형식적 분석방법(무형식적 대화, 비활동적 측정)을 제시하였다.

평생교육 프로그램은 기존의 교육적 교육과정과 대비되는 개념으로 교육과정은 전문가에 의해 설계가 된다면 평생교육 프로그램은 전적으로 학습자의 요구와 문제를 중심으로 설계가 이루어진다는 특징을 지닌다(기영화, 2001). 즉, 평생교육 프로그램 요구분석은 프로그램의 근본적 타당성을 학습자를 통해 확인하는 단계의 의미를 지니고 있다.

2. 요구분석 관련 이론

1) 요구의 개념

요구에 대한 개념은 시대와 학자들마다 광범위하게 정의되고 있지만 일반적으로 '요구란 현재 상태(What it is)와 바람직한 미래 상태(What should be) 사이의 격차(Gap)'로 정의하고 있다(조대연, 2006; Queeney, 2000).

이러한 요구는 명사로 사용할 때와 동사로 사용할 때 서로 상이한 의미를 내포하여 혼란을 가져오기도 한다. 즉, 명사로서의 '요구'의 의미는 앞서 정의한 바와 같이 '현재 상태와 바람직한 상태의 차이'를 뜻한다(Queeney, 2000; Withkin & Altchuld, 1995). 한편 동사로서의 '요구'는 차이를 메우기 위해 요구되는 수단, 해결책이나 목적을 위한 방법을 뜻한다(최정임, 2002). 이 중 요구분석은 수단, 방법이 아닌 달성하고자 하는 목적에 초점을 두기 때문에 동사로서의 요구보다는 명사로서의 요구에 초점을 맞추는 것이 바람직하다(조대연, 2006). 여러 학자들의 요구에 대한 개념의 특징과 차이점을 살펴보면, 〈표 5-1〉과 같다(박지현, 2017).

표 5-1 요구에 대한 개념의 특징

구분	내용
Monette(1979)	성인교육 프로그램에서 요구조사에 대한 연구가 부재함을 지적하면서 요구란 학습자가 원하는 무엇이라고 진술하는 수준이 아닌 복합적이고 가치가 내재된 수준이라고 주장하였다.
조대연(2006)	요구(Need)와 원함(Want)의 개념적 차이를 설명하면서 '원함'이란 현재 상태와 바람직한 상태의 차이를 의미하며, '요구'와 표면상의 의미는 같지만 요구는 그 내재된 의미에서 가치를 포함하고 있기 때문에 '원함분석'이 아닌 '요구분석'이라 함이 타당하다고 주장하였다.

구분	내용
Withkin & Altchuld(1995)	요구란 현재 상태와 바람직한 상태의 차이이며, '측정이 가능한 것'으로 한정해야 한다고 주장하였다. 즉, 요구분석은 현재상태와 바람직한 상태의 차이를 규명하는 체계적인 과정이기 때문에 두 상태의 측정가능성에 대한 강조는 타당하다고 주장하였다.

〈표 5-1〉과 같이 여러 학자들의 입장을 종합해 보면, 요구란 현재 상태(What it is)와 바람직한 상태(What should be) 사이에서 그 차이 이상의 의미와 가치를 포함하고 있다. 즉, 요구의 개념은 현재의 상태와 바람직한 미래의 상태의 차이를 의미하며, 그 차이는 측정이 가능해야 하며, 가치를 동반해야 한다. 따라서 요구란 평생교육 프로그램에 대한 현재 상태와 바람직한 미래 상태의 측정이 가능한 차이를 의미하며, 이는 학습자들의 복합적이고 실제적인 가치를 담고 있는 것이어야 한다.

2) 요구분석의 개념

요구분석은 프로그램 설계 이전에 대상자의 요구를 확인하는 방법으로 프로그램 개발의 매우 핵심적인 과정이자 복잡한 작업을 의미한다(기영화, 2001). 매킬립(Mckillip, 1987)은 요구분석이란 요구에 대해 우선순위를 결정하고, 이에 대한 의사결정 및 자원을 배분하기 위한 도구이자 체계적인 접근이라고 주장하였다(최정임, 2002). 위트킨과 알트슐드(Witkin & Altschuld, 1995)은 요구를 밝혀낸 뒤, 이를 세분화하여 분석하고 원인을 찾는 시스템적인 의사결정과정으로 정의하였다. 그리고 권대봉(1999)은 현재 상태와 바람직한 미래 상태 간 차이를 발견하는 모든 분석활동을 의미한다고 하였다. 또한 티트콤(Titcomb, 2000)은 요구분석이란 공동체 또는 특정 집단의 사람들이 요구하는 것을 밝히고 평가하는 과정이며, 이는 대상집단의 문제 및 이에 대한 해결책을 기술하는 과정이라고 주장하였다.

따라서 요구분석은 대상자 혹은 집단이 바람직한 상태로 인식하지 못하는 요구와 적절하게 표현하지 않은 요구가 있다는 가정에서 출발한다(최정임, 2002). 따라서 요구분석은 문제를 해결하기 위해 분석대상이 인식하는 표현적인 요구, 즉 인식된 요구 외에 인식되지 않은 요구 및 잠재적인 요구 모두를 발견하고 해결하는 노력이 필요하다(권대봉, 1999; 최정임, 2002). 이를 위해 요구분석은 단순히 요구를 발견하는 과정을 넘어 보다 체계적이면서 복잡한 과정과 절차가 수반되어야 한다.

요구분석은 요구사정이라는 용어로도 불리는데, 그 개념 간 구분이 힘들고 혼동되어 사용되고 있다. 구체적으로 요구사정은 현재 상태와 바람직한 상태의 차이를 도출하고 그 원인을 분석하며 우선순위 결정 및 해결책을 제안, 선택하는 통합적이고 체계적인 일련의 활동이며, 반면 요구분석은 요구사정에서 도출된 차이를 세분화하여 분석해 원인을 찾는 기술적 과정으로 요구사정의 한 부분으로 볼 수 있다(Witkin & Altschuld, 1995). 즉, 요구분석은 도출된 차이를 극복하고 구체적인 해결방안을 마련하는 과정으로 이해할 수 있기 때문에 요구분석은 요구사정보다 체계적이고 분석적이며 통합적으로 이루어지는 과정이라고 할 수 있다.

종합해 보면, 요구분석의 개념은 공동체 또는 대상집단의 문제에서 현재 상태와 바람직한 미래 상태의 차이를 확인하고 그 격차를 해결하기 위해 원인을 규명하고 기술하는 과정이며, 우선순위를 결정하는 합리적인 분석과정이라고 할 수 있다. 특히 요구분석은 요구사정보다 더욱 구체적이어야 하고, 표면화되어 있지 않는 요구를 발견하기 위해 체계적이면서 복잡한 과정과 절차가 수반되는 통합적인 행동이다.

조대연(2011)은 교육 요구분석은 요구분석 과정 중 문제해결을 위한 방안이 교육으로 한정될 때 진행되는 것으로 교육 요구분석이란 교수체제개발의 초기단계에서 교육목표 수립과 내용을 구성하는 데 있어 반드시 실시해야 하는 과정이며, 이는 목표수립과 내용구성의 근거를 제공하며 올바른 의사결정 시 판단기준이 된다고 주장하였다. 따라서 요구분석의 개념은 평생교육 프로그램의 현재 수준과 바람직한 수준의 차이를 확인하고, 교육 프로그램으로서 그 해결방안을 마련하고자 우선순위를 결정하는 체계적이면서 통합적인 과정으로 정의할 수 있다. 즉, 이 과정은 평생교육 교수체제 개발의 초기단계에서 학습자들의 다양한 요구의 교육 프로그램 목표수립과 내용구성을 위해 반드시 규명해야 하는 과정이다.

3) 요구분석의 방법

요구분석은 그 목적과 대상 및 상황에 따라 다양하고 효과적인 방법을 선택해야 한다. 권대봉(1999)은 특히 인적자원개발(HRD) 분야에서의 요구분석 시 가장 우선적인 조사방법으로 평상시 정보수집 활동을 강조하였고 관찰법, 인터뷰(대면, 전화), 문서분석, 질문지법, 소집단활동 등을 제시하였다. 기영화(2001)는 질문지법이 가장 보편적인 방법이라고 하였으며, 그 외 면담, 업무분석, 결정적 사건분석, 개인 약력, 대화와 집단토의, 중요 인물 접촉, 각종 기록 및 문서분석, 체크리스트 등을 소개하였다. 김진화(2001)는 분석방법을 크게 형식 기법과 무형식 기법으로 구분하여 형식 기법에서는 설문, 관찰, 델파이 등을 무형식 기법으로 무형식적 대화 등을 언급하였다. 최정임(2002)은 설문조사방법이 가장 일반적으로 쓰이는 방법이라고 제시하며, 그 외 현존자료분석, 관찰, 면담, 그룹회의 등을 제시하였다. 노(Noe, 2002)는 요구분석의 방법으로 이해하기 쉬운 문항으로 구성된 질문지법이 효과적이라고 하였고, 그 외 전문가의 인터뷰, 전문 매뉴얼 및 기록, 문서검토, 관찰법 등을 언급하였다.

이처럼 요구분석 방법에는 다양한 방법들이 이용되고 있는데, 여기서는 여러 학자들이 공통적으로 제시하고 있는 질문지법, 면접법, 관찰법 및 현장연구에 대해 살펴보고자 한다.

(1) 질문지법

질문지법(questionaire method)은 반응자가 질문지를 읽고 자신이 직접 표시하는 방법이다. 즉, 질문지법은 다수의 인원을 대상으로 자료를 수집하고자 할 때 가장 흔히 사용하는 방법으로 빠른 시간에 필요한 정보를 얻을 수 있다는 점에서는 경제적이고 효율적이지만 글을 읽지 못하거나 문장을 이해하지 못하는 경우에는 적절하지 않다는 한계점을 지니고 있다.

많은 학자들의 공통적으로 언급하고 있는 요구조사 방법은 질문지법, 즉 설문기법이다. 설문기법은 다수의 사람들이 어떻게 생각하고 느끼는가를 알아내고 원인에 대한 정보를 얻는 데 주로 쓰이는 방법으로, 이 방법은 면담이나 회의에 비해 시간과 비용이 적게 들고 무기명성과 응답 시간이 보장되어 솔직하고 자유로운 표현이 가능하며 신중한 답변을 내리는 데 유용하다. 또한 양적인 데이터를 얻을 수 있기 때문에 결과분석이 용이한 장점이 있다. 반면 설문기법의 단점으로 설문지 문항이 잘못 만들어지는 경우 결과분석에서 실패할 수 있기 때문에 유의해야 한다.

특히 김진화(2001)는 요구분석 연구 시 설문지를 구성하는 과정에서 유의해야 할 사항으로 바람직한 미래 상태인 교육 필요도와 현재 상태를 나타내는 2가지 척도를 근간으로 하여 수준 간의 차이를 도출할 수 있도록 구성해야 함을 강조하고 있다. 노인 평생교육 프로그램 요구분석을 위해 작성된 설문지의 예를 살펴보면 〈표 5-2〉, 장애인 가족의 가족역량강화를 위한 평생교육 프로그램 개발을 위한 설문지의 예는 〈표 5-3〉, 〈표 5-4〉와 같다.

표 5-2 노인 평생교육 프로그램 요구분석 설문지

다음 교육 프로그램별 현재 흥미로운 교육, 가까운 미래 필요한 교육을 표기하여 주시기 바랍니다.

표기하는 방법 예시									
왼쪽 항목(현재–흥미도)					오른쪽 항목(가까운 미래–필요도)				
현재 흥미로운 교육프로그램을 표기하세요.					가까운 미래 필요한 교육프로그램을 표기하세요.				
전혀 흥미롭지않다	흥미롭지 않다	보통이다	흥미롭다	매우 흥미롭다	전혀 필요없다	필요없다	보통이다	필요하다	매우 필요하다
①	②	③	④ (표기)	⑤	①	②	③	④	⑤ (표기)
※ 반드시 양쪽 모두/모든 교육프로그램 항목에 답변하여 주시고, 표기는 V 혹은 O로 해 주세요!									

현재수준 흥미로운 교육프로그램 (현재 흥미롭게 느끼는 정도)					노인평생교육프로그램	가까운 미래수준 필요한 교육프로그램 (가까운 미래 필요한 정도)				
전혀 흥미롭지 않다	흥미롭지 않다	보통이다	흥미롭다	매우 흥미롭다		전혀 필요없다	필요없다	보통이다	필요하다	매우 필요하다
①	②	③	④	⑤	내국인 한글문해교육 (예: 어르신한글교육)	①	②	③	④	⑤
①	②	③	④	⑤	다문화 한글문해교육 (예: 귀화인, 외국인대상 한글교육)	①	②	③	④	⑤
①	②	③	④	⑤	한글생활 문해교육 (예: 기초영어, 기초컴퓨터교육)	①	②	③	④	⑤
①	②	③	④	⑤	초등학력보완교육 (예: 초등학교교과, 중학교 검정고시)	①	②	③	④	⑤
①	②	③	④	⑤	중등학력보완교육 (예: 중 · 고등학교교과, 고등학교 검정고시)	①	②	③	④	⑤
①	②	③	④	⑤	고등학력보완교육 (예: 학점은행제, 전문학사, 대학학위교육)	①	②	③	④	⑤
①	②	③	④	⑤	직업준비교육 (예: 재취업, 창업교육)	①	②	③	④	⑤

①	②	③	④	⑤	자격인증교육 (예: 외국어 자격, 자격증취득교육)	①	②	③	④	⑤
①	②	③	④	⑤	현직직무역량교육 (예: 재직자직무연수, 경력개발교육)	①	②	③	④	⑤
①	②	③	④	⑤	레저 · 생활스포츠교육 (예: 수영, 춤, 골프, 활쏘기 등 운동교육)	①	②	③	④	⑤
①	②	③	④	⑤	생활문화교육 (예: 노래, 사진, 요리, 악기 등 취미교육)	①	②	③	④	⑤
①	②	③	④	⑤	문화 · 예술향상교육 (예: 음악, 미술, 연극 등 예술교육)	①	②	③	④	⑤
①	②	③	④	⑤	건강교육 (예: 건강상식, 식이요법, 보건교육)	①	②	③	④	⑤
①	②	③	④	⑤	노인복지교육 (예: 노인복지이해, 노후설계교육)	①	②	③	④	⑤
①	②	③	④	⑤	종교교육 (예: 종교별리교리, 신앙교육)	①	②	③	④	⑤
①	②	③	④	⑤	인생교육 (예: 죽음준비교육, 자서전쓰기 교육)	①	②	③	④	⑤
①	②	③	④	⑤	노화이해교육 (예: 노화적응, 노화이해교육)	①	②	③	④	⑤
①	②	③	④	⑤	인간관계교육 (대화법, 대인관계기술향상교육)	①	②	③	④	⑤
①	②	③	④	⑤	외국어교육 (예: 영어, 일본어, 중국어 등 교육)	①	②	③	④	⑤
①	②	③	④	⑤	경제교육 (예: 재테크, 세무, 세법, 부동산교육)	①	②	③	④	⑤
①	②	③	④	⑤	가족생활교육 (예: 부부관계, 예절교육, 세대이해교육)	①	②	③	④	⑤
①	②	③	④	⑤	정보화교육 (예: 인터넷, 스마트폰 활용교육)	①	②	③	④	⑤
①	②	③	④	⑤	교양교육 (예: 인문, 역사, 철학교육)	①	②	③	④	⑤

①	②	③	④	⑤	시민책무성교육 (예: 인권교육, 다문화이해교육)	①	②	③	④	⑤
①	②	③	④	⑤	시민리더십역량교육 (예: 지역리더양성, 지역역사해설사교육)	①	②	③	④	⑤
①	②	③	④	⑤	시만참여활동교육 (예: 자원봉사, 환경실천교육)	①	②	③	④	⑤

출처: 박지현(2017). 서울시 관악구 노인 평생교육프로그램 요구분석. 고려대학교 교육대학원 석사학위논문.

표 5-3 **장애인 가족의 가족역량강화를 위한 설문지**

귀하께서는 다음의 각각의 프로그램들이 어느 정도 필요하다고 생각하십니까? 각 항목을 읽고 해당하는 답에 체크해 주시기 바랍니다.

프로그램 내용	매우 불필요	불필요	보통	필요	매우 필요
1. 장애에 대한 이해와 장애자녀 또는 장애형제의 양육을 위한 교육					
2. 장애자녀 또는 장애형제의 성장에 따른 가족 개개인의 역할교육					
3. 비장애형제를 위한 바람직한 부모의 역할교육					
4. 비장애형제를 위한 지원 프로그램(예: 가족캠프, Workshop, 오락활동)					
5. 부정적 정서와 스트레스에 대처하기 위한 교육(예: 욕구발표하기, 긍정적인 자기대화)					
6. 자신만의 휴식을 위한 교양 · 취미 프로그램					
7. 가족구성원 간의 문제해결을 위한 전문상담서비스(예: 집단상담, 개별상담, 가족상담)					
8. 동일한 장애유형의 자녀나 형제가 있는 가족들의 모임(예: 자조집단모임 등)					
9. 장애인가족과 비장애인가족이 함께 즐길 수 있는 여가활동 프로그램					
10. 지역사회 현장을 활용한 다양한 문화프로그램(예: 도서관, 박물관, 지역사회 문화공연 등)					

출처: 문경도(2006). 장애인 가족의 가족역량강화를 위한 평생교육 프로그램 개발 기초연구. 고려대학교 교육대학원 석사학위논문.

표 5-4 장애인 가족의 가족역량강화를 위한 설문지

귀하께서는 위와 같은 프로그램들을 이용하신 경험이 있으십니까? 경험이 없으시다면 '경험없음'에 체크해 주시고, 만약 경험이 있으시다면 어느 정도 만족하셨는지를 해당란에 체크해 주시기 바랍니다.

프로그램 내용	경험 없음	매우 불만족	불만족	보통	만족	매우 만족
1. 장애에 대한 이해와 장애자녀 또는 장애형제의 양육을 위한 교육						
2. 장애자녀 또는 장애형제의 성장에 따른 가족 개개인의 역할교육						
3. 비장애형제를 위한 바람직한 부모의 역할교육						
4. 비장애형제를 위한 지원 프로그램(예: 가족캠프, Workshop, 오락활동)						
5. 부정적 정서와 스트레스에 대처하기 위한 교육(예: 욕구발표하기, 긍정적인 자기대화)						
6. 자신만의 휴식을 위한 교양 · 취미 프로그램						
7. 가족구성원 간의 문제해결을 위한 전문상담서비스(예: 집단상담, 개별상담, 가족상담)						
8. 동일한 장애유형의 자녀나 형제가 있는 가족들의 모임(예: 자조집단모임 등)						
9. 장애인가족과 비장애인가족이 함께 즐길 수 있는 여가활동 프로그램						
10. 지역사회 현장을 활용한 다양한 문화프로그램(예: 도서관, 박물관, 지역사회 문화공연 등)						

출처: 문경도(2006). 장애인 가족의 가족역량강화를 위한 평생교육 프로그램 개발 기초연구. 고려대학교 교육대학원 석사학위논문.

(2) 면접법

면접(interview)은 주로 일대일로 얼굴을 맞대고 이루어지지만 가끔은 전화면접도 가능하다. 면접법에는 구조적 면접법과 비구조적 면접법이 있다. 전자는 정보를 얻는 것을 목적을 하는 조사면접이 구조적 면접법이고, 후자는 진단이나 치료 등 임상적 목적을 가진 상담면접이 비구조적 면접법이다. 면접법은 연구 대상과의 직접적인 상호작용을 통해 개인으로부터 필요한 정보를 얻는 데 효과적인 방법으로 질문지법보다 정보를 상세하고 구체적으로 파악할 수 있지만 시간과 비용이 많이 들고 면접자와 피면접자의 편견이 개입될 수 있다는 단점이 있다. 학교 평생교육에서의 학교장의 전략적 리더십과 프로그램 개발을 위해 사용된 구조화된 면접의 예는 〈표 5-5〉, 〈표 5-6〉, 〈표 5-7〉과 같다.

표 5-5 면담 가이드(1)

연구질문	질문예시
학교 평생교육에 대한 인식	• 학교장(교사)은 평생교육에 대하여 잘 인식하고 있다고 생각하십니까? • 학교 평생교육에서의 학습을 어떻게 느끼고 계십니까?
학교 평생교육에 가장 큰 영향을 미치는 것	• 학교 평생교육 실시에 대하여 가장 큰 영향을 주는 사람은 누구라고 생각하십니까? • 학교 평생교육에 대하여 학교장의 리더십은 영향을 주었다고 생각하십니까? – 그러셨다면 어떤 리더십이라고 생각하십니까?
학교 평생교육 프로그램개발 과정에서 학교장의 역할과 기능	• 학교 평생교육 프로그램 개발에 학교장의 관심이 높다고 생각하십니까? – 그러셨다면 그 구체적인 예로 무엇을 말할 수 있으세요? • 학교 평생교육 프로그램이 다양하다고 생각하십니까? – 그러셨다면 예를 들어 주실 수 있으세요? • 학교 평생교육 프로그램 개발에 학교장이 참여하십니까? – 그러셨다면 기획, 설계, 마케팅, 실행, 평가 단계 중 어느 정도까지 참여했습니까? • 학교 평생교육 프로그램 개발에 학교장의 지원이 많다고 생각하십니까? – 그러셨다면 그 구체적인 예로 무엇을 말할 수 있으세요? • 학교 평생교육 프로그램 개발과 교육의 활성화를 위한 교장의 역할과 기능은 무엇이라고 생각하십니까?
학교 평생교육의 확대 필요성	• 학교 평생교육은 확대되어져야 한다고 생각하십니까? • 확대를 위해 무엇이 필요하다고 생각하십니까? • 확대를 위해 학교장은 어떤 역할을 하여야 할까요?

출처: 김창동(2013). 학교평생교육에서의 학교장의 전략적 리더십과 프로그램 개발개발과정. 숭실대학교 대학원 박사학위 논문.

표 5-6 면담 가이드(2)

연구질문	질문예시
학교 평생교육 프로그램 개발에 대한 경험 면담	• 교육 프로그램 개발과 관련된 귀하의 경험에 대해서 말씀해 주십시오.
학교 평생교육 프로그램 개발 과정에 대한 면담	• 귀하께서 최근에 기획하고 개발한 프로그램에 대해서 말씀해 주십시오. – 귀하께서 하신 프로그램 개발 활동과 과정에 대해서 간략하게 말씀해 주십시오. • 어떻게 시작하게 되었습니까? • 프로그램의 목적은 무엇이었습니까? • 프로그램 전 과정을 개발하는 데 얼마나 걸렸습니까? • 프로그램 개발 과정 중 가장 어려웠던 부분은 무엇이었습니까?(기획, 설계, 마케팅, 실행, 평가 중) – 프로그램 개발 과정에서 프로그램 개발에 관련된 사람들이 관계와 활동에 대해서 간략하게 말씀해 주십시오. • 몇 명의 사람들이 관여하였습니까? • 관련자들의 이해관계는 무엇이었습니까? • 프로그램 개발 과정에 학교장은 어떤 역할을 하였습니까? • 프로그램 개발에 학교장의 지원은 어느 정도였습니까? • 프로그램 실행 결과는 어떻다고 생각하십니까?
학교 평생교육 확대에 대한 면담	• 학교 평생교육 프로그램 개발은 확대되어져야 한다고 생각하십니까? – 확대를 위해 무엇이 필요하다고 생각하십니까? – 확대를 위해 교사는 어떤 역할을 하여야 할까요? – 확대를 위해 학교장은 어떤 역할을 하여야 할까요?

출처: 김창동(2013). 학교평생교육에서의 학교장의 전략적 리더십과 프로그램 개발개발과정. 숭실대학교 대학원 박사학위 논문.

표 5-7 면담 가이드(3)

연구질문	질문예시
학교 평생교육 프로그램 참여에 대한 경험 면담	• 학교 평생교육 프로그램과 관련된 귀하의 경험에 대해서 말씀해 주십시오.
학교 평생교육 프로그램 참여과정에 대한 면담	• 귀하께서 최근에 참여한 프로그램에 대해서 말씀해 주십시오. – 어떻게 참여하시게 되었습니까? – 프로그램의 목적은 무엇이라고 생각하십니까? – 학교 평생교육 실시에 대하여 가장 큰 영향을 주는 사람은 누구라고 생각하십니까? – 이 프로그램 개발 과정에 학교장(교사)은 어떤 역할을 하였다고 생각하십니까?
학교 평생교육 확대에 대한 면담	• 학교 평생교육 프로그램 개발은 확대되어져야 한다고 생각하십니까? – 확대를 위해 무엇이 필요하다고 생각하십니까? – 확대를 위해 참여자는 어떤 역할을 하여야 할까요? – 확대를 위해 학교장은 어떤 역할을 하여야 할까요?

출처: 김창동(2013). 학교평생교육에서의 학교장의 전략적 리더십과 프로그램 개발개발과정. 숭실대학교 대학원 박사학위 논문.

(3) 관찰법

최적의 작업수행을 탐색하고, 작업에 관한 자세한 자료를 얻고, 더 나아가서 문제의 원인을 추론하고자 할 때 관찰을 시행할 수 있다. 관찰의 특성은, 첫째, 융통성이 있다. 관찰을 수행하기 전에 얻고자 하는 정보의 양보다, 좀 더 많은 정보를 습득할 수 있다. 둘째, 작업에 대해 좀 더 직접적으로 느끼고 배울 수 있다. 말로만 들어 왔던 사실들을 확인함과 동시에, 관련자들이 느끼는 상황을 직접 체험할 수 있으므로 깊은 정보를 찾을 수 있다.

관찰법은 관찰할 장면을 인위적으로 통제하느냐에 따라 자연관찰과 통제된 관찰로 구분된다. 자연관찰은 관찰장면을 인위적으로 조작하지 않고 자연스런 상황에서 발생하는 행동이나 사건을 있는 그대로 관찰하는 방법이다. 분명한 목적을 설정하지 않고 관찰할 경우 뚜렷한 관찰을 하기 어려우므로 관찰행동이나 사건에 대해 분명히 설정한 후 관찰해야 한다. 통제적 관찰은 관찰장면에 일종의 통제나 조작을 인위적으로 가하는 방법으로 관찰시간, 관찰자가 관찰할 장면 및 그 행동을 발생시킨 상황이나 조건을 조작해 같은 행동을 보다 정확하고 엄밀한 조건하에서 관찰하는 방법이다.

또한 관찰자가 관찰장면에 직접 참여하느냐의 여부에 따라서 참여관찰과 비참여관찰로 나누는데, 참여관찰은 관찰자가 관찰대상이나 그들의 행동에 대해 아무런 통제를 가하지 않고 관찰자가 관찰대상과 현장에 함께 생활하면서 자연스러운 행동을 관찰하는 방법으로 일반적인 교육현장에서 교사들이 관찰자이자 교사의 역할을 수행하면서 사용하는 방법이다. 비참여관찰이란 관찰자가 관찰장면에 함께 있으나 참여대상의 활동에 참여하지 않고 관찰하는 방법을 말한다. 즉, 일반적으로 일방경(one way mirror)을 통해 관찰하거나 비디오와 같은 매체로 촬영해 관찰하는 방법을 들 수 있는데, 관찰자가 관찰에 전념할 수 있고 관찰대상에 영향을 미치지 않으며 관찰할 수 있다는 장점을 지니고 있다.

(4) 현장연구

현장연구는 1940년대 레빈(Levin)에 의해 구체화되었다. 교육은 본질적으로 실제적이며 현장 지향적이기 때문에 교육연구는 이론적 문제나 탈맥락적인 문제를 다루기보다 실제적 문제를 다루는 것이 필요하다는 것을 근거로 하였기 때문이다. 현장연구를 교육학 분야에 처음 도입한 코니(Corney, 1953)는 현장연구는 실천가들이 그들의 결정과 행동을 수행·수정·평가하기 위하여 과학적으로 그들의 문제를 연구하려고 시도하는 과정으로, 현장연구는 교사가 개관적으로 자신의 교수에 대하여 연구하는 것이며, 타인의 연구 결과보다 교육 실제를 개선, 변화시키는 데 더 유용할 수 있다고 보았다.

이처럼 교육현장 실제에 대한 이해를 통한 개선을 목표로 하는 현장연구는 초기에 계획, 행동, 사실발견, 평가의 나선형 주기로 진행되었으나(Carr & Kemmis, 1986), 이후 연구 상황에 대한 효과적인 비판에 근거한 실제적 판단이 적용될 수 있는 순환적 연구의 필요성이 강조되어짐에 따라 계획, 행동, 관찰, 반성 그리고 수정의 순환적 과정으로 강조되었다. 즉, 현장연구 과정을 통해 최초의 아이디어가 변화하고 전체과정을 통하여 계획이 수정되는 순환적인 반성을 나타내는 나선형의 과정으로 이루어지고 있다. 현장연구의 과정은 〈그림 5-1〉과 같이 진행된다.

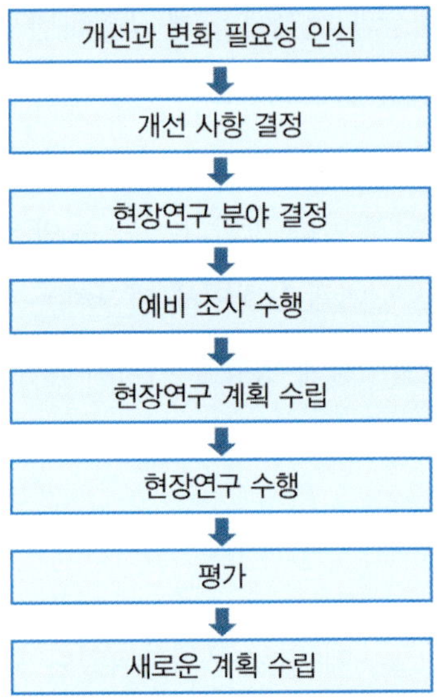

그림 5-1 **현장연구 과정**

교육현장에서 진행하는 현장연구는 자료수집 대상에 따라 연구과정이 달라질 수 있다(Bassey, 1986). 먼저, 학습자로부터 자료를 수집하여 현장연구를 진행할 수 있다. 학습자로부터 자료를 수집하기 위한 방법은 대상이 한 명의 학습자, 그룹 혹은 전체 반인지에 따라 달라진다. 현장연구 시 자료 수집 방법은 다양하고 이를 정리하면 〈표 5-8〉과 같다(Winter, 1989).

표 5-8 현장연구 시 자료 수집 방법

구분	내용
일기	일상적이고 주관적인 인상과 흥미 있는 것에 대해 자세하게 기록
문서	문제상황과 관련 있는 기록 수집
관찰	일반적인 인상과 종합적인 서술, 체크리스트 등 사용
질문지	동료나 학생의 태도, 성향, 경험 등 조사
인터뷰	동료, 학부모, 학생집단과의 상호작용을 통하여 이루어지며 미리 정해진 질문에 의해 질문하기도 하고 응답자에게 최소한의 암시만을 주고 그들의 방식으로 주제에 답하도록 허용
녹음	인터뷰나 교사들 이야기의 녹음 기록, 객관적인 기록으로 반복적 청취 및 전사 가능
녹화	교실장면의 비디오 녹화, 생각지도 못한 관찰영역의 관찰과 의식된 왜곡 행동 관찰 가능
사진이나 슬라이드	경험의 시각적 기록을 통해 구체적 기억 제공
삼각평가	몇 가지 다른 연구 방법들을 하나의 문제로 집중시키는 방법, 세 가지의 방법이나 관점의 결론 비교, 대조에 필요

유아교육기관 현장에서 이루어지는 현장연구 사례를 누리과정 5개 영역에 맞추어 한국교원단체총연합회에서 선정한 우수 연구를 예로 살펴보면 〈표 5-9〉와 같다.

표 5-9 신체운동 및 건강영역 현장연구 사례

연구자	고영미(한국교원단체총연합회, 2007년도 현장연구보고서, 유아)
연구주제	다양한 신체활동 프로그램 적용이 유아의 친사회적 행동 증진에 미치는 영향
연구필요성	교사는 유아의 사회성 발달을 돕기 위한 환경을 조성하고 사회성 빌딜을 고무시킬 수 있는 방법을 통합적으로 고려하여 사회적 어려움을 갖는 유아를 파악하고 긍정적인 사회경험을 갖도록 하는 것이 중요하며 이는 적절한 신체활동 프로그램의 구안과 적용을 통해 이루어질 필요가 있음
연구목적	1. 유치원 교육과정의 사회생활영역을 분석하고 신체활동 프로그램 구안 2. 유아의 친사회적 행동증진을 위한 다양한 신체활동 프로그램 적용 3. 가정과의 연계활동을 통하여 유아의 친사회적 행동 증진

연구대상	1. 연구대상: ○○초등학교병설유치원 만5세 유아 23명 2. 연구기간: 2013년 3월 2일 ~ 2014년 2월 10일까지 12개월간
연구실제	1. 유치원교육과정을 분석하고 신체활동 프로그램 구안 2. 유아의 친사회적 행동 증진을 위한 신체활동 프로그램 적용 3. 가정과의 연계활동을 통하여 유아의 친사회적 행동 증진
연구결과	1. 유치원 교육과정에 연계하여 신체활동 프로그램 구안 · 적용결과 유아의 친사회적 행동 증진 2. 친구들과의 약속이나 규칙을 소중히 생각하고 실천하게 됨 3. 자기주도적 학습 능력 향상 4. 원만한 대인관계 형성 5. 인성지도 향상 6. 올바른 자녀교육에 대한 인식 향상
제언	1. 유아들의 친사회적 행동증진을 위한 유아의 발달 수준과 흥미를 고려한 다양한 프로그램의 계속적 연구 개발 필요 2. 단일학급 조건으로 실험집단과 통제집단 구성하여 검증하는 연구 필요 3. 객관적인 평가를 포함하는 방법 투입 필요

4) 요구분석의 우선순위 결정방법

요구분석은 단순히 요구를 규명하는 데 그치지 않고 수집된 정보를 바탕으로 자원배분에 대한 우선순위를 결정해야 하는 체계적인 과정이다. 우선순위 결정이란 자원배분에 있어서 여러 목표 중 긴급성 · 중요성 · 필요성 등 여러 기준에 따라 우선적으로 채택되는 순서 혹은 중요도에 대한 결정이다. 소리아노(Soriano, 1995)는 요구분석 연구 시 발생할 수 있는 문제 중 수집된 데이터를 가지고 우선순위를 설정하지 못하는 경우를 언급하였고, 티트콤(2000)은 요구분석 시 심각한 결함으로 결론 도출을 위해 정당하지 못한 부적절한 방법을 사용하는 것이라고 하였다(조명희, 2015). 따라서 요구분석에서 우선순위 결정은 도출된 요구를 가지고 실제 현장에서 의사결정의 자료로 활용하기 위한 매우 중요한 과정이다(오재영, 2013).

요구분석에 관한 많은 선행 연구들을 살펴보면, 과학적인 요구분석 및 우선순위 결정방법으로 t검정, Borich의 요구도 및 The Locus for Focus 모델 연구방법을 주로 사용하고 있다. t검정은 수준 간 차이를 규명하는 데 유용한 방법이며, t검정의 단점을 보완하기 위해 사용하는 방법으로 Borich의 요구도 분석이 이용되고 있으며, 최근에 많이 이용되고 있는 The Locus for Focus 모델은 최우선 순위군을 좌표에 시각화하여 고려순위에 대한 재검증이 가능하다(박지현, 2017).

(1) t검정

t검정은 설문조사를 통해 요구분석을 하는 경우 많이 활용하는 방법이다. 이는 통계적으로 바람직한 수준과 현재 수준 간의 평균차이가 있는지를 검정하는 방법으로 두 수준 사이의 영가설을 채택하는지 기각하는지를 확인하는 방법이다. 즉, 한 항목에서 현재 수준의 평균값과 바람직한 미래 수준의 평균값이 차이가 없다는, 즉 같다는 영가설을 기각하고 반대의 대립가설을 채택하는지 여부를 결정하는 방법이다. 따라서 t검정은 항목의 현재 수준과 바람직한 미래 수준의 평균 차이가 클수록 t값이 증가하게 된다. 그러나 t검정은 두 수준 간 평균값이 통계적인 차이가 있는지를 판단하는 방법으로 유용하지만 평균값에 대한 단순 차이만을 나타내는 방법이기 때문에 바람직한 수준의 평균값이 얼마나 높은지 혹은 중요한지에 대한 의미가 포함되지 않는다. 그렇기 때문에 바람직한 방향성에 대한 결과 도출은 어렵고 요구분석 과정인 우선순위 제시 등의 판단을 내리기에는 한계가 있다.

(2) Borich의 요구도

Borich의 요구도 방법은 보리치(Borich, 1980)가 교사의 교육 우선순위를 분석하기 위해 처음으로 제안한 방법으로, 계산된 교육 요구는 중요도에서 현재수준의 뺀 값에 각 항목의 중요도 평균을 곱한 것이다(조대연, 2009). 이는 두 항목 간 값의 격차가 커져 요구도의 우선순위를 결정하는 데 용이하다.

조명희(2015)는 보리치의 5단계의 요구분석 과정을 설명하였는데, 우선 역량을 선정하고, 두 번째로 대상자에게 설문조사를 실시하고, 세 번째로 설문을 통해 얻어진 결과에 의해 우선순위 결정을 하는데, 이 과정에서 Borich의 요구도 공식이 사용된다. 다시 말해 Borich의 요구도 공식은 요구되는 바람직한 수준 혹은 중요도에 가중치를 부여하는 방식이다. 위 공식을 통해 역량의 우선순위가 도출되면, 네 번째 단계로 교육 프로그램 내용과 최우선 역량과의 비교가 이루어지고, 마지막으로 교육 프로그램의 개선 혹은 역량의 수정단계로 제시하고 있다(조명희, 2015).

자라프샤니와 베이기(Zarafshani & Baygi, 2008)는 교수들을 대상으로 하는 요구분석 연구에서 수정된 Borich의 요구도 공식을 사용하였는데, 〈그림 5-2〉와 같이 현재 수준과 바람직한 수준의 차이를 모두 합한 값에 바람직한 수준의 평균을 곱한 값을 전체 사례 수인 N으로 나눈 것이다. 기존 Borich의 우선순위 결정 시 요구도 값이 너무 크게 제시된 측면이 있어 〈그림 5-2〉와 같이 수정된 Borich의 요구도 공식이 더욱 널리 활용되고 있다(조명희, 2015).

$$\text{교육요구도} = \frac{\Sigma(RCL - PCL) X \overline{RCL}}{N}$$

RCL: 요구되는 능력수준 $\overline{RCL}$: 요구되는 능력수준의 평균
PCL: 요구되는 능력수준 N: 전체 사례수

그림 5-2 수정된 Borich 요구도 공식

위와 같은 Borich의 요구도는 단순 차이를 비교하는 t검정의 단점을 보완하는 데 유용하지만 요구항목이 많은 경우 연구자나 의사결정자에게 효과적인 정보를 제공함에 있어 한계가 있다. 특히 제한된 인적, 물적인 환경 속에서 어느 순위까지 고려해야 하는지에 대한 판단에 있어 어려움을 경험하게 된다.

(3) The Locus for Focus 모델

The Locus for Focus 모델은 2개의 축으로 구성된 좌표를 이용하여 우선순위 결정에 도움을 주는 요구분석 방법이다. 즉, 현재 상태의 수준과 바람직한 상태의 수준 사이의 차이를 규명하기 위해 바람직한 상태의 수준의 평균값을 가로(X)축으로 현재 상태의 수준과 바람직한 상태 수준의 불일치 수준을 세로(Y)축으로 구분해 각 평균값을 4개의 분면으로 나누어 시각적으로 우선순위를 확인하는 방법이다(오승국 외, 2014).

The Locus for Focus 모델은 밍크 등(Mink et al., 1991)에 의해 개발된 모델로 〈그림 5-3〉과 같이 4개의 분면으로 구성되어 우선순위 결정에 그 준거를 제공한다. 구체적으로 1사분면은 두 수준의 차이 값이 평균값보다 높고 바람직한 수준이 평균값보다 높은 분면(HH)이다. 즉, 필요 수준과 불일치 수준이 모두 높은 요구분석 결과 우선순위가 가장 높은 영역에 해당한다. 2사분면은 두 수준의 차이 값이 평균값보다 낮고 바람직한 수준이 평균값보다 높은 수준인데, 다시 말해 필요 수준은 낮으나 불일치 수준이 높은 영역(LH)이다. 4사분면은 2사분면과 반대로 필요 수준은 높고 불일치 수준이 낮은 영역(HL)이며 3사분면(LL)은 두 수준의 차이값이 평균값보다도 낮고 바람직한 수준 또한 평균보다 낮은 필요 수준, 불일치 수준 모두 낮은 영역이다.

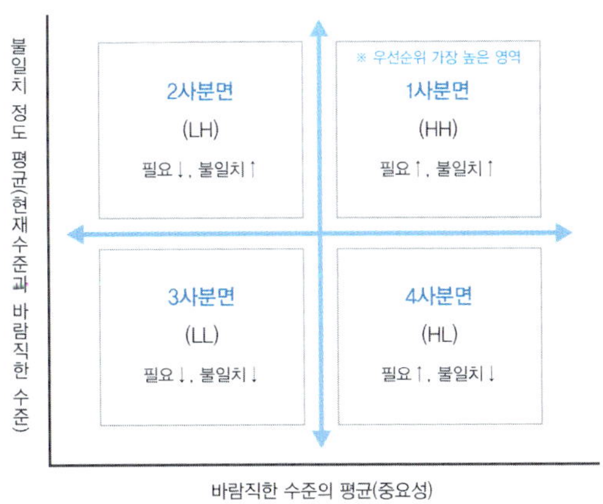

그림 5-3 The Locus for Focus 모델

The Locus for Focus 모델에서 우선순위 영역으로 가장 먼저 고려해야 할 영역은 1사분면(HH), 즉 중요도도 높고 격차도 높은 영역이고, 반면 3사분면(LL)은 고려되지 않아도 되는 영역이다. 그러나 조대연(2009)은 2사분면(LH)과 4사분면(HL) 간 해석할 경우, 그 순서는 주의를 기울여야 하며 비록 같은 분면에 있을지라도 우선순위를 결정함에 있어, 순서를 결정함에 있어 어려울 수 있다고 주장하였다. 이 모델은 우선순위 방법인 허쉬코비츠(Hershkowitz)의 임계함수 방법보다 우선순위 의사결정에 도움을 주는 시각적이며 체계적, 과학적인 연구방법이지만 세부적인 해석 측면에 있어 정확성은 한계점을 지니고 있는 모델이라고 할 수 있다(조대연, 2009).

5) 요구분석단계에서 우선순위의 결정

요구가 확인되면 요구의 원인분석과 함께 해결방안을 위한 우선순위 결정을 해야 한다(최정임, 2002). 합리적이고 효율적인 의사결정과 해결방안 도출을 위해 최우선적으로 결정해야 할 것과 차순위로 고려해야 할 것에 대한 우선순위 정보제공 과정이 요구분석의 마지막 과정이다.

3. 요구분석의 실제

박지현(2017)의 노인 평생교육 프로그램 요구분석 연구를 통해 요구분석이 진행되는 과정에 대해 살펴보면 다음과 같다. 박지현(2017)은 〈그림 5-4〉와 같은 절차를 통해 연구를 진행하였다.

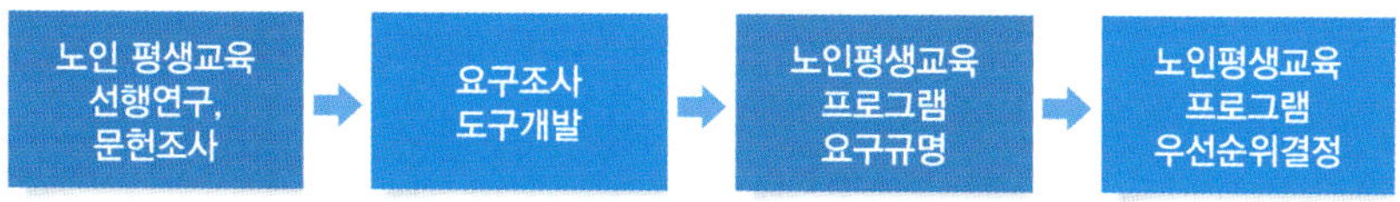

그림 5-4 연구절차

연구대상자는 65세 이상 노인 203명이었으며, 〈표 5-10〉과 같이 노인 평생교육 프로그램에 대한 설문지를 구성하였다.

표 5-10 설문지 구성

변인			문항번호	문항수
인구통계학적			Ⅰ-1~7	7
노인 평생 교육 프로 그램	기초 문해 교육	내국인한글문해교육	Ⅱ-1	3
		다문화한글문해교육	Ⅱ-2	
		한글생활문해교육	Ⅱ-3	
	학력 보완 교육	초등학력보완교육	Ⅱ-4	3
		중등학력보완교육	Ⅱ-5	
		고등학력보안교육	Ⅱ-6	
	직업 능력 교육	직업준비교육	Ⅱ-7	3
		자격인증교육	Ⅱ-8	
		현직직무역량교육	Ⅱ-9	
	문화 예술 교육	레저 · 생활스포츠교육	Ⅱ-10	3
		생활문화교육	Ⅱ-11	
		문화 · 예술향상교육	Ⅱ-12	
	인문 교양 교육	건강교육	Ⅱ-13	12
		노인복지교육	Ⅱ-14	
		종교교육	Ⅱ-15	

변인			문항번호	문항수
		인생교육	II-16	
		노화이해교육	II-17	
		인간관계교육	II-18	
		외국어교육	II-19	
		경제교육	II-20	
		가족생활교육	II-21	
		정보화교육	II-22	
		교양교육	II-23	
		시사교육	II-24	
	시민 참여 교육	시민책무성교육	II-25	3
		시민리더역량교육	II-26	
		시민참여활동교육	II-27	

설문지는 총 34문항으로 구성되었으며, 크게 두 영역으로 나누어진다. 첫 번째 영역은 인구통계학적 변인으로 성별, 경제활동, 학력, 생활수준, 동거가족, 신체적 건강상태의 7문항으로 구성하였다. 두 번째 영역은 평생교육프로그램에 대한 노인들의 요구를 알아보기 위한 문항으로 선행연구를 바탕으로 도출된 평생교육 프로그램을 기초문해교육, 학력보완교육, 직업능력교육, 문화예술교육, 인문교양교육, 시민참여교육의 6가지 영역으로 분류하였으며 이를 중심으로 총 27개 문항으로 구성하였다.

연구결과 첫째, '노인들의 노인 평생교육 프로그램에 대한 요구는 무엇인가?'에 대해 현재 수준과 필요 수준의 차이를 t검정을 통해 요구를 산출한 결과는 〈표 5-11〉과 같다.

표 5-11 노인 평생교육 프로그램에 요구에 대한 t검정

노인 평생교육 프로그램		현재 흥미도		가까운 미래 필요도		차이		
		M	SD	M	SD	M	SD	t값
기초 문해 교육	1. 내국인한글문해교육	2.45	1.372	2.89	1.472	.438	1.072	5.829***
	2. 다문화한글문해교육	2.74	1.422	3.06	1.478	.315	.820	5.478***
	3. 한글생활문해교육	3.07	1.327	3.35	1.294	.276	.828	4.746***
학력 보완 교육	4. 초등학력보완교육	2.63	1.413	2.91	1.388	.276	.886	4.436***
	5. 중등학력보완교육	2.63	1.363	2.89	1.392	.261	.865	4.300***
	6. 고등학력보안교육	2.58	1.364	2.83	1.355	.251	.851	4.208***
직업 능력 교육	7. 직업준비교육	2.87	1.457	3.04	1.441	.167	.809	2.949**
	8. 자격인증교육	2.71	1.414	2.94	1.390	.227	.702	4.598**
	9. 현직직무역량교육	2.40	1.340	2.61	1.372	.207	.650	4.536***
문화 예술 교육	10. 레저 · 생활스포츠교육	3.96	1.001	3.99	.982	.030	.644	.654
	11. 생활문화교육	3.88	1.090	3.92	1.028	.039	.659	.852
	12. 문화 · 예술향상교육	3.46	1.191	3.56	1.126	.099	.682	2.057*
인문 교양 교육	13. 건강교육	4.18	.862	4.21	.877	.025	.549	.639
	14. 노인복지교육	3.67	1.035	3.84	.927	.163	.628	3.689***
	15. 종교교육	3.48	1.299	3.62	1.173	.143	.656	3.104**
	16. 인생교육	3.53	1.195	3.79	1.075	.266	.763	4.967***
	17. 노화이해교육	3.66	1.090	3.76	1.055	.108	.561	2.751**
	18. 인간관계교육	3.90	1.062	3.96	.994	.059	.650	1.296
	19. 외국어교육	2.99	1.290	3.19	1.179	.197	.784	3.582***
	20. 경제교육	2.80	1.303	2.97	1.238	.172	.721	3.408***
	21. 가족생활교육	3.56	1.186	3.71	1.139	.153	.683	3.185**
	22. 정보화교육	3.54	1.215	3.67	1.180	.123	.796	2.205*
	23. 교양교육	3.09	1.255	3.12	1.180	.030	.717	.587
	24. 시사교육	2.89	1.160	2.98	1.076	.089	.733	1.725
시민 참여 교육	25. 시민책무성교육	2.97	1.141	3.05	1.122	.089	.615	2.054*
	26. 시민리더역량교육	2.87	1.110	3.03	1.067	.158	.671	3.347***
	27. 시민참여활동교육	3.56	1.086	3.65	1.068	.089	.646	1.954

t검정결과 가장 요구가 높은 노인 평생교육 프로그램은 '내국인한글문해교육(t=5.829***)'이었고 다음으로 '다문화한글문해교육(t=5.478***)', '인생교육(t=4.967***)'순으로 도출되었다. 노인 평생교육 프로그램에 대한 현재 흥미도와 가까운 미래 필요도의 값이 높은 영역은 문화예술교육이었으며 세부교육프로그램은 건강교육이었다. 다음으로 레저, 생활스포츠교육이 도출되었는데 t검정은 현재수준과 필요수준의 차이를 검증하는 방법이기 때문에 위 교육은 현재 흥미도와 미래수준의 필요도 모두가 높은 교육 프로그램의 t값은 낮게 도출되었다.

둘째, 노인을 위한 노인 평생교육 프로그램의 우선순위는 어떠한지에 대한 체계적인 우선순위 도출을 위해 Borich 요구도와 The Locus for Focus 모델을 통해 각각의 우선순위를 도출하였고 두 가지 방법을 종합하여 최우선순위군과 차순위군을 도출하였다. 그 결과는 〈표 5-12〉, 〈표 5-13〉, 〈그림 5-5〉와 같다.

표 5-12 Borich 요구도 공식에 따른 노인 평생교육 프로그램 우선순위

노인 평생교육 프로그램		Borich 요구도	우선순위
기초문해교육	1. 내국인한글문해교육	1.27	1
	2. 다문화한글문해교육	0.96	3
	3. 한글생활문해교육	0.92	4
학력보완교육	4. 초등학력보완교육	0.80	5
	5. 중등학력보완교육	0.75	6
	6. 고등학력보안교육	0.71	7
직업능력교육	7. 직업준비교육	0.51	15
	8. 자격인증교육	0.67	8
	9. 현직직무역량교육	0.54	12
문화예술교육	10. 레저 · 생활스포츠교육	0.12	25
	11. 생활문화교육	0.15	24
	12. 문화 · 예술향상교육	0.35	19

노인 평생교육 프로그램		Borich 요구도	우선순위
인문교양교육	13. 건강교육	0.10	26
	14. 노인복지교육	0.62	10
	15. 종교교육	0.52	13
	16. 인생교육	1.01	2
	17. 노화이해교육	0.41	18
	18. 인간관계교육	0.23	23
	19. 외국어교육	0.63	9
	20. 경제교육	0.51	14
	21. 가족생활교육	0.57	11
	22. 정보화교육	0.45	17
	23. 교양교육	0.09	27
	24. 시사교육	0.26	22
시민참여교육	25. 시민책무성교육	0.27	21
	26. 시민리더역량교육	0.48	16
	27. 시민참여활동교육	0.32	20

Borich의 요구도 값을 산출한 결과 '내국인한글문해교육'에 대한 요구도 값이 1.27로 가장 높은 것으로 나타났다. 이어서 요구도 1.01인 '인생교육', '다문화한글문해교육' 등의 순으로 우선순위가 높은 것으로 나타났다. Borich의 요구도 값과 앞선 t값을 비교해 보면 대체로 t값이 높은 항목들이 Borich 요구도도 높았다.

표 5-13 The Locus for Focus 모델을 활용한 우선순위 분석 결과

분면	노인 평생교육 프로그램
1사분면 (H,H)	3. 한글생활문해교육, 14. 노인복지교육, 16. 인생교육

분면	노인 평생교육 프로그램
2사분면 (L,H)	1. 내국인한글문해교육, 2. 다문화한글문해교육, 4. 초등학력보완교육, 5. 중등학력보완교육, 6. 고등학력보완교육, 7. 직업준비교육, 8. 자격인증교육, 9. 현직직무역량교육, 19. 외국어교육, 20. 경제교육
3사분면 (L,L)	23. 교양교육, 24. 시사교육, 25. 시민책무성교육, 26. 시민리더역량교육
4사분면 (H,L)	10. 레저 · 생활스포츠교육, 11. 생활문화교육, 12. 문화 · 예술향상교육, 13. 건강교육, 15. 종교교육, 17. 노화이해교육, 18. 인간관계교육, 21. 가족생활교육, 22. 정보화교육, 27. 시민참여활동교육

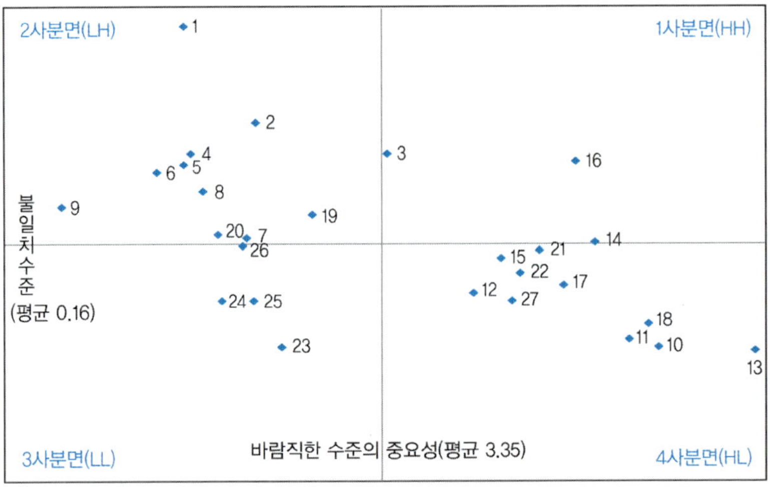

그림 5-5 The Locus for Focus 모델을 활용한 우선순위 분석 결과

평생교육 프로그램에 대한 필요수준 평균은 3.56이며, 불일치 수준이 평균 0.16으로 나타났다. 필요수준의 평균과 불일치 수준의 평균을 두 개의 축으로 하여 4사분면으로 구분하여 보면 1사분면이 필요수준이 높고, 불일치 수준이 높은 분면으로 노인들을 대상으로 한 평생교육 프로그램에 있어 가장 우선적으로 고려해야 할 필요성이 높은 분면이다. 1사분면에 포함되는 평생교육 프로그램 중 우선적으로 고려되어야 할 프로

그램은 총 3개로 한글생활문해교육, 노인복지교육, 인생교육 프로그램으로 나타났다. 반면 고려하지 않아도 되는 3사분면에 포함되는 평생교육 프로그램은 교양교육, 시사교육, 시민책무성교육, 시민리더역량교육으로 나타났다.

셋째, Borich의 요구도 산출 공식에 따라 분석하여 나타난 우선순위를 The Locus for Focus 모델에 기반하여 우선순위 영역에 포함하는 항목의 개수만큼 고려한 공통의 우선순위 항목을 도출하면 〈표 5-14〉와 같다.

표 5-14 노인교육 프로그램 요구분석 우선순위 결정

영역	내용	우선순위 도출방법	
		Borich의 요구도 공식	The Locus for Focus
기초문해교육	1. 내국인한글문해교육	○ (1)	
	2. 다문화한글문해교육	○ (3)	
	3. 한글생활문해교육		○
인문교양교육	14. 노인복지교육		○
	16. 인생교육	○ (2)	○

CHAPTER

06

프로그램 목표전환

배울내용

1. 목표전환에 대한 이해
2. 교육과정 구성의 기본요소
3. 교육과정의 목표

학습목표

1. 프로그램 목표전환에 대해 이해한다.
2. 교육과정의 구성요소를 파악한다.
3. 교육목표의 개념을 이해한다.
4. 교육목표의 진술유형을 설명할 수 있다.
5. 교육과정 목표의 설정원리를 파악한다.
6. 평생교육 프로그램의 활동목표를 숙지한다.

CHAPTER

06 프로그램 목표전환

평생교육 프로그램의 개발은 프로그램에 대한 기획이 이루어지고 나면, 상황분석, 요구분석, 목표전환, 운영방법, 자원확보 및 관리, 마케팅과 홍보전략 그리고 평가와 결과보고 순으로 이루어지게 된다〈그림 4-1 참조〉. 프로그램 상황분석에 대해서는 4장, 프로그램 요구분석은 5장에서 살펴보았고, 본 장에서는 프로그램 목표전환에 대해 자세하게 살펴보고자 한다.

1. 목표전환에 대한 이해

프로그램 기획의 세 번째 단계에서는 요구분석을 통해 얻은 학습자의 요구를 구체적인 프로그램의 목표로 전환하는 과정이 필요하다. 이는 프로그램 개발자가 다양한 요구를 모두 충족시키기 위해 노력하기 때문이다. 그러나 실제 모든 요구를 동시에 만족시키는 프로그램 개발은 불가능한 일이다.

따라서 프로그램 개발자는 효과적인 프로그램 개발을 위해 몇 개의 학습요구를 선택하는 것이 바람직하다. 즉, 학습자의 요구를 파악한 다음 프로그램 목표를 세워야 한다. 목표는 프로그램 운영에 있어서 기대되는 결과로, 궁극적으로 도달하고자 하는 상태나 지위를 의미한다(이화정 외, 2003). 이때 프로그램 개발자는 많은 요구 가운데 어떤 요구를 프로그램 목표로 전환시킬 것인가를 결정해야 한다. 프로그램 개발자는 학습자의 요구를 선택하는 데 있어서 가장 핵심적이고도 중요한 몇 가지 요소를 고려하게 된다. 대표적으로 프로그램 담당인력, 조직의 상황, 비용 등이다. 이는 프로그램 요구분석을 통해 얻어 낸 결과로 상황분석을 통해 얻어 낸 결과물과 조합하여 실현 가능하고, 가장 중요한 목표를 도출하는 과정인 것이다.

이 과정의 단계에 대해 기영화(2001)는 요구 선정 기준으로 프로그램 인력과 프로그램 운영 조직의 상황요소 파악, 그리고 프로그램 운영의 비용을 설정하였다. 이 기준에 부합하는 요구를 선정하고 요구의 중요성, 긴급성, 파급효과 정도에 따라 프로그램 개발 여부를 결정해야 한다. 목표설정 시 고려해야 할 사항은 〈표 6-1〉과 같다.

표 6-1 평생교육 프로그램 목표설정 시 고려사항

- 조직차원의 프로그램 목표를 개발하고, 이 목표가 상위조직의 교육목표에 일치하는지 파악한다.
- 평생교육부서의 프로그램 목표를 개발한다.
- 프로그램의 행동목표를 위에 언급한 목표들에 일치시킨다.

- 프로그램 목표실행에 관계되는 모든 행동을 구체적으로 기술한다.
- 위에 기술된 행동을 프로그램과 조직의 목적에 일치하도록 조정한다.
- 각각의 행동을 중심으로 프로그램을 세분화한다.
- 세분화된 프로그램을 하나의 프로그램으로 통합한다.

또한 이화정 등(2003)은 프로그램 목표전환의 단계를 크게 우선순위 결정과 목표결정 및 목표진술로 나누어 설명하였다. 세부적으로는 우선순위 결정의 경우 우선순위 결정에 참여할 사람을 결정, 우선순위 결정을 위한 평가준거 개발, 평가준거에 맞게 우선순위 차트에 따라 아이디어를 기록, 마지막으로 가장 높은 점수의 아이디어를 채택하는 4단계를 설정하였다. 또한 목표결정 및 목표진술의 경우 채택된 아이디어를 상황분석을 통해 얻은 결과와 대조하여 구체적인 목표로 진술하는 것으로 설정하였다.

프로그램 목표전환은 프로그램 요구분석과 가장 밀접하게 진행되어야 하는 단계로 프로그램 개발을 구체적으로 할 수 있는 근간을 마련하는 단계라고 할 수 있다. 즉, 프로그램 목표전환은 프로그램 목적 및 프로그램 개발의 초점을 명확하게 해 주고 평생교육기관의 자원을 통제하는 프로그램 운영자, 학습자에게 프로그램 개발과 운영의 의도를 명확하게 전달할 수 있게 한다(김진화, 2001).

2. 교육과정 구성의 기본요소

일반적으로 교육과정을 구성하는 기본요소로 교육목표, 교육내용, 교수·학습방법 및 평가의 네 가지 요소를 들 수 있다. 이 체계는 타일러가 제시한 교육과정 구성요소에 근거하고 있다. 타일러는 그의 저서 『교육과정과 수업의 기본원리(1949)』에서 교육과정 구성요소에 대해 〈그림 6-1〉과 같이 네 가지의 기본적인 구성요소로 체계화하였다 (전창경, 2015).

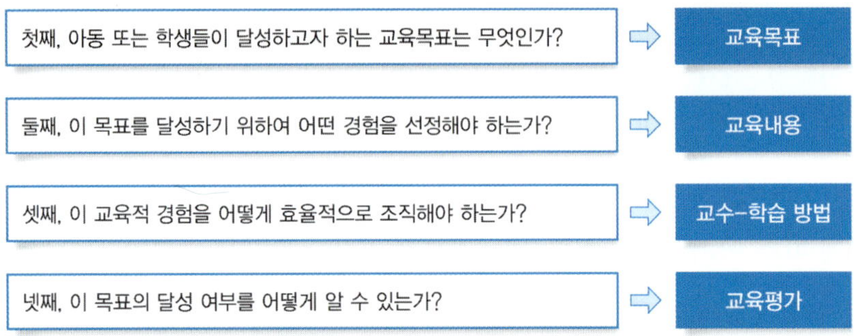

그림 6-1 타일러의 교육과정의 구성요소

타일러(1949)가 교육과정의 개발을 위해 제기한 〈그림 6-1〉의 물음은 교육목표의 설정 –학습경험의 선정–학습경험의 조직–학습성과의 평가라는 네 가지 기본 요소로 요약되며, 오랫동안 교육과정 구성의 기초로서 교육과정개발의 이론적 기반을 제시해 주고 있다. 한편 브래디(Brady, 1992)는 타일러가 제시한 구성요소들의 상호작용을 강조하며, 교육과정의 네 가지 요소 중 어디서든 교육과정을 개발할 수 있다고 주장한다.

하지만 일반적으로 교수·학습이 이루어지는 전 과정의 절차는 교육과정의 목표, 교육내용의 선정, 교육내용의 조직, 교수·학습지도 및 교육과정의 평가로 구분할 수 있으며〈그림 6-2〉, 구체적인 내용은 다음과 같다.

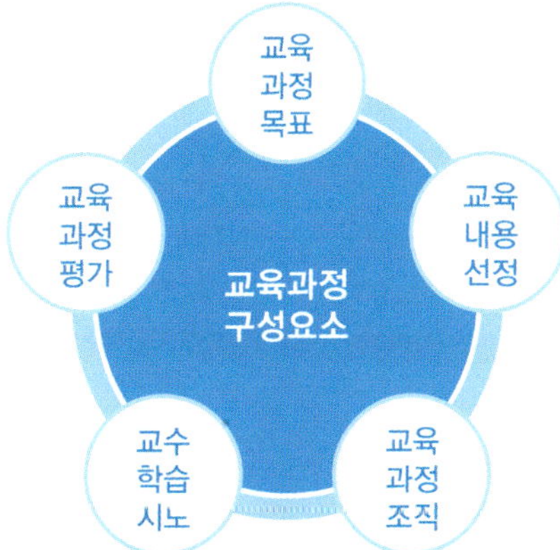

그림 6-2 교육과정의 구성요소

1) 교육과정의 목표

교육목표는 교육과정을 계획할 때 가장 먼저 실시해야 하는 첫 단계의 작업으로 교육목표를 설정하기 위해서는 교육대상 학습자에 대한 연령별 발달과 특징 등에 대한 지식과 사회적 요구, 각 영역별 활동에 대한 전문적인 지식, 전문가들의 조언이나 연구자료를 토대로 교육목표를 설정해야 한다. 일반적으로 교육목표를 설정할 때는 평생교육기관 이념을 나타내는 교육철학, 교육에 대한 사회적인 요구, 학습자들의 특성, 교육프로그램의 특성 등을 고려하여 교육목표를 설정하게 된다.

2) 교육내용의 선정

교육목표가 설정되고 나면, 그 목표를 달성하기 위해 무엇을 가르칠 것인가에 대한 교육내용이 선정되어야 한다. 교육내용을 선정할 때는 교육목표를 달성할 수 있는 내용과 가장 기본적인 개념을 중시하여 내용을 선정해야 한다. 또한 교육내용은 학습자들이 직접 경험해 볼 수 있는 실생활과 밀접하게 관련된 내용을 중심으로 선정하고, 학습자들의 전인적인 발달 및 학습자의 동기를 유발할 수 있는 내용으로 선정해야 한다.

3) 교육내용의 조직

교육내용이 선정되고 나면, 이 내용을 어떻게 가르칠 것인가를 조직해야 한다. 교육내용의 조직은 교육내용을 어떻게 배열할 것인가에 대한 문제이다. 이는 평생교육사가 교육과정을 계획하고 운영할 때, 교사지침의 내용을 숙지하여 환경구성 및 프로그램 운영 시 이를 반영하고 교사와 학습자 간 바람직한 상호작용이 이루어질 수 있도록 하기 위해서 필요한 절차 중의 하나이다.

4) 교수 · 학습지도

교육의 목적에 따른 목표를 설정하고 나면, 목표에 따른 교육내용 및 활동선정과 조직이 이루어지고, 다음으로 교수 · 학습지도 활동을 하게 된다. 이는 평생교육기관에서 학습자들을 대상으로 교육을 담당하는 교사 및 종사자들이 학습자들에 대한 학습의 원리 등에 대한 전문적인 지식을 가지고 학습자들의 다양한 경험을 제공하기 위하여 교육활동 전반에 대한 체계적인 계획을 수행하기 위해 설계도를 작성하는 것과 같다. 실제 평생교육시설에서 학습자들을 대상으로 교육을 한다는 것은 이와 같은 설계도에 기초하여 교육활동, 즉 교수 · 학습활동이 이루어진다는 것을 의미한다. 교육의 실제에서 가장 기본적인 과정인 가르치며 배우는 과정인 교수 · 학습은 학습자들과 교육에 관한 이론들을 근거로 학습자들의 개별적 성향, 능력 등을 잘 판단하여 이에 적합한 교수 · 학습방법과 상호작용을 하도록 하는 것이 중요하다.

5) 교육과정의 평가

평가란 일정한 준거에 의해 어떤 자료와 방법이 목적을 달성하고 있는가를 판단하는 것이다. 교육과정의 평가는 학습자들에 대한 평가와 프로그램에 대한 평가로 크게 나눌 수 있다. 학습자들에 대한 평가는 학습자들의 변화 정도를 파악하는 평가이고, 프로그램에 대한 평가는 교육과정 운영 프로그램에 대한 평가이다. 일반적으로 교육과정의 평가는 교육목표의 달성 정도, 교육내용과 교수 · 학습방법의 적절성 등에 대한 정보를 제공하며, 학습자들의 변화 및 성취 정도를 알려 준다. 따라서 평생교육기관은 교육과정에 대한 정기적인 평가를 통해 교육의 질적 수준을 향상시키고 학습자들의 변화 정도를 파악해야 한다.

3. 교육과정의 목표

앞에서 교육과정의 구성요소〈그림 6-2 참조〉는 교육과정의 목표, 교육내용의 선정, 교육내용의 조직, 교수 · 학습지도 및 교육의 평가로 구분할 수 있다고 하였다. 지금부터 교육과정 구성요소의 첫 번째 과정인 교육과정의 목표에 대해 구체적으로 살펴보면 다음과 같다.

1) 교육목표의 개념

교육과정에서 중요한 관심사는 학교에서 학생들에게 무엇을 어떻게 가르칠 것인가에 관한 것이며, 이는 곧 교육목표와 직결된다. 이러한 교육목표의 설정은 교육과정 계획의 첫 단계가 되며, 교육목표가 어떻게 설정되느냐에 따라 교육과정을 구성하는 교육내용의 선정, 조직, 교수 및 학습과정, 평가의 방향 및 내용이 달라지게 된다(김홍식, 2005).

교육과정 구성의 첫 번째는 교육목표를 설정하는 것으로, 이는 평생교육기관이 어떤 교육목적을 달성할 것인가 하는 질문에 답하는 것이다. 목표란 사전적으로 '어떤 목적을 이루려고 하거나 어떤 지점까지 도달하려고 함 또는 그 대상'으로 정의되고 있고, 목표와 유사하게 사용되는 '목적'은 '일을 이루려고 하는 목표나 나아갈 방향'으로 정의되고 있다. 이와 같은 '목표'와 '목적'의 두 단어는 구분되지 않고 동의적으로 사용하거나 목적이 목표보다 다소 일반적이고 넓은 의미로 사용된다. 목적과 목표 및 구체적 목표로 구분하여 용어를 정의해 보면 〈표 6-2〉와 같다(김대현, 김석우, 1999).

표 6-2 목적과 목표 및 구체적 목표의 용어 정의

구분	내용
목적	교육의 목적은 교육의 방향 또는 중점에 대한 진술로 일반적으로 교육에 대한 국가나 사회 일반의 요구를 담고 있으며, 장기간의 교육을 통해 개발되는 인간의 다양한 특성들로 진술된다.
목표	목표는 교육의 목적으로부터 도출되며, 교육과정의 구체적 행동 지침이 된다. 교육의 목적에 비해 덜 포괄적이고 적용 기간이 짧다. 학교급별 목표, 기관별 목표, 교과별 목표를 들 수 있다.
구체적 목표	비교적 단기간의 수업(교육활동)을 통해 학습자가 성취해야 하는 것들을 상세하게 진술한 것으로 주제별 목표, 단위 활동별 목표 등이 해당된다.

교육목표는 교육목적보다 하위의 개념으로, 현실적이고 기술적인 입장에서 목적 달성에 위한 수단임을 강조하며, 학습경험을 통한 학습자들의 행동 변화를 의미한다. 즉,

교육목표는 보다 특수적이고 세부적이며 단기적인 것으로써 교육현장에서의 학습자가 성취해야 할 미래의 도달점을 강조하는 용어라고 할 수 있다.

2) 교육목표의 진술유형

교육목표는 교육의 방향성을 제시하는 것으로 교육내용의 선정과 교수·학습방법 및 평가에 영향을 미치기 때문에 구체적이고 명확한 행동적 용어로 진술되어야 한다(박영신 외, 2015). 왜냐하면 교육은 학습자를 대상으로 하는 일이기 때문에 반드시 학습자에게 어떤 결과를 나타내어야 하며, 교육목표는 그 달성 정도가 평가될 수 있는 것이어야 하기 때문이다(홍후조, 2013). 그러므로 행위동사를 사용하여 목표 진술을 하면 교수·학습과정을 효율적으로 평가할 수 있고, 교수자료나 내용 및 방법을 선정하는 데 유용한 기초를 제공하게 되며, 학습자가 목표에 어느 정도 도달했는지를 파악하는 것도 용이하다. 이때의 행위동사는 수업의 의도를 분명히 나타내 줄 수 있도록 분명한 의미의 용어들을 사용하여야 한다. 이에 교육목표 진술유형에 대해 타일러(1949), 메이거(Mager, 1962), 그룬런드(Gronlund, 1970), 아이즈너(Eisner, 1979) 및 블룸(Bloom, 1956)의 주장을 구체적으로 살펴보면 〈표 6-3〉과 같다(김신재, 2019).

표 6-3 교육목표의 진술유형

<table>
<tr><th>학자</th><th>내용</th><th colspan="3">예</th></tr>
<tr><td rowspan="3">Tyler
(1949)</td><td rowspan="3">교육목표를 진술할 때 행동목표(학습의 결과인 도착점 행동을 관찰 가능한 용어로 진술)로 진술해야 한다.</td><td>내용</td><td colspan="2">행동</td></tr>
<tr><td>내가 좋아하는 놀잇감을</td><td colspan="2">말할 수 있다.</td></tr>
<tr><td>같은 색 솔방울을</td><td colspan="2">분류해 본다.</td></tr>
<tr><td rowspan="3">Mager
(1962)</td><td rowspan="3">조건·준거·도달점 행동을 학습목표 진술의 필수 요인으로 제시하였으며, 조건은 도달점 행동이 일어날 수 있는 환경이</td><td>조건</td><td>준거</td><td>도달점 행동</td></tr>
<tr><td>개구리의 한살이를</td><td>순서대로</td><td>말할 수 있다.</td></tr>
<tr><td>여러 가지 단추를</td><td>색깔별로</td><td>분류할 수 있다.</td></tr>
</table>

<table>
<tr><th>학자</th><th>내용</th><th>예</th></tr>
<tr><td></td><td>나 상황을 말하고, 준거는 학습자가 얼마나 수행을 잘했는지 평가할 수 있는 기준이 되며, 도달점 행동은 교육활동을 달성하고자 하는 행동특성을 의미한다.</td><td></td></tr>
<tr><td>Gronlund
(1970)</td><td>일반적 교육목표를 설정하고 난 다음, 가장 타당하다고 생각하는 구체적인 학습결과로 교육목표를 명확하게 설정해야 한다.</td><td><table>
<tr><th>일반목표</th><th>구체적 목표</th></tr>
<tr><td rowspan="5">1. 단원에 속해 있는 용어들의 의미를 안다.</td><td>1-1. 용어의 정의를 쓴다.</td></tr>
<tr><td>1-2. 뜻이 비슷한 용어를 구별한다.</td></tr>
<tr><td>1-3. 용어의 동의어를 한 개 찾아낸다.</td></tr>
<tr><td>1-4. 용어의 반의어를 한 개 찾아낸다.</td></tr>
<tr><td>1-5. 개념의 묘사에 용어를 맞춘다.</td></tr>
</table></td></tr>
<tr><td>Eisner
(1979)</td><td>어떠한 교육적 상황 속에서 어떠한 문제를 가지고 무엇을 할 것인지에 대한 진술내용으로 상황은 학습활동이 이루어지는 환경이며, 문제는 학습자가 학습활동을 할 때, 어디에 의미를 두는가를 말하고, 과제는 학습자가 학습활동에 둔 의미를 표현하는 방법을 의미한다.</td><td><table>
<tr><th>상황</th><th>문제</th><th>과제</th></tr>
<tr><td>산책을 하면서</td><td>자연의 아름다움을</td><td>느낀다.</td></tr>
<tr><td>음악감상을 하면서</td><td>나비의 움직임을 생각하며</td><td>몸으로 표현할 수 있다.</td></tr>
</table></td></tr>
<tr><td>Bloom
(1956)</td><td colspan="2">학습의 유형이 다양하다는 사실을 인식하고 각 유형에 알맞은 교육목표가 명확한 평가의 기준으로 기능할 수 있도록 생물학의 분류학적 관점에서 제안하였는데, 교육목표는 세 가지 영역인 인지적, 운동기능적, 정의적 영역으로 구분되어 진술해야 함을 강조한다. 교육목표분류학에서의 '인지적 영역'은 지식에 대한 기억이나 인식, 지적 능력과 기술의 개발을 다루는 목표로 정의될 수 있고, '정의적 영역'은 흥미와 태도 및 가치의 변화, 감상능력과 자기조절능력의 개발 등을 다루는 목표와 관련되어 있으며, 마지막으로 '운동기능적 영역'은 조작능력 혹은 운동기능 영역과 관련되어 있다. 즉, 지적 영역은 앎(knowing)에 대한 목표이고, 정의적 영역은 느낌(feeling)에 대한 목표인 반면, 운동기능적 영역은 행함(doing)에 대한 목표를 의미한다.</td></tr>
</table>

3) 교육과정 목표의 설정원리

평생교육 프로그램 개발을 위한 교육과정의 첫 번째 구성요소인 교육에 관한 목표는 교육을 통해 도달하고자 하는 방향을 제시해 주며, 적절하고 타당한 교육활동을 위한 판단기준이 된다. 교육목표가 명확할수록 교육내용의 선정이나 조직, 교수 · 학습방법 및 교육평가에 대한 방향이 분명해지고 이는 교육의 효과성을 높이게 된다. 즉, 교육과정의 체계적인 연구를 위해서는 평생교육기관이 달성하고자 하는 교육목표를 명확하게 설정해야 한다. 이를 위해서는 학습자, 즉 학습자들의 수준을 고려하여 사회 · 문화적인 가치와 요구를 반영하고 교육과정에 대한 적절한 평가를 하고 이를 교육목표에 반영하여야 한다. 이렇게 선정된 교육목표는 교육철학과 학습심리학에 근거를 두어야 하며, 이를 행동적 목표로 진술하여야 한다. 이를 바탕으로 문미옥(2013)은 교육목표 설정원리를 〈표 6-4〉와 같이 제시하고 있다.

표 6-4 교육과정 목표의 설정원리

- 교육의 목적과 목표는 철학, 심리학, 사회학적 기초를 반영한 교육관에 부합하여야 한다.
- 교육목표는 보편적 가치를 가지는 내용으로 설정되어야 한다.
- 교육목표는 학습자들에게 현재의 삶과 미래의 삶에서도 가치 있고 필수적인 것으로 설정되어야 한다.
- 교육목표는 교수 · 학습활동 이전에 사전계획으로 설정되어야 하며, 교수 · 학습과정에서 생성되는 새로운 목표들을 수용할 수 있을 만큼 융통성이 있어야 한다.
- 교육목표는 논리적으로 조직화된 응집성을 추구하여야 하며, 주기적으로 재검토될 수 있어야 한다.
- 교육목표는 다양성을 기초로 하여, 학습자 개개인의 능력과 수준에 맞아야 한다.

그리고 교육목표는 여러 가지 수준으로 나눌 수 있는 위계성의 특성을 지닌다. 목적과 목표로 구분하기도 하며, 교육과정 목표와 수업목표로 구분하기도 하고, 총괄목표와 일반목표, 장기목표와 단기목표로 구분하여 진술하기도 한다. 상위목표일수록 추상적이고 하위목표를 도출하는 근거가 된다. 이처럼 평생교육 프로그램의 목적 및 목표는 위계를 가지게 된다.

4) 평생교육 프로그램의 활동목표

활동목표란 목적보다 하위 차원의 개념을 현실적, 기술적 입장에서 목적달성을 위한 수단을 강조하는 것으로, 활동경험을 통한 학습자들의 행동변화를 의미한다. 다시 말해 활동목표는 세부적, 특수적, 단기적인 것으로서 평생교육 현장에서 학습자들이 성취해야 할 행동특성과 관계되는 개념이다. 평생교육에서 활동목표는 중요한 역할을 한다. 왜냐하면 활동목표는 교수·학습의 결과로 학습자들이 지녀야 할 지식, 기술, 가치 및 태도를 진술한 것을 말하며, 교육과정의 성취기준은 교육내용으로 제시되고, 성취기준은 평생교육 프로그램의 활동목표로 상세화되어 제시되기 때문이다(김영심, 2016). 따라서 평생교육 프로그램에서의 활동목표는 제시된 활동들을 통하여 학습자가 경험하거나 성취하기를 기대하는 교육의 내용과 방법적인 결과를 진술한 문장을 의미한다(강경란, 2015). 즉, 학습자로 하여금 활동을 통해 가져오기를 기대하는 변화의 의도를 구체적으로 진술한 것이며, 실제 학습자들이 활동을 통해 얻어지는 지적 능력, 흥미, 태도 등의 특성을 조작적으로 표현하는 문장을 의미한다.

문미옥(2009)은 평생교육 프로그램에서 활동목표 진술의 방향에 대하여 다음과 같은 활동목표 진술이 되어야 한다고 주장하고 있다. 첫째, 평생교육 프로그램의 활동목표는 교육의 이념, 목적 등에 부합되어야 하며, 교수·학습활동의 방향을 제시해 줄 수 있을 만큼 충분히 구체화되고 명확하게 진술되어야 한다. 둘째, 교육목표 진술에 있어서 객관성을 위하여 구체적이고 행위적인 목표 진술을 해야 하며, 원칙에 지나치게 얽매여 궁극적으로 필요한 인간 교육의 목표를 놓치고 있지는 않았는지 점검해 보아야 한다. 셋째, 목표는 학습자의 관점에서 진술하여야 한다. 넷째, 목표는 과정중심어로 진술하여야 한다. 다섯째, 각 영역별 활동목표는 지식, 기술, 가치 및 태도를 균형 있게 다룰 수 있도록 해야 한다. 즉, 활동의 내용을 알고 이해하는 인지적 측면에만 초점을 맞추기보다는 그것과 함께 기술과 태도 등의 정의적 및 운동기능적 측면도 함께 고려하여야 한다.

(1) 활동목표의 내용요소: 지식, 기술 및 태도

교육과정 문서에서의 학습내용은 어떠한 '방식'을 통해 제시된다. 교육과정에서 교육내용이 어떠한 방식으로 제시되는가에 따라 학습자에게 제시되는 의미가 달라질 수 있다. 학습자는 직접적으로 경험할 때 의미 있는 지식, 기술 및 바람직한 태도를 형성해 가게 된다. 지식이란 생각이나 개념, 아이디어 같은 학습자가 직접 경험을 통해서 얻게 되는 정신적 내용물이고, 기술이란 자르기, 그리기 등과 같이 분명히 관찰되는 행동이며, 바람직한 태도는 호기심, 몰입, 열정, 예의 등과 같이 어떤 상황에서 학습자가 나타내는 긍정적인 반응이라고 할 수 있다. 태도는 점진적으로 반복 경험되면서 긴 시간을 두고 형성된다. 학습자가 친근한 환경에서 자신의 오감각을 사용하여 직접적으로 다양한 경험에 참여를 많이 할수록 학습자는 자신에게 의미 있는 지식뿐 아니라 기술 및 바람직한 태도를 형성해 나가게 된다(김신재, 2019).

(2) 활동목표의 진술방식: 내용중심, 활동중심 및 수행중심

교육과정에서 활동의 내용을 제시함에 있어 고려되어야 할 것은 내용의 진술방식이며, 교육내용에서 초점을 어디에 두느냐에 따라 진술방식은 달라진다. 즉, 교육과정의 활동을 진술할 때 알아야 할 것에 초점을 두는 내용중심의 입장에서 진술할 것인지, 활동 차원에 초점을 두어 활동중심의 입장에서 진술할 것인지, 평가차원에 초점을 두어 수행중심의 입장에서 진술을 할 것인지에 따라 교육내용의 진술 방향이 달라진다(배성옥, 2013).

백남진(2005)은 내용중심의 진술은 습득되는 지식과 기능의 측면을 강조하고, 수행중심의 진술은 지식과 기능을 드러내는 측면을 강조한다고 주장한다. 즉, 교육과정에서 기준을 내용, 수업, 평가 중 초점을 어디에 두는가에 따라 내용기준, 활동기준, 수행기준으로 분류되며, 각기 내용중심, 활동중심, 수행중심의 진술이 된다고 강조한다.

① 내용중심 진술방식

브루너(Bruner, 1959)는 '지식의 구조'에서 일반 원리에 대한 이해 없이는 교과를 이해했다거나 학습했다고 말할 수 없으며, 원리라고 하는 것은 개념과 밀접한 관계를 가지고 있다고 하였다. 이는 교육내용을 학문적 관점에서 기본적인 개념으로 이해하므로 내용중심 진술방식을 따른다. 내용중심의 진술방식은 '학생들은 (명제)를 안다/이해한다(단순인지 동사)'로 제시되며, 학습자가 알아야 할 것에 초점을 두면서 내용의 입장은 분명하게 규정된 지식과 기능을 강조한다. 내용중심 진술의 예로는, '우리 반 친구와 교수자의 이름을 안다', '일상생활과 관련된 낱말과 문장을 듣고 뜻을 이해한다', '평생교육기관에서 보내는 하루 일과를 인식한다' 등이 있다.

② 활동중심 진술방식

듀이(Dewey, 1886)는 학습이란 경험과 활동을 통해서 이루어지기 때문에 어떤 경험이나 활동이 없다면 학습도 일어나지 않는다고 하였으므로, 그의 견해대로 활동중심 진술방식을 따른다. 활동중심의 진술방식은 내용+활동으로 '학생들은 (내용)을 (활동)한다'로 제시되며 다양한 활동 동사를 사용한다. 즉, 학생의 활동 형태를 강조하면서, 행동의 결과보다는 그것을 초래하는 활동과 경험의 과정을 반영하고자 한다. 활동중심 진술의 예로는 '도구를 이용하여 신체 활동을 한다', '자신의 생각과 느낌을 말로 표현해 본다', '밀가루와 색깔 풀을 자유롭게 탐색해 본다' 등이 있다.

③ 수행중심 진술방식

타일러(1949)는 교육이란 인간의 행동을 변화시키는 과정이기에 교육목표를 진술할 때 학습자의 행동에 어떠한 변화를 가져오도록 할 것인가를 중심으로 분명하게 진술되어야 한다고 하였으므로, 그의 견해대로 수행중심 진술방식을 따른다. 수행중심의 진술방식은 '학생들은 ~을 할 수 있다'로 제시되며 행동 동사를 사용한다. 학습자가 보여 주어야 할 실제 수행능력을 중심으로 내용을 제시하며, 각 교과의 탐구방식과 관련되는 능력 및 기능을 포함하고 있기 때문에 평가의 준거로 활용할 수 있다. 수행중심 진술의 예로는, '신체활동에 지속적으로 참여한다', '손과 몸과 이를 깨끗이 하는 습관을 가진다', '자신의 감정을 긍정적으로 조절한다.', '눈송이 블록을 끼워서 서로 연결할 수 있다', '겨울 음식에 관심을 가지고 명칭을 말할 수 있다' 등이 있다.

CHAPTER

07

프로그램 운영방법

배울내용

1. 프로그램 운영방법에 대한 이해
2. 프로그램 운영의 관련 이론
3. 수업운영을 위한 활동들

학습목표

1. 프로그램 운영방법에 대해 전반적으로 이해한다.
2. 국가의 역할과 비용부담을 고려한 거버넌스 모형을 설명할 수 있다.
3. 학습자중심 수업설계의 특징과 원리를 파악한다.
4. 평생교육 교수자의 역할을 숙지한다.
5. 프로그램 실행과 운영 원리를 파악한다.
6. 프로그램 교수 · 학습의 고려사항을 숙지한다.
7. 교수자와 학습자의 상호작용을 설명할 수 있다.
8. 평생교육 교수자의 역량을 숙지한다.

CHAPTER

07 프로그램 운영방법

평생교육 프로그램의 개발은 프로그램에 대한 기획이 이루어지고 나면, 상황분석, 요구분석, 목표전환, 운영방법, 자원확보 및 관리, 마케팅과 홍보전략 그리고 평가와 결과보고 순으로 이루어지게 된다〈그림 4-1 참조〉. 프로그램 상황분석에 대해서는 4장, 프로그램 요구분석은 5장, 프로그램 목표전환은 6장에서 살펴보았고, 본 장에서는 프로그램 운영방법에 대해 자세하게 살펴보고자 한다.

1. 프로그램 운영방법에 대한 이해

프로그램의 목표와 학습목표가 정해지면, 프로그램 개발자는 그 목표를 달성하기 위한 학습내용과 운영방법을 설계하게 된다. 이는 학습자가 학습목표를 성취하고, 조직이 프로그램 목적을 달성하도록 교육활동을 구조화하는 것으로 프로그램의 목표에 따라 학습내용의 단위나 시간, 학습형태를 선정하는 과정이다(김진화, 2001).

이러한 과정에 대해 학자들마다 프로그램 설계, 프로그램 운영방법 계획 등 다양한 용어를 사용하고 있으며, 프로그램 주제, 대상, 장소 등에 따라 그 세부항목들을 다양하게 포함시키고 있다. 김진화(2001)는 프로그램 설계라는 용어를 사용하고 있으며, 효과적인 프로그램 설계를 위한 다섯 가지 원리를 〈표 7-1〉과 같이 주장하고 있다.

표 7-1 프로그램 설계의 원리

- 프로그램 설계는 학습자의 학습을 촉진시키고 돕는 일을 목적으로 해야 한다.
- 프로그램 설계는 단기적 국면과 장기적 국면이 있다.
- 프로그램 설계는 개인의 성장과 발달에 중요한 영향을 끼칠 수 있어야 한다.
- 프로그램 설계는 체제접근에 의하여 행해져야 한다.
- 프로그램 설계는 본질적으로 인간이 어떻게 학습하는가에 관한 지식에 그 기초를 두어야 한다.

그리고 이화정 등(2003)은 프로그램 운영방법 설계 단계를, 〈표 7-2〉와 같이 6단계로 구분하고 있다.

표 7-2 프로그램 운영방법 설계

구분	내용
대상 학습자의 특성 분석단계	프로그램을 통해서 학습하려는 학습자가 누구냐 하는 것을 명확히 하는 단계이다.

구분	내용
프로그램 내용선정단계	학습내용을 목표를 바탕으로 구체적으로 선정하고 이를 위해 학습자의 선행경험과 교육수준을 고려하게 되는 단계이다.
프로그램 내용조직단계	교육목적을 달성하기 위해 교육목표는 어느 정도로 할 것이며, 구체적으로 어떤 내용들로 구성할 것인가를 결정하는 단계이다.
프로그램 내용 및 교수방법의 통합단계	학습경험을 수행하는 방법이 결정되어야 하는 것으로 교육목표를 획득할 수 있도록 도와줄 수업형태나 방법을 결정하는 단계이다.
프로그램의 문서화단계	프로그램 기획단계에서부터 만들어진 결과를 문서화하는 단계이다.
프로그램 매체화단계	결정된 프로그램 내용을 어떻게 학습자들에게 효과적으로 전달할 수 있을 것인가에 대한 문제에서 프로그램의 매체화를 실시하는 단계이다.

또한 기영화(2001)는 보다 구체적인 항목들을 설정하였는데, 프로그램 운영방법 설계에 포함되는 항목들은 학습내용 형성양태, 학습내용 조직, 학습시간 결정, 교수기법 선정, 학습형태 선정 등으로 설정하였다.

다시 말해 프로그램 운영방법은 프로그램의 세부적인 항목들을 설정하는 단계로 프로그램 운영의 전반적인 사항을 결정하는 과정이다. 프로그램은 양적으로 유한한 것이기 때문에 설정된 프로그램에는 일정한 시간 내에 다룰 수 있는 학습량에 한계가 있기 마련이다. 따라서 어떤 내용을 어떤 방법으로 전달할 것인지를 구조화하는 일은 효과적인 교수계획을 위하여 필수적이다.

2. 프로그램 운영의 관련 이론

1) 국가의 역할과 비용부담을 고려한 거버넌스 모형

평생교육 프로그램의 운영이란 개발된 평생교육 프로그램이 각 평생교육 제공 주체에게 전달되어 실제로 평생교육 프로그램을 제공하는 기관에서 교·강사와 학습자의 교수·학습활동을 통해 평생교육 프로그램이 전달되는 과정과 관련된 모든 것을 포함하는 과정을 의미한다.

평생교육기관의 운영, 프로그램 기획과 운영, 관련된 정책이나 제도 등 어떠한 것을 운영하고자 할 때는 운영하는 주체와 운영형태에 대한 고려가 필요하다. 구체적으로 이것이 국가에 의한 영향인지, 사회·경제적인 영향인지, 재정에 대한 영향인지에 따라 운영형태가 달라진다. 형태에 대하여 학자들의 연구에서는 어떠한 모형 또는 유형을 나누어 기준을 마련하고 있다. 이러한 기준에 따라 평생교육도 운영형태나 정책형태를 나누어 운영하고 관리한다.

평생교육 프로그램을 기획하고, 개발하고, 운영하기 위하여 다양한 관련 주체들의 협력관계와 권한 배분관계를 기준으로 평생교육 운영체제를 구분해 보면, 국가통제 모형, 자유민주주의 모형, 국가중심 조합주의 모형, 자기조정 네트워크 모형, 사회중심 조합주의 모형의 다섯 가지 거버넌스 모형이 있다. 특히 자유 조정 네트워크 모형의 경우 국가가 운영 능력을 잃었을 때 사회 내에서 자기조정 네크워크를 활용하여 스스로 거버넌스를 행하게 되는 형태이다.

한국을 비롯한 여러 나라의 평생교육제도에 따른 특성을 비교하기 위하여 한숭희(2009)는 평생교육의 운영 체계를 통제 모형, 사회주의 모형, 복지 모형, 시장 모형의 네 가지 모형으로 구분하고 있다〈그림 7-1〉.

그림 7-1 국가의 역할과 비용부담을 고려한 거버넌스 모형

첫째, 통제 모형은 학습을 국가가 전반적으로 주도하고 독점하는 시스템으로 국가는 학습의 내용과 형식을 통제하고, 반면 학습비용은 학습자 자부담의 형태로 이루어진다. 이 모형은 학습의 목적, 학습자, 학습내용 등 국가에서 직접 결정하고 기관 설치 및 운영 외의 프로그램의 운영 등에 관해 세밀한 부분까지 통제하는 것으로, 현재까지의 우리나라의 평생교육은 통제 모형에 해당한다고 할 수 있다. 둘째, 사회주의 모형은 국가중심의 조합주의 모형으로 국가가 학습의 관련한 것과 학습비용까지 모두 부담하는 형태이다. 셋째, 복지 모형은 사회중심의 조합주의 모형으로 이는 국가에서 학습의 기회를 무상으로 제공하고, 유상 학습인 경우 비용은 국가가 부담하는 형태이다. 넷째, 시장 모형은 자유민주주의에 대한 모형으로 수요와 공급의 원리에 의해 학습자는 수요자, 기관은 공급자로 시장의 특성에 학습을 맞추는 것이다. 우리나라의 사교육을 비유하자면, 학습시장의 학습자의 수요가 많으면 공급 또한 많아지고 반대로 직업교육과 같은 수요가 적은 교육은 점차 축소된다(한숭희, 2009).

이처럼 한정된 자원과 역량으로 체제와 도전에 대응해야 하는 입장에서 거버넌스란 공공 의사결정 정책 추진과정에서 정부뿐만 아니라, 다양한 이해관계자가 직접 참여하여 협력하는 집단적 통치와 관리를 의미하는 것이다(장오선, 2018).

이러한 모형들에서 지금 한국의 평생교육을 살펴보면, 공공영역에서는 통제적인 부분은 강한 편은 아니며, 학습비 부담에서는 공적 부담이 많은 편이다. 민간 영역에서는 통제적 부분은 약하여 자유적이며, 학습비 부담에서는 학습자가 부담해야 하는 경향이 있다. 여러 모형 중 어떠한 모형이 적합하여 하나를 선택하기보다는 상황과 기관과 프로그램 등 여러 여건을 고려한 탄력적 운영이 필요하다. 하지만 국가에서 지원하고 운영해야 하는 영역이 있으며, 민간에서 지원하거나 지원을 받아 운영해야 하는 영역이 존재하기 때문에 각 영역의 역할을 잘 수행하고, 그에 맞는 프로그램을 공급하는 것이 중요하다.

2) 학습자중심 수업설계

(1) 학습자중심 수업의 특징

사회가 지식 정보화 사회로 바뀌면서 다양한 영역에서 패러다임의 변화가 일어나고 있다. 즉, 학습자의 비판적 사고능력과 자기주도적 학습역량을 강조하는 요즘의 사회적, 교육적 분위기에 의해 학습자중심 수업이 더욱 강조되고 있다. 따라서 교수설계에서도 학습자중심 수업으로의 변화를 꾀하는 학습환경 설계, 교수학습 방법에 관한 지침 마련에 대한 요구가 나타나고 있다(김재건, 이홍숙, 2008).

학습자중심 수업은 수업목표의 설정부터 조직, 실행, 평가의 모든 과정에서 학습자의 선택과 참여를 통한 학습자의 주도적인 책임을 강조하고 학습자의 성장과 발달을 도모하는 수업이다. 즉, 학습자중심 수업에서 교사는 학습자를 도와주는 조력자로서 개별 학습자들의 학습 속도에 맞게 학습자의 잠재력을 촉진시켜서 학습의 효과를 극대화시키는 역할을 한다. 또한 학습자들은 사회적 상호작용을 통해 세상에 대해 이해하게 되고 주관적 경험을 새로운 정보와 융합시켜 지식을 새롭게 구성하게 된다(이지숙,

이정화, 2021; Palinscar, 1998).

이처럼 학습자중심 수업에서는 학습이 학습자의 적극적이고 능동적인 참여에 의해 이루어지기 때문에(Reigeluth et al., 2018), 학생들의 단편적인 지식 습득보다 문제해결을 위해 정보를 적극적으로 조직하고 구성하는 과정과 활동을 강조한다. 또한 학습자가 깊이 있게 이해하는 것을 중요하게 생각하여 추론, 비판적 사고, 문제해결 전략 등이 학습의 목표가 된다. 따라서 교사가 수업에서 이를 촉진시키기 위해서는 비구조화된 다양한 상황을 제시하고 협력적 학습환경을 제공해야 한다(정민영, 김영환, 2020).

강인애와 주현재(2009)는 학습자중심 수업의 심리학적 원리를 APA(1997)에서 제시한 내용에서 인지적, 정의적, 사회적, 개인적 요인으로 구분하여 〈표 7-3〉과 같이 제시하고 있다. 즉, 인지적 요인으로서 인지와 초인지, 정의적 요인으로서 동기와 정의, 사회적 요인으로서 발달과 사회적 측면, 개인차 측면으로 구분하여 총체적으로 각각의 특성들을 통합하여 정리하고 있다.

표 7-3 APA에 의해 규명된 학습자중심에 대한 심리학적 원리

원리		내용
인지와 초인지 요인	학습과정의 본질	교과학습이 복잡할 때는 경험과 정보에 의해 의미를 계획적으로 구성하면 효과가 가장 좋음
	학습과정의 목적	학습자는 일관성 있고 의미 있는 지식을 효과적으로 생성하기 위해 학습에의 지원과 지도를 받아야 함
	지식의 구성	성공적인 학습자는 이미 형성된 지식을 새로운 지식과 의미 있게 연결하여 결합시킬 수 있음
	전략적 사고	성공적인 학습자는 사고와 추론 전략을 다양하게 창출해서 고차적인 학습목표를 달성하는 데 활용할 수 있음
	초인지적 사고	사고 과정을 인지하여 선택, 조절하는 초인지적 전략은 창의적이고 비판적인 고등 사고 능력을 촉진함
	학습의 맥락	문화나 교수방법, 매체 등을 포함한 환경요인은 학습에 영향을 미침

원리		내용
동기와 정의적 요인	동기와 정서가 학습에 미치는 영향	학습의 내용과 양은 학습자의 동기에 의해 영향을 받고 학습자의 동기는 흥미나 목표, 사고 습관, 감정, 믿음 등의 정서에 의해 영향을 받음
	학습하려는 내재적 동기	학습자의 창의성, 고차적 사고, 자연적 호기심은 모두 학습동기 유발에 영향을 미침. 내재적 동기는 과제의 적절한 기발함과 난이도, 개인적 관심의 정도, 개인의 선택과 통제의 기회제공에 영향을 받음
	동기가 노력에 미치는 영향	학습 동기는 학습자의 노력에 영향을 미치고 학습자는 고차적인 지식과 기술을 획득하기 위해 노력과 연습을 해야 함
발달과 사회적 요인	발달이 학습에 미치는 영향	학습의 기회와 경험, 제약조건들은 개인이 성장 발달하면서 나타남. 학습은 신체적, 인지적, 정서적, 사회적 영역에서, 영역의 안에서와 영역과 영역의 사이에서 나타나는 차이를 인정할 때 가장 효과적임
	사회가 학습에 미치는 영향	학습은 대인 간의 관계, 사회적 상호작용, 대인과의 의사소통에 의해 영향을 받음
개인차 요인	학습에서의 개인차	학습자들의 학습 전략이나 방법, 학습능력은 학습자 개인의 경험과 유전과의 함수에 의해 결정됨
	학습과 다양성	문화나 언어, 사회적 배경과 같은 학습자 특성을 고려하여 학습할 때 가장 효과적임
	기준들과 평가	학습자 수준을 고려하여 적당한 난이도에 성취 기준을 세우고 학습자의 학습 진행(진단, 과정, 결과 평가 포함)을 진단하는 것은 학습 과정의 중요한 부분임

〈표 7-3〉에서 보는 것과 같이, 학습자중심 수업은 다음과 같은 가치에 기초하고 있는데, 구체적으로 학습자중심 수업은 학습자의 개별적인 성향을 고려하기 때문에 효율성보다는 내적 동기를 중요하게 생각하며 학습자의 자기조절기술을 향상시키는 데 학습의 목표를 둔다. 또한 학습자중심 수업에서는 현실에 적용 가능한 지식으로 확장하여 전이될 수 있는 지식을 가르치고 공동체의 발전에 기여하는 사회성 및 인성을 개발시키고자 한다. 그리고 수업의 방법은 학습자의 특성을 고려하여 수업속도, 내용, 방법 등을 선정하고, 학습자들은 상호협력하여 배우고, 그 과정에서 적합한 학습지원을 받는다. 마지막으로 평가과정에서 학습자들은 지속적이며 통합적으로 평가되어야 하며,

평가과정에 적극적으로 참여할 수 있어야 한다. 학습자중심 수업의 성격과 특징은 〈표 7-4〉와 같다(권낙원, 2001; 신영미, 2021).

표 7-4 학습자중심 수업의 성격과 특징

항목	권낙원(2001)	Lea et al.(2003)
수업목표	• 평생교육으로 가는 자연스러운 심리발달 과정을 강조	• 깊이 있는 학습과 이해를 강조
수업방법	• 개별화 수업을 지향하는 교육 • 방법의 통합을 강조하는 교육	• 수동적인 학습보다 활동에 중점
수업내용	• 내용과 경험의 통합을 강조하는 교육	• 교수(teaching)와 학습과정을 성찰
학습자 역할	• 학습의 주도권이 학습자에게 주어지는 교육 • 학습자의 자율성을 강조하는 교육	• 학습자의 증가된 책임과 책무 • 학습자에게 부여된 자율성
교사와 학습자의 관계	• 교사와 학습자 모두의 적극적인 참여 • 학습자에 대한 존중과 신뢰	• 교사와 학습자 간의 의존성을 바탕으로 하는 상호 협력과 존중

이상의 내용을 종합하면, 학습자중심 수업이란 학습자가 주체가 되도록 학습의 목표를 설정하여 적절한 학습방법을 계획하고 실행하며, 평가하는 수업의 모든 단계에서 학습자가 중심이 되어 학습자의 성장과 발달을 도모하는 수업이다.

(2) 학습자중심 수업 설계의 특징과 원리

구성주의 이론을 바탕으로 학습자중심 수업이 형성되었지만 학습자중심 수업과 구성주의 수업은 구분된다. 이 둘을 비교해 보면, 학습자 개개인의 지식 구성이 개별화된다는 점에서 기본적으로 유사하다. 그러나 학습자중심 수업은 구성주의 교육 관점을 보완하여 학습자의 수준에 따라 수업목표 선정에 참여하는 정도가 달라질 수 있고 수업절차와 방법에서도 학습자의 수준에 따라 다양한 수업방법이 통합되어 설계될 수 있다(권낙원, 2001; 최미정, 2004). 즉, 학습자중심 수업은 구성주의 교육관을 토대로 학습자의 역할과 책임이 강조되며 학습자가 교사와 함께 수업을 만들어 가는 적극적인 존재이지만 학습자의 수준에 의해 학습자의 역할이 조정될 수 있다는 것이다. 이를 바탕으로 최미정(2004)은 구성주의 이론과 학습자중심 수업 이론 비교 및 학습자중심 수업설계를 〈표 7-5〉와 같이 제시하고 있다.

표 7-5 구성주의 이론과 학습자중심 수업 이론 비교

		구성주의 이론	학습자중심 수업 이론	학습자중심 수업설계
분석	• 학습자 • 과제 분석 • 학습 환경 설계	• 고차적 목표의 맥락에 관심을 가지며 세밀한 학습과제분석을 하지 않음 • 수업설계과정에 학습자 포함 • 학습 환경 설계 강조	• 과제분석을 통해 학습자에게 높고 도전적인 과제를 제시하고 학습자의 수준에 따라 참여도 적정함 • 학습 환경 설계를 통해 학습을 용이하게 함	• 교사의 과제분석으로 학습자에게 적절한 과제 제시
수업 절차	• 수업 과정	• 정형화된 절차와 방법에 따른 진행이 아닌 특정 상황에 따라 방법론을 수정 적용	• 방법의 통합을 강조하고 학습자에게 선택권을 부여, 학습자 수준에 맞는 과정 제공	• 과제 성격에 따라 다양한 수업 방법 제시(교사주도, 학습자주도가 함께 등장)
평가		• 평가의 대상이 사전에 명시되지 않고 주관적 평가, 질적 평가를 실시하고 인터뷰, 관찰, 설문조사 등 다양한 평가 방법 활용	• 교사와 학생이 공동으로 평가에 참여하고 주관적 평가, 질적 평가가 강조되고 내적 동기가 강조됨	• 교사와 학생이 공동으로 평가에 참여, 주관적 평가, 질적 평가가 강조됨
교사의 역할		• 조언자, 촉진자, 안내자	• 조언자, 촉진자, 전문가(교사의 적극적인 역할로 학습자의 곤란점을 파악하고 보완해 줌)	• 전문가로서 학습 상황에 따라 안내자, 주도자로서의 역할 수행
특징		• 실제 활동에 융통성이 부여	• 선택과 참여의 원리가 강조	

〈표 7-5〉에서 제시한 최미정(2004)의 구성주의와 학습자중심 수업의 비교를 토대로 평생교육 학습자중심 수업설계 원리를 살펴보면, 우선 수업목표를 선정할 때에는 학습자의 수준을 고려한 수업목표를 선정하고 학습자와 협의하여 학습자의 수업 참여도를 높이도록 한다. 왜냐하면 학습자마다 경험과 환경이 다르고 구성하는 의미가 다를 수 있으므로 학습자 수준을 고려하여 수업목표를 세우고 이를 기준으로 학습과제가 분석되어야 하기 때문이다. 다음으로 교사는 학습자가 적극적으로 의미를 구성하고 학습활동에 참여할 수 있도록 환경을 조성해야 한다. 즉, 교사는 학습자의 조력자로서 학습자중심의 환경이 되도록 조성하는 노력을 해야 한다. 또한 학습목표를 달성하기 위한 수업전략을 처방할 때 학습자의 내적동기와 인지전략이 활성화되도록 수업전략을 세워야 하는데 수업전략은 과제의 성격에 따라 다양한 방법으로 처방해야 한다. 마지막으로 평가는 자기성찰과 반성의 과정이 되어야 한다. 규준지향 평가를 지양하고 다양한 방법으로 질적인 평가를 하며, 교사와 학생이 공동으로 평가에 참여할 수 있도록 해야 한다.

3) 수업운영에 대한 평생교육 교수자의 역할

평생교육은 어느 누구나 배움이 가능하고 누구나 타인을 가르칠 수 있다는 이념이 전제되어 있지만, 교수자로서 능력이 없는 강사들로 인한 교육의 효과 저하는 학습자에게 피해를 주며, 평생교육기관의 운영에도 어려움을 초래한다. 학습자의 참여가 증가하고 교육 프로그램에 대한 요구가 고급화되어 감에 따라 평생교육 강사들의 질 관리는 신속히 해결해야 하는 과제이다. 평생교육 강사관리는 강사의 교육에서부터 평가에 이르는 전 과정에서 이루어져야 하며, 이를 위해서는 평생교육 강사에게 요구되는 자질과 역할 및 직무를 정확하고 구체적으로 분석하는 작업이 선행되어야 한다(김영화, 전도근, 2007).

선행연구(김영화, 전도근, 2007; 김은경, 2017)는 평생교육 강사가 강사의 직무에 대해 정확히 인식하지 못하고 있는 것과 강사 스스로 전문성을 가진 교육자보다 가르치는 일을 수입원으로 생각하는 직업인으로서의 의식이 강한 경향이 있는 것으로 분석하였다. 한편 평생교육 강사의 교육 요구는 교수설계, 분야 전문성, 교수(teaching)에 대한 요구도가 가장 높았고, 강사 경력이 많아질수록 교수설계와 교수학습진행 역량에 대한 교육 요구도가 높았다(김은경, 2017). 이는 강사 스스로 자신의 교육 역량이 학습자의 만족도에 영향을 미치고 있음을 인식하고 있는 것으로 볼 수 있다.

김영화와 전도근(2007)은 강사가 자신에게 요구되는 직무를 인식하지 못하면 수준 높은 수업을 기대하기 어렵다며, 평생교육 강사나 강사를 희망하는 사람들이 강사에게 요구되는 직무를 이해하도록 평생교육 강사의 직무영역을 개발하였다. 그들은 평생교육 강사의 직무영역으로 성인학습자 특성 이해, 프로그램 개발, 교재교구 개발 및 활용, 교수, 학습자 평가, 학습상담 등을 설정하였다. 또한 평생교육 강사의 역할과 직무범위를 해당 분야의 전문 지식, 성인학습자 이해, 프로그램 개발, 수업자료 작성 및 활용, 교수능력, 학습자 평가, 학습상담 7가지로 분류하였다.

평생교육 강사의 직무영역을 교사의 직무와 다른 독자적인 영역으로 구분하여, 〈표 7-6〉과 같이 평생교육 강사의 활동이 명확히 드러나도록 유사 직종인 학교 교사의 활동과 비교하여 정리하였다. 평생교육 강사의 특징적인 활동으로는 강사가 학습자가 되고 학습자가 강사가 될 수 있는 점, 교육대상의 연령과 계층에 제한이 없는 점, 교육활동 장소가 다양한 점 등을 들 수 있다.

표 7-6 학교 교사와 평생교육 강사의 활동 비교

구분	학교 교사	평생교육 강사
교육 형태	공적, 형식적, 정형적, 고정적 형태로 교육 수행	공·사적, 비형식적, 비정형적, 융통성 등 다양하게 교육 수행

구분	학교 교사	평생교육 강사
수업의 주체	교사가 주체, 학생은 객체	강사가 학습자, 학습자가 강사 역할을 수행함으로써 주체와 객체의 구분이 모호
학습자 분석	○	○
교육과정(프로그램)	전국적으로 통일된 교육과정	사회적 · 지역적 · 개인적 요구에 따라 자유로움
학습내용	교육과정에 근거한 통일된 내용	교육 기관에 따라 자유로움
학습자 연령	동년배만 가르침	전 계층을 대상으로 함
학습자 평가	○	학점은행제나 자격 등 과정에서는 평가가 이루이지나 대부분 이수제로 평가가 없음
수업자료 작성 및 활용	○	○
상담	모든 분야	학습상담
생활지도	○	×
학생자치지도	○	학습동아리 지도에 국한
잡무	○	×

3. 수업운영을 위한 활동들

1) 프로그램 교육내용

분(1985)은 평생교육사가 프로그램을 실행하고 운영 · 관리하는 과정에서 반드시 이해하고 실천해야 할 원리를 〈표 7-7〉과 같이 제시하고 있다(이신후 2017).

표 7-7 프로그램의 실행과 운영 원리

• 평생교육사는 설계된 프로그램을 실행하는 데 필요한 제반 여건을 확보하고 마련함에 있어서 다양한 기법과 전략을 이용해야 한다. • 프로그램 실행이 보다 효과적으로 이루어질 수 있도록 인적 · 물적 자원을 확인하고 동력화하며 이를 발전적으로 이용할 수 있어야 한다. • 계획된 프로그램의 진행과정을 조정할 수 있어야 한다. • 프로그램의 실행과정에 있어서 평생교육사는 계속적인 강화요인을 제공해야 한다. • 실행과정에 학습자의 경험을 적용시키고 재조정하는 것은 성인학습자들의 반응을 기꺼이 수용할 수 있어야 할뿐만 아니라 그에 대한 즐거움을 제공해야 한다.

그리고 김진화(2001)는 평생교육 프로그램의 운영과정에서 과정의 단계마다 적절한 역할을 수행할 수 있어야 한다고 주장하였다. 실행과정은 준비단계, 실시단계, 정리단계로 살펴보면 다음과 같다.

(1) 준비단계

프로그램이 효과적으로 실행되고 운영되기 위해서는 준비단계에서의 철저한 점검과 확인이 이루어져야 가능하다. 평생교육사는 준비단계에서 문서화된 준비물 점검표를 일정별로 체계화시켜 확인하는 것이 매우 바람직하다. 준비단계에서 고려해야 할 점검 내용은 〈표 7-8〉과 같다.

표 7-8 준비물 점검 일정표

점검사항	월일	비고
1. 교육 장소는 잘 준비되어 있는가 • 장소는 지정된 날에 사용할 수 있는가 • 실행 장소의 넓이, 밝기, 환기, 온도는 적절한가 • 책상과 의자의 수는 적당한가 • 사회, 접수 등의 명찰 및 장소의 표시는 되어 있는가		

점검사항	월일	비고
2. 필요한 교육매체 준비는 잘 되어 있는가 • 칠판준비(청결상태, 분필준비 등)는 좋은가 • 필요한 교육매체들은 준비되어 있는가 • VTR, OHP, Slide 등은 준비되어 있는가 • 마이크는 제대로 점검되었는가		
3. 필요한 자료를 준비하였는가 • 참석 수만큼의 자료는 준비되어 있는가 • 참석자들을 위한 종이 필기구 등은 준비되어 있는가		
4. 장소의 배치는 적절한가 • 책상, 의자, 괘도 대, 스크린, 마이크 등의 위치는 적절한가 • 관찰자, 배석자의 위치는 적절한가		
5. 기록 준비는 되어 있는가 • 기록의 계획은 되어 있는가 • 녹음기 VTR을 사용하는가 • 기록 용지 필기구 등은 준비되어 있는가		
6. 강사들에 대한 통지는 잘 되었는가 • 강의의뢰서는 전송하였는가 • 강의 일정, 장소, 시간 등에 대한 확인이 이루어졌는가		
7. 의약품 준비는 잘 되었는가		

(2) 실시단계

프로그램의 목표가 실현되는 과정으로 프로그램 효과와 그 가치를 확인하는 것이 가능한 매우 중요한 단계이다. 역할분담 내용의 확인은 주로 운영조직과 관련되는 것으로서 평생교육사 및 운영조직의 확인, 준비물의 사전 확인 등 프로그램 지도안의 진행은 해당 프로그램 분야에 있어서 전문가에 의해 개별 프로그램을 지도하기 위하여 구안되고 편성되는 것으로서 구체적이고 계획적인 활동이 요구된다. 프로그램의 진행은 도입-실행 및 심화-종결의 단계 순으로 체계적으로 진행되도록 하고, 각 단계마다 의도하는 바가 달성될 수 있도록 제반 조치를 마련하는 것이 필요하다.

(3) 정리단계

실행한 프로그램에 대하여 실행과정과 결과를 기록하고 정리 · 요약하는 것을 주로 하는 시기이다. 흔히 프로그램을 실행하면 그것으로 프로그램이 종료된 것으로 생각하기 쉽다. 이는 프로그램의 실행이 가져온 성과와 그 의미를 고려하지 않기 때문이다. 실시한 내용을 정확하게 기록하고 정리하여 프로그램에 대한 체계적인 평가를 위한 자료로 활용할 수 있도록 요약하여야 한다.

따라서 평생교육 프로그램 교육방법에 대해 〈표 7-9〉와 같이, 교육시간, 교육목표 달성, 전반적인 만족도, 교육시기, 참여유도, 지식과 정보제공에 대한 인식(담당자, 성인학습자, 강사)을 파악하는 것이 중요하다.

표 7-9 프로그램 교육내용 점검

연번	설문항목	① 전혀 그렇지 않다	② 그렇지 않다	③ 보통이다	④ 그렇다	⑤ 매우 그렇다
1	프로그램의 교육내용은 프로그램의 명칭과 동일하다.					
2	프로그램의 교육내용은 수강자의 수준에 적합하다.					
3	프로그램의 교육내용 구성이 체계적으로 되어 있다.					
4	프로그램에 사용하는 교재가 적합하다.					
5	프로그램에 사용하는 참고자료가 적합하다.					
6	프로그램의 교육내용이 최신 내용으로 구성되어 있다.					

2) 프로그램 교수 · 학습

평생교육사는 직접 성인학습자를 가르치는 경우와 교수자를 도우면서 학습상황을 점검하는 역할을 수행할 수 있다. 실제로 평생교육 현장에서 평생교육사는 두 가지의 역할을 수행하기 위해 교수의 기초적인 원리를 알고 있으면 교육상황을 이해하는 데 도움을 얻을 수 있다. 또한 성인을 대상으로 하는 교수이론은 적어도 인간의 발달심리학적인 관점뿐만 아니라 학습심리학적 관점에서도 아동들과는 상이한 성인의 특성을 고려하여야 한다. 즉, 성인을 대상으로 하는 교육 · 훈련에서는 이와 같은 특성들을 반영하는 교수 · 학습을 계획해야 한다. 또한 프로그램 교수 · 학습 전개인 도입단계, 전개단계 및 정리단계에 따라서 프로그램 개발 시 고려해야 한다. 교수 · 학습 전개에 따른 프로그램 개발 시 고려해야 할 사항은 〈표 7-10〉과 같다(이신후, 2017).

표 7-10 교수 · 학습 전개에 따른 프로그램 개발 시 고려사항

단계	구분	내용
도입단계	친밀감 조성	교육이 시작되었을 때 교수자는 무엇보다 학습자 상호 간의 소개와 기타 활동을 통해 친밀감과 안락한 분위기를 조성해야 한다.
	동기유발	교육활동이 시작됨과 동시에 다양한 자극을 사용하여 참여한 학습자들의 교육활동에 대한 동기를 유발시킨다. 이것은 교육의 매력성과 참여에 대한 의지를 높여 줄 뿐만 아니라 교육활동에 대한 주의집중을 촉진시킬 것이다. 주의집중은 학습자들에게 단순히 주목을 요구함으로써 이루어지는 것이 아니라 교수자와 학습자 간의 인간관계, 즉 친밀한 관계를 전제로 학습의 동기를 부여함으로써 가능하다.
	교육목표 주지	교육에서 학습자들이 도달해야 할 목표를 구체적으고 명료한 형태로 제시한다. 구체적인 목표는 교육의 방향을 제시하고, 교육방법을 결정하게 하며, 학습자들에게 동기를 유발하게 하는 등의 효과를 지닌다. 따라서 교수자는 사전에 설정된 구체적인 목표를 구두로 통보하거나 칠판에 판서로 제시하거나 차트에 적어서 학습자들이 이를 분명하게 이해하고 내면화할 수 있도록 지도해야 한다.
	선수학습의 재생	교육의 과제가 특히 위계적이고, 본시 교육이 지난 시간의 교육내용과 연속성이 있을 때 선수학습을 재생하도록 하는 것은 교육활동의 효과를 높이는 데 매우 중요하다. 이것은 본 교육활동에서 출발점의 기능을 하게 된다.
	자극의 제시	교육활동에 대한 전반적인 설명이나 개요를 제공하거나 실제 사례나 구체적인 모형을 제시하거나 활동내용과 관련된 에피소드나 인물사, 배경 이야기를 등을 소개하는 것을 말한다. 이러한 내용들은 학습자에게 본시 활동에 대한 추론을 가능하게 하고, 학습동기를 촉진시키는 등의 효과를 갖는다. 따라서 교수자는

단계	구분	내용
		활동내용을 분석하고 연구하는 것만으로는 충분하지 않으며, 사전에 이러한 자극들을 충분히 수집하고 정리해 두어야 한다.
전개단계	활동안내	교육목표의 달성을 위한 가장 직접적이고 구체적인 단계이며, 교육시간 거의 대부분이 소요되는 시간이다. 교육내용에 따라 교수자의 다양한 교육방법이 동원될 수 있다. 그러나 대체로 학습자들 스스로 활동을 해 나가도록 하고, 평생교육사는 학습자의 주체적인 활동을 지원하고, 조력하는 역할을 담당하는 것이 바람직하다. 사전에 마련된 프로그램에 따라 진행하되 프로그램에 고착할 필요는 없으며, 상황에 따라 융통성과 창의성을 발휘할 필요성이 있다. 도입단계에서 이루어진 동기유발이 계속 지속될 수 있도록 노력해야 하는 단계이다.
	교수자의 개입전략	교수자는 교육활동 과정에 개입해야 하지만 적절한 수준에서 개입해야 한다. 즉, 평생교육사는 학습자의 주체적인 활동이 보장될 수 있도록 하기 위해 후원자 및 격려자의 자세로 개입해야 한다. 그러므로 항상 깊은 관심과 적절한 자극을 제공해야 하지만 평생교육사가 모든 것을 주도해 나가야 된다는 강박관념을 과감히 탈피해야 한다.
정리단계	수행유도	전개과정에서 습득한 개념이나 원리, 새로운 경험 등을 실제 상황에 적용해 보도록 하거나 실행해 보도록 하는 것으로, 이는 학습자들이 학습한 내용을 완전히 자신의 것으로 이해하고 내면화하도록 하는 데 목적이 있다.
	피드백 제공	학습자들의 수행에 대해 평생교육사는 적절한 피드백을 제공한다. 즉, 학습자들이 새롭게 획득한 행동의 정확성을 판단하고, 특히 부정확한 행동에 대해 그 원인을 분석하고 올바른 해결책을 유도한다.
	수행평가	평생교육사는 학습자들에게 그들의 수행을 재요구하면서 수행의 정확성 여부를 평가한다. 이것은 형성평가의 성격을 갖는 것으로, 그들의 수행이 교육목표에 어느 정도 일치하는가를 확인하여 학습자들에게 교정적 피드백을 제공하고, 평생교육사에게는 다음 교육의 개선을 가져오기 위한 것이다.
	파지 및 전이	학습자들이 본시 교육을 통해 학습하고 수행한 내용을 오랫동안 기억하도록 하기 위하여 반복 연습이나 심상을 해 보도록 하고, 획득한 학습내용의 일반화 가능성을 증진시키기 위해 이를 새로운 장면이나 상황, 또는 유사 영역에 적용해 보도록 한다.
	종결감정의 처리	교육을 종결할 때 학습자들의 성취감, 유능감, 자부심, 만족감, 지배감 등의 긍정적 감정을 경험할 수 있고, 부정, 분노, 슬픔, 거부, 정의감 등의 부정적 감정 사이에 왔다 갔다 하는 양가감정을 경험한다. 따라서 평생교육사는 학습자들의 긍정적인 감정은 보다 강화하고, 부정적인 감정을 적절히 해결할 수 있도록 해야 한다.

지금까지 설명한 교수·학습 전개를 항목별로 나누어 제시하면 〈표 7-11〉과 같다.

표 7-11 프로그램 교수·학습 전개

도입단계	전개단계	정리단계
친밀감 조성	활동안내	수행유도
동기유발	교수자의 개입전략	피드백 제공
교육목표 주지		수행평가
선수학습의 재생		파지 및 전이
자극의 제시		종결감정의 처리

따라서 교수자가 프로그램을 효과적이고 효율적으로 실행하고 운영하고 있는지를 파악하기 위해 〈표 7-12〉와 같이 관련 집단(담당자, 성인학습자 및 강사)이 어떻게 인식하고 있는지를 파악해 볼 필요성이 있다.

표 7-12 프로그램 강사에 대한 점검

연번	설문항목	① 전혀 그렇지 않다	② 그렇지 않다	③ 보통이다	④ 그렇다	⑤ 매우 그렇다
1	담당강사가 적합한 분이다.					
2	담당강사는 교육내용에 대한 전문가이다.					
3	담당강사는 열성적으로 수업을 진행한다.					
4	담당강사는 학습자와 소통을 잘한다.					
5	담당강사는 교수법이 우수하다.					
6	담당강사는 용모가 단정하다.					
7	담당강사는 계획한 대로 교육한다.					
8	담당강사는 학습자들에게 공평하다.					

3) 교수자와 학습자의 상호작용

교수자와 학습자의 상호작용에 대해 가네(Gagne, 1977)의 교수이론에서는 교수 행위를 통해 학습자에게 일어날 수 있는 변화에 초점을 맞추는 것으로 학습자에게 일어나는 변화, 즉 학습결과를 지적 기능, 인지전략, 언어 정보, 태도 및 운동기능의 다섯 가지로 규정하고, 교수·학습과정에 다루어야 할 것이 바로 이것들과 관련된 학습내용이라고 주장한다. 구체적인 내용은 〈표 7-13〉과 같다(이신후, 2021).

표 7-13 교수자와 학습자의 상호작용

구분	내용
지적 기능	지적 기능은 상징 또는 개념화를 통해 환경과 상호작용하게 하는 기능으로 절차적 기능, 사물의 물리적 차이를 아는 식별 기능, 공통적 특징을 인식하는 구체적 개념, 사물·사건·관계의 의미를 분별하는 추상적 개념, 사물이나 사건들 사이의 관련성의 파악 및 이를 새로운 상황에 적용하는 규칙, 문제를 해결할 수 있는 원리를 아는 문제해결 등이 포함된다.
인지전략	인지전략은 학습자가 자신의 학습, 즉 사고과정을 스스로 조절하는 능력으로 학습촉진 행위 또는 자기관리 행위라고 한다.
언어정보	언어정보는 우리가 언어로 진술할 수 있는 지식으로서 어떤 명칭이나 개별적 사실, 역사적 사건들과 같은 조직화된 지식 등을 말한다.
태도	태도는 소위 정의적 영역이라고 하며, 사물, 사람, 또는 상황 등에 대한 감정을 말한다.
운동기능	운동기능은 자전거를 타거나 줄넘기를 한다든가 등의 근육운동과 관련된 기능이 학습된 것을 말한다.

학습결과를 유발하기 위해 가네(1977)는 내면적 학습과정과 9가지의 외부적 교수 절차를 〈그림 7-2〉와 같이 제시하였다(이신후, 2017).

내면적 학습과정	외부적 교수 절차(9단계)
① 자극의 수용	① 주의집중시키기 (자극의 수용 촉진)
② 정보의 등록	② 학습목표 알려 주기 (과정조절의 활성화)
③ 선택적 지각	③ 선수학습 회상시키기 (작업기억 내로의 회상)
④ 반복	④ 학습자료 제시하기 (선택적 지각을 위한 특징 강조)
⑤ 어의적 체계화	⑤ 학습을 지도하기 (어의적 체계화 촉진)
⑥ 재생	⑥ 수행을 유발하기 (반응체계의 활성하)
⑦ 반응생성	⑦ 피드백을 제공하기 (강화의 수립)
⑧ 수행	⑧ 수행을 평가하기 (재생의 활성화)
⑨ 과정의 조절	⑨ 파지 및 정리를 고양하기 (새생의 난서 및 전략제공)

그림 7-2 프로그램 교수자와 학습자의 전개

따라서 교수자가 학습자 간 상호작용이 잘 이루어지고 있는지를 파악하기 위해 〈표 7-14〉와 같이 관련 집단(담당자, 성인학습자 및 강사)이 어떻게 인식하고 있는지를 파악해 볼 필요성이 있다.

표 7-14 교수자와 학습자 간 상호작용에 대한 점검

연번	설문항목	① 전혀 그렇지 않다	② 그렇지 않다	③ 보통이다	④ 그렇다	⑤ 매우 그렇다
1	교수자는 학습자에게 발표기회를 잘 준다.					
2	교수자는 학습자의 질문을 잘 들어준다.					
3	교수자는 학습자의 질문에 성실하게 답해 준다.					
4	교수자는 학습자의 요구 사항을 잘 들어준다.					
5	학습자는 교수자에게 거리감을 느끼지 않는다.					

4) 수업운영에 대한 평생교육 교수자의 역량

평생교육 강사의 교수역량에 대해 스펜서와 스펜서(Spencer & Spencer, 1993)는 가르치는 일을 성공적으로 수행하기 위해 요구되는 내적인 특성이라고 정의하였으며, 이경아와 김경희(2006)는 학습자의 요구사항을 점검하고 교육결과를 수시로 확인하는 것이라고 주장하였다. 임우섭과 김용주(2007)는 대학 교수의 핵심 강의역량 연구에서 강의준비, 학습자 배려, 강의명료성, 강의열의 · 역동성, 상호작용, 학습목표 도달추구 등 6개의 분야별 핵심역량을 도출하였다. 각 역량별 수준에 따른 구체적인 행동지표를 설정하여 초보자(P1, P2), 평균자(P3), 전문가(P4, P5) 5단계로 체계화하였는데, 강사가 자신의 역량이 어떤 수준인지 스스로 평가할 수 있도록 설계되어 있어 유용하다.

강의준비 역량은 학습자 수준에 맞는 강의내용을 조직하여 계획을 세우고, 효과적으로 강의를 진행하기 위한 교수법과 다양한 매체와 자료를 선정하고 제작하는 등 강의를 위한 제반 준비를 수행하는 역량이다(이은혜, 2021).

표 7-15 강의준비 역량 및 수준

강의준비 역량 및 행동지표	역량수준	비고
• 가르치는 교과목에 대하여 게으름을 피우지 않고 연구한다.	P1	초보자
• 강의 전 교수 · 학습 자료를 준비한다.	P1	
• 강의계획서를 구체적으로 작성한다.	P2	
• 새로운 교수법을 시도한다.	P2	
• 강의노트를 수업목표과 강의내용에 맞추어 준비한다.	P3	평균자
• 강의를 흥미롭고 명확히 하기 위해 다양한 매체와 자료를 준비한다.	P4	전문가
• 강의를 위한 교재연구 및 내용분석을 철저히 하여 강의 전 강의내용 전체를 완벽하게 이해한다.	P4	
• 강의내용이 학생들의 수준에 맞도록 치밀하게 연구하여 조직한다.	P5	
• 강의에서 성취하고자 하는 목표는 무엇이며 어떠한 방법과 전략을 사용할 것인가를 매 단원마다 사전에 구성한다.	P5	

학습자 배려 역량은 학생들이 배우고자 하는 마음을 갖도록 하는 역량으로 개발자들은 학습자를 배려하는 마음은 가르치는 사람의 지식 정도나 준비 또는 열정보다 더 중요하고 우선시되어야 하는 역량이라고 강조하였다.

표 7-16 학습자 배려 역량 및 수준

학습자 배려 역량 및 행동지표	역량수준	비고
• 학생들이 강의 내용을 이해하지 못할 때 짜증을 내지 않는다.	P1	초보자
• 강의 중 교수라는 지위를 이용하여 학생들을 인격적으로 무시하지 않는다.	P2	
• 강의 중 학생들의 반대 의견에 관용하며 인내하는 태도로 대한다.	P3	평균자
• 가르치는 데 흥미를 갖고 학생들과 함께 기쁨을 느낀다.	P4	전문가
• 학생들을 전체로 받아들이는 것이 아니라 개별적 인격체로서 존중한다.	P5	

강의명료성 역량은 학생의 선수(先修) 지식을 고려하고 그들 수준에서 쉽게 이해하도록 체계적인 방법과 적절한 예시를 들어 강의하는 역량이다.

표 7-17 강의명료성 역량 및 수준

강의명료성 역량 및 행동지표	역량수준	비고
• 강의시작 단계에서 강의의 목표를 이해시킨다.	P1	초보자
• 강의종료 시 강의내용을 요약하거나 개괄한 후 종결한다.	P1	
• 금번 강의 내용과 지난번 강의내용을 서로 관련지어 설명한다.	P2	
• 강의시작 시 이번 시간 강의내용의 전반적인 윤곽을 간결하게 제시한다.	P2	
• 강의내용을 강의목표 달성에 필요한 것으로 구성한다.	P3	평균자
• 강의시작 시 이전 학습상태를 확인하고 필요한 경우 다시 가르친다.	P3	
• 학생들이 학습문제의 요점을 알고 반응하도록 학습문제를 분명히 한다.	P4	전문가
• 명확한 목표, 적절한 예시, 체계적인 방법으로 강의한다.	P4	
• 어려운 내용은 학생들의 수준에 맞추어 분명하고 쉽게 설명한다.	P5	
• 본 강의 내용을 이미 강의한, 그리고 강의할 내용과 관련지어 교과 전체에서 이해하게 한다.	P5	

강의열의·역동성 역량은 학생 또는 학습자를 열심히 가르치려는 의욕과 성실성으로 강사의 열의에 따라서 교육 효과가 좌우되는 역량을 뜻한다.

표 7-18 강의열의·역동성 역량 및 수준

강의열의·역동성 역량 및 행동지표	역량수준	비고
• 몸이 힘들고 지쳐도 내색하지 않고 강의한다.	P1	초보자
• 학생들이 계속해서 주의 집중하도록 강의진행 속도를 조절한다.	P2	
• 눈 접촉, 목소리, 제스처 등을 다양화하여 강의한다.	P2	
• 내용의 제시 효과를 높이기 위하여 유머를 사용한다.	P3	평균자
• 역동적이고 열의에 찬 모습을 강의시간 내내 유지한다.	P4	전문가
• 학생들이 즐거운 마음으로 다음 강의를 기대하도록 다양한 예를 들며 강의한다.	P5	

상호작용 역량은 학습자를 수업에 참여시키기 위해 강사가 질문을 하면 학습자가 자신의 의견을 발표하고, 학습구성원들이 토론에 적극 참여하도록 유도하는 역량으로 설명된다.

표 7-19 상호작용 역량 및 수준

상호작용 역량 및 행동지표	역량수준	비고
• 학생들의 의견발표를 격려한다.	P1	초보자
• 강의활동을 방해하는 학생을 제지시킨다.	P1	
• 학생의 지루함, 당황함, 호기심 등을 관찰하여 적절히 대응한다.	P2	
• 집단토의 등을 활용하여 학습분위기 조성을 위해 노력한다.	P2	
• 강의 중의 토의에 학생들이 참여하도록 한다.	P2	
• 집단토의 시 주제에서 벗어나지 않도록 개입한다.	P3	평균지
• 수업에서 학생들이 자신감을 갖도록 격려한다.	P3	
• 강의내용에 대한 학생들의 질문을 권장한다.	P3	
• 교수의 질문에 대해 학생들이 의미 있는 답을 하도록 유도한다.	P4	전문가
• 어려운 질문인 경우 질문을 반복하거나 힌트를 주어 학생들이 스스로 답을 찾을 수 있도록 격려한다.	P4	
• 강의가 단조롭지 않도록 강의 중 사고력 증진을 유발하는 다양한 질문과 탐색활동을 전개한다.	P5	
• 학생들이 자신의 생각을 자연스럽게 표현하고 질문하도록 분위기를 만들어 활발하게 참여하는 수업이 되도록 만든다.	P5	

학습목표 도달추구 역량은 학습자가 수업내용을 확실하게 이해하고 스스로 문제를 해결하도록 격려하고 학습에 활발하게 참여하는 수업을 만드는 역량이다. 학습목표 도달추구 역량은 강사의 수행효과성에 가장 영향을 많이 미치는 요소로도 작용하며, 교육목표가 얼마나 잘 달성되었는지 자주 평가하고 미흡한 부분에 대하여 추가적인 교육을 실시하는 것이 주된 내용이다.

표 7-20 학습목표 도달추구 역량 및 수준

학습목표 도달추구 역량 및 행동지표	역량수준	비고
• 강의의 흐름으로부터 자주 벗어나지 않는다.	P1	초보자
• 강의 중 가장 핵심이 되는 내용에 대해서는 주의를 환기시킨다.	P2	
• 일반적 법칙이나 중요한 개념은 학생들이 이해할 수 있도록 강조한다.	P3	평균자
• 학습오류의 수정 및 심화학습을 위해 필요한 자료들을 안내해 준다.	P3	
• 과제물을 철저히 점검하여 미흡사항을 구체적으로 적어서 다시 돌려주고 학습시킨다.	P4	전문가
• 강의목표가 얼마나 잘 달성되었는가를 자주 평가하고 미흡사항에 대하여 추가적인 교육을 실시한다.	P5	
• 강의내용 중 중요내용을 자주 반복하고 재확인하여 모두가 이해할 수 있도록 한다.	P5	

임우섭, 김용주(2007)가 개발한 핵심 지표는 교수자의 역량에 따른 교육의 효과성 측면에서 평생교육 분야에서도 관심을 가질 만한 교수 역량모델이다. 이 가운데 평생교육에서 가장 유용하게 적용할 수 있는 부분은 강의준비, 학습자 배려, 강의열의 · 역동성 역량이다. 평생교육 강사의 역량으로 강의준비 역량은 다양한 배경지식과 각기 다른 경험을 가진 학습자의 수준과 특성을 고려하여 학습자에게 맞는 내용과 강의방법을 사전에 구상하는 것이다. 학습자 배려 역량은 학습자를 인격적으로 존중하고 모든 학습구성원을 공정하게 대하는 것으로, 학습자가 지속적으로 교육에 참여하도록 동기를 부여하는 역량이다. 강의열의 · 역동성 역량은 학습활동이 촉진되도록 강사가 강의시간 내내 자신감을 가지고 역동적이면서 열의에 찬 모습을 유지하며, 학습부진자들을 파악하여 꾸준히 관심을 갖는 것이다.

CHAPTER

08

프로그램 자원확보 및 관리

배울내용

1. 자원확보 및 관리에 대한 이해
2. 평생교육기관의 운영관리 및 원리
3. 프로그램 운영시설
4. 프로그램 인적관리
5. 프로그램 예산관리
6. 프로그램 행정서비스

학습목표

1. 프로그램 자원확보 및 관리에 대해 이해한다.
2. 평생교육기관의 운영관리의 영역을 파악한다.
3. 평생교육기관의 운영원리를 숙지한다.
4. 프로그램 운영시설의 구체적인 원칙과 기준을 설명할 수 있다.
5. 교육담당자와 교수자 관리에 대한 구체적인 원칙과 기준을 설명할 수 있다.
6. 교수자의 인상관리와 의사소통능력을 위한 기술을 숙지한다.
7. 프로그램 예산수립 방법과 전략을 설명할 수 있다.
8. 프로그램 행정서비스와 담당자의 예절에 대해 숙지한다.

CHAPTER

08 프로그램 자원확보 및 관리

평생교육 프로그램의 개발은 프로그램에 대한 기획이 이루어지고 나면, 상황분석, 요구분석, 목표전환, 운영방법, 자원확보 및 관리, 마케팅과 홍보전략 그리고 평가와 결과보고 순으로 이루어지게 된다〈그림 4-1 참조〉. 프로그램 상황분석에 대해서는 4장, 프로그램 요구분석은 5장, 프로그램 목표전환은 6장, 프로그램 운영방법은 7장에서 살펴보았고, 본 장에서는 프로그램 자원확보 및 관리에 대해 자세하게 살펴보고자 한다.

1. 자원확보 및 관리에 대한 이해

프로그램 개발은 인적 자원과 물적 자원에 대한 설계관리를 포함하고 있다. 자원확보는 프로그램 성패를 좌우하는 중요한 요소로서 아무리 훌륭한 프로그램도 자원이 확보되지 않으면 실현될 수 없다(기영화, 2001). 즉, 프로그램에 대한 인적 자원은 프로그램 개발자, 프로그램 운영자, 프로그램 교수자 및 평가자를 의미하며 물적 자원은 프로그램 예산에 대한 전반적인 항목을 의미한다.

기영화(2001)는 프로그램 인적 자원 중 프로그램 교수자에 대해 교수자는 더 이상 단순히 지식이나 기술, 태도를 일방적으로 전달하는 사람이 아닌 학습과정을 도와주는 조력자로, 자원인의 역할을 해야 한다고 강조하였으며 교수자의 요건으로, 첫째, 주제에 관해 충분한 지식, 둘째, 다양한 교수기법에 숙달되어 있고, 학습자의 특성과 상황에 따라 다른 교수기법을 사용할 수 있는 능력, 셋째, 학습자의 배경과 경험을 이해할 수 있는 융통성, 넷째, 학습자들의 상황과 경험을 진심으로 이해하고 그들과 공감대를 형성할 수 있는 능력, 다섯째, 가르침과 학습자에 대한 열정, 여섯째, 유머, 마지막으로, 상황에 따라 학습활동을 변경할 수 있는 능력을 제시하였다.

이화정 등(2003)은 프로그램 물적 자원을 예산으로 명시하고 프로그램 예산을 개발비용, 전달비용, 평가비용 등으로 구분하였으며 프로그램을 개발할 때 예산 관련 부분을 신중하게 고려해야 하는 부분이라고 강조하고 예산 수립의 원리를 다음과 같이 제시하였다.

첫째, 예산승인과 재정담당자를 고려한다. 둘째, 특정예산항목에 대한 한계액수설정을 실시한다. 셋째, 다른 프로그램에 의해 간접적으로 비용을 충당하는 방법을 고려한다. 넷째, 재정의 충담금과 보조금을 고려한다. 다섯째, 참여자들의 수업료 부담 정도를 정한다. 여섯째, 수업료 이외의 수입원을 고려한다.

그리고 기영화(2001)는 프로그램의 재정을 배분할 때 고려해야 하는 사항을 다음과 같이 제시하였다. 첫째, 지역사회수준의 평생교육기관들의 동향을 살펴보고 미래를 관망해 볼 것, 둘째, 기관의 전년도 자원배분 과정을 검토할 것, 셋째, 분배된 재정을 관리할 책임자를 정하고, 업무기한을 정할 것, 넷째, 재정의 배분원리가 조직의 목표와 이념에 부합되는지 검토할 것, 다섯째, 프로그램의 결과에 대해 합의할 것, 여섯째, 프로그램 예산지침을 구체적으로 기술하고 이에 대해 서로 간에 합의를 볼 것, 일곱째, 자원배분과정을 구체적으로 기술하고, 이를 시각적으로 보기 쉽게 차트 등으로 작성할 것, 여덟째, 자원배분권한의 소재와 권한행사과정을 명백히 기술할 것 등이다.

따라서 자원확보 및 관리는 프로그램 개발의 중요한 작업이다. 또한 프로그램 개발자와 운영자에게 가장 어려운 작업 중 하나이다. 효과적인 프로그램 운영을 위하여 프로그램 개발자뿐 아니라 내부 구성원 간의 역할분담과 예산 수립과 강사섭외, 그 밖의 편의시설, 장비, 식시제공, 숙식 및 교통편 등에 대한 사항들도 고려해야 한다.

2. 평생교육기관의 운영관리 및 원리

1) 평생교육기관 운영관리

일반적으로 평생교육기관의 운영관리란 인적 · 물적 · 재정적 조건을 갖추고 교육의 목적, 목표를 달성하도록 인사, 시설, 재정, 교육과정, 학급, 기타 필요한 업무를 계획하고 수행하며 평가하는 과정으로, 교육환경, 행정관리, 교육과정, 건강 및 영양, 안전, 가정 및 지역사회관계를 그 영역으로 구분하고 있다. 따라서 평생교육기관 운영관리 영역이란 평생교육기관 운영관리의 과업 또는 활동내용, 대상, 범위, 한계 등을 포괄적으로 나타내는 것이다. 사실 평생교육기관의 운영관리와 관련된 활동들은 상호 간에 긴밀한 관련이 있어 그 사이를 명확히 구분하기는 쉽지 않다. 그러나 평생교육기관 운영관리를 위한 권한, 업무의 분담, 문제의 소재를 파악하기 위해서는 평생교육기관 운영관리 내용을 영역별로 구분하는 것이 필요하다. 일반적인 평생교육기관 운영관리 영역을 살펴보면 〈그림 8-1〉, 〈표 8-1〉 및 〈표 8-2〉와 같다.

그림 8-1 평생교육기관 운영관리 영역

표 8-1 평생교육기관 운영관리 영역

구분	내용
교육환경 영역	학습자의 교육활동 및 기본적인 생활공간에 대한 영역으로 교육활동 자료, 교육활동 공간, 실내 · 외 공간 등을 포함한다.
행정관리 영역	학습자의 교육활동에 필요한 기본적인 교육조건을 마련하는 것으로 운영 프로그램 관리, 인사관리, 재무관리 등을 포함한다.
교육과정 영역	교육목표 달성을 위해 학습자들의 교육적 경험들을 계획적으로 관리하는 것으로서 여기에는 시간계획, 교육활동계획, 생활지도 등이 포함된다.
안전 영역	학습자의 교육활동 전반에 걸쳐 안전하게 지낼 수 있도록 학습자가 생활하는 물리적 환경뿐 아니라 동료 학습자들과 안전하게 활동할 수 있는 내용을 포함한다.

표 8-2 평생교육기관 운영관리의 구체적인 내용

구분	내용
평생교육기관 운영 일반원칙	• 평생교육기관 운영규정 • 평생교육기관의 반편성 기준 • 평생교육기관 운영 및 교육 시간 • 평생교육기관 운영계획 수립 • 보험가입 • 평생교육기관의 통학차량 운행 • 장부 등의 비치
평생교육기관의 수입 · 지출 원칙	• 수입 · 지출 기본원칙
수업료의 결정 및 수납	• 평생교육기관의 수업료 결정 및 수납
필요경비 결정 및 수납	• 필요경비 세부내역 • 필요경비 수납한도액 결정 및 수납 • 필요경비 수납액 결정 • 필요경비 집행 및 정산
평생교육 전문가 보수기준	• 보수의 지급 • 퇴직급여제도
평생교육기관의 안전관리	• 안전관리 원칙 • 분야별 안전관리 • 안전교육 • 안전사고 예방대책
평생교육기관운영위원회	• 설치 및 운영 • 기능
평생교육기관 정보 공개	• 사업 목적 • 정보공시 주요 내용 • 정보공시 범위 등 • 사후 관리

2) 평생교육기관의 운영원리

운영(경영)은 어디까지나 합리적인 기준을 바탕으로 실천되어야 한다. 기관을 경영하는 데 있어 적용되어야 할 이러한 당위의 기준을 '기관 운영의 원리'라고 하는데, 이러한 운영의 원리는 기관의 유형적 특성을 바탕으로 제시되는 것이 일반적이다. 데커와 데커(Decker & Decker, 2013)는 평생교육기관 운영관리의 원리로 민주성의 원리, 효율성의 원리, 타당성의 원리, 적응성의 원리, 안정성의 원리를 제시하였고, 평생교육기관 운영관리 문헌 및 연구(이순례 외, 2012; 이영자, 권영례, 1997) 또한 데커와 데커(2013)의 원리와 맥을 같이한다. 평생교육기관 운영관리 원리를 구체적으로 살펴보면 〈그림 8-2〉와 같다(국지윤, 2016).

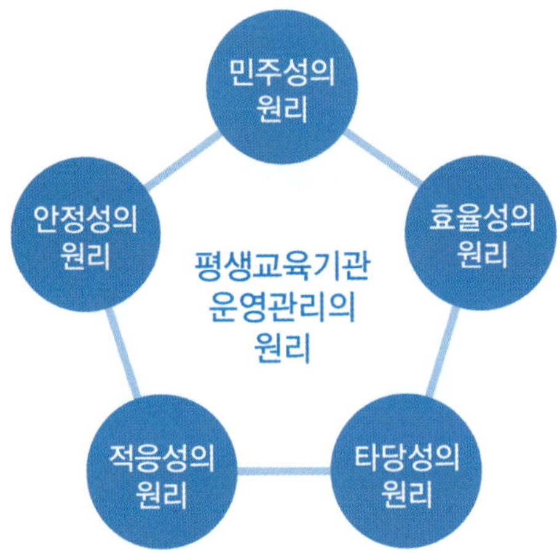

그림 8-2 평생교육기관 운영원리

첫째, 민주성의 원리이다. 이 원리는 평생교육기관은 구성원 간의 관계와 그 운영과정이 민주적일 때 창의적이고 바람직한 운영관리가 이루어질 수 있다는 것이다. 이와 같은 민주성의 원리는 평생교육기관 운영과정에서 모든 구성원의 광범위한 참여를 통하여 구성원의 의사를 반영하고, 평생교육기관 구성원의 참여를 통해 결정된 내용을 실행하는 것을 의미한다.

둘째, 효율성의 원리이다. 효율성이란 최소한의 노력과 경비로 최대한의 효과를 얻어야 한다는 경제적인 원리이다. 이러한 맥락에서 효율적인 평생교육기관 운영이란 평생교육기관의 최소한의 인적, 물적 자원과 시간, 정보 등을 투입하여 최대한의 효과를 얻는 것으로 주로 능률적인 측면에 중점을 둔다.

셋째, 타당성의 원리이다. 이 원리는 평생교육기관 운영은 교육목적에 비추어 타당한 활동이 되어야 한다는 것을 의미한다. 민주성과 효율성이 평생교육기관 운영을 추동하는 힘이라면, 타당성은 평생교육기관 운영관리가 지향하는 방향이다. 평생교육기관이 「평생교육법」에 의해 설립된 법적기관이라는 점에서 평생교육기관의 타당성을 가지게 된다.

넷째, 적응성의 원리이다. 평생교육기관이 소재한 지역사회 환경은 평생교육기관 운영에 크게 영향을 미친다. 따라서 평생교육기관은 지역사회의 여러 가지 특징, 예를 들어 교육의 효과를 높이기 위해 지리(위치), 경제, 자원, 인구, 문화, 정치적 구조 등을 기관 운영에 반영하고 활용해야 한다.

다섯째, 안정성의 원리이다. 이 원리는 평생교육기관이 교육활동의 안정성을 유지하기 위해 전통을 계승하고 유지, 보존해 나가는 것이 필요하다는 것이다. 평생교육기관은 변화를 수용하여 현재에 적응해 나가는 한편, 평생교육기관의 전통적인 가치나 철학 등을 고수하여 긴 안목으로 장기적인 계획을 수립해야 한다. 이는 평생교육기관 운영관리가 지향해야 하는 방향이라는 점에서 타당성의 원리와 그 맥을 같이할 수 있지만 타당성의 원리가 보다 국가적 차원에서의 방향성이라면 안정성의 원리는 평생교육기관 차원에서의 방향성이라는 점에서 구분될 수 있다.

평생교육기관 운영관리의 원리는 평생교육기관 운영과정에서 그 효과성과 효율성을 높일 수 있는 운영상의 기준이다. 평생교육기관 운영관리가 추구하고자 하는 방향과 내용을 바탕으로 실행상의 원리를 구현한다면, 보다 완성도 높은 평생교육기관 운영관리를 실천할 수 있을 것이다.

3. 프로그램 운영시설

평생교육기관의 시설은 정보의 획득, 기술의 축적, 그리고 지식의 적용을 위해 학습기회를 보다 깊고 넓게 제공하여 준다. 평생교육기관은 일반시설, 유아시설, 전문시설, 부대시설로 나누어 갖추어져 있으면 이상적이고 일반시설은 강의실과 세미나실 등이며, 유사시설은 지역사회주민을 위한 수시 집회 장소와 같은 것이다. 전문시설은 정보관리실, 음향독서실, 보조 자료실 등이며, 부대시설은 소아과 병원의 의료보건 전문가가 참여하는 육아실, 임시 수면실, 휴게실, 주차장 등이다. 특히 각 시설에는 시설명과 구조와 수용 가능한 인원 수가 명기되고, 뿐만 아니라 실내의 조건을 갖추어야 한다(김남선, 2007).

컴퓨터 실습실

이론 강의실

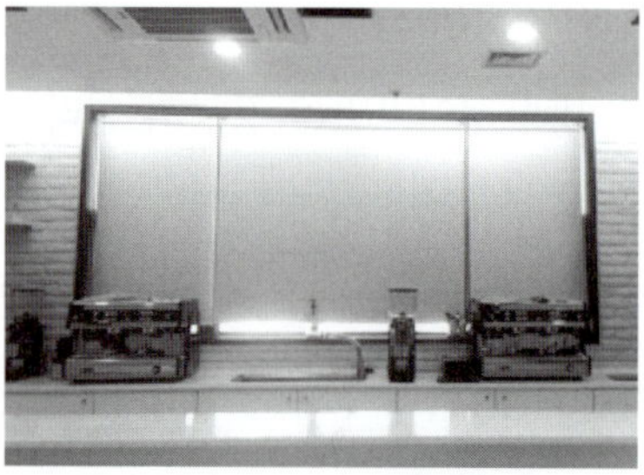

바리스타 실습실

휴게 및 도서관

그림 8-3 평생교육기관의 시설의 예

또한 역할분담의 대상에서는 국가가 전적으로 국가예산과 재원을 부담하고, 운영을 공공기관이 관리한다면 공공부문으로 분류될 수 있다. 이와 반대로 개인이 재정과 운영을 전반적으로 관리한다면 민간부문으로 분류한다. 시설운영 면에서 민간부분을 영리와 비영리로 살펴보면, 첫째, 영리기관은 수익 활동을 통해 얻는 이윤을 공익사업으로 사용된다면 민간 공식부문으로 비영리기관이라고 할 수 있다. 둘째, 비영리기관은 목적 활동을 통해 얻은 이윤을 공익사업으로 사용된다면 민간 공식부분으로 비영리기관이라고 할 수 있다.

따라서 평생교육 프로그램 개발 시 프로그램을 학습하고 참여하는 운영시설에 대해 시설이 학습하는 장소가 쾌적하고 깨끗하게 이루어져 있고 학습하는 데 공간의 크기가 적당하고 안전한가 등에 대해 고려를 해야 하며, 〈표 8-3〉과 같이 관련 집단(담당자, 성인학습자, 강사)이 어떻게 인식하고 있는지를 파악하고 분석해야 한다(이신후, 2017).

표 8-3 프로그램 운영시설

연번	설문항목	① 전혀 그렇지 않다	② 그렇지 않다	③ 보통이다	④ 그렇다	⑤ 매우 그렇다
1	평생교육시설이 교육에 적합하게 건축되어 있다.					
2	평생교육시설의 청소가 잘되어 있다.					
3	평생교육시설이 교육에 참여하는 학습자를 수용할 수 있는 공간이 충분하다.					
4	평생교육시설에 휴게실과 편의시설이 잘 갖추어져 있다.					
5	평생교육시설이 학습자와 비교적 가까운 곳에 있다.					
6	평생교육시설에 접근하는 교통편이 편리하다.					

교육장소 및 기자재 선정에 대해 구체적으로 살펴보면 〈표 8-4〉와 같다(이복희, 유인숙, 2020).

표 8-4 교육장소 및 기자재 선정

구분	내용
교육장소 선정의 원칙	• 교육장소는 학습 분위기를 수용할 수 있어야 한다. • 교육장소는 학습자 규모에 적합한 크기와 원래 의도한 용도에 맞아야 된다. • 교육인원이 소규모일 경우에는 가급적 기관 내 교육장소를 활용하는 것이 좋다. • 연수와 같이 합숙교육일 때는 외부 장소를 활용하는 것이 좋은데, 이때 대상자의 인원과 연령, 환경, 시설, 거리, 비용 등을 감안하여 선정하되 특히 비용(예산 범위 내)을 감안한다. • 교육장소는 반드시 사전 답사해야 한다. • 학습자들의 수준에 따라 교육장소를 선택해야 한다. • 일반인들이 많이 사용하는 복합휴양시설은 특별한 목적이 없는 한 피해야 한다. • 교육장소로 인한 문제점을 극복하고 적절한 학습 분위기 조성을 위해 교육 담당자는 상상력과 창의력을 발휘할 필요가 있다.
교육장소 선정의 기준	• 참석인원의 수: 정원을 초과한 교육장소에 더 많은 인원을 억지로 수용해서는 안된다. • 교육장의 크기 – 책걸상 일체형: 학습자 1인당 2~2.5㎡ – 의자와 책상 분리 회의형: 학습자 1인당 2.5~3.5㎡ • 교육장 배열: 교육 프로그램에 맞게 그리고 어떤 자리 배치이든 모든 사람들이 정확하게 보고 들을 수 있도록 해야 한다. • 적합한 의자와 책상: 책상은 폭 0.5m, 길이 1.8m 정도 • 의자와 책상의 배열에 유념해서 선정해야 한다. • 조명: 학습자들이 필기할 때 지장이 없도록 해야 한다. • 소음: 작업장으로부터 멀리 떨어진 장소를 선정해야 한다. • 온도: 섭씨 20~25℃ 정도 유지, 냉난방 철저 • 교통 편의: 대중교통 시설, 주차공간, 장애인 시설 등을 고려해야 한다. • 부대 시설물: 휴게실, 자동판매기, 공중전화, 화장실, 비상출입문, 숙박시설 등을 고려한다. • 주위 산만: 주위를 산만하게 할 만한 것을 사전에 제거한다. 예를 들어, 교육과 무관한 포스터나 그림 등을 가리기 위해 블라인드를 사용하는 방법 등이 있다. • 음향시설: 교육담당자와 교수자의 목소리가 주도적인 소리가 되어야 한다. • 전기시설: 전기설비의 사용가능 여부와 전원코드의 위치를 점검해야 한다. • 교육용 기자재: 구비 여부, 정상 작동, 대여 가능성 등을 점검해야 한다.

구분	내용
	• 여분의 비품: 여분의 준비물을 구비하고 그것의 교체방법도 알고 있어야 한다. 슬라이드, 전구, 수업용 펜, 종이 등 • 비품 보관장소: 여분의 교육용 장비, 배포 자료, 기자재 등을 보관할 공간이 있어야 한다.
교육장소 선정의 과정	• 교육 참여 인원 수를 결정한다. • 교육장소 후보 시설을 선정한다. • 교육장소 후보 시설들에 대한 정보(비용, 위치, 연락처, 환경 등)를 요청한다. • 수집된 정보를 가지고 준비한 체크리스트에 따라 필요한 사항들을 점검한다. • 체크리스트 점검 결과에 따라 교육장소 후보 시설들의 순위를 매긴다. • 1순위 후보 시설부터 연락한다. • 사전 답사를 실시한다.

4. 프로그램 인적관리

1) 교육담당자와 교수자 관리

프로그램을 운영할 인적 자원의 선정의 첫 번째는 프로그램을 담당할 담당자이고 다음은 그 프로그램 수업을 맡을 교수자를 선정하는 것이다. 프로그램 담당자와 교수자는 〈표 8-5〉와 같은 사항을 고려해야 한다(이복희, 유인숙, 2020).

표 8-5 프로그램 담당자와 교수자의 고려사항

구분	내용
외모	• 복장은 단정히 한다. • 두발은 항상 깨끗이 하며 개성에 맞는 헤어스타일을 한다. • 화장은 자연스러운 화장을 한다. • 구두는 복장과 어울리는 색으로 하며 항상 깨끗이 한다. • 화려한 액세서리는 피한다.

구분	내용
표정	• 항상 밝고 명랑하며 웃음을 잃지 않는다. • 불쾌하고 짜증스런 일이 있어도 감정표현을 하지 않는다. • 진행 시 지친 표정을 보이지 않는다. • 웃는 얼굴로 먼저 인사한다.
말과 행동	• 언행일치로 학습자에게 신뢰감을 준다. • 프로그램 이외의 불필요한 언행을 하지 않는다. • 말은 친절하고 상냥하게 한다. • 학습자 및 진행자 상호 간에 존대어를 사용한다. • 학습자와 대화 시 전문 용어를 피한다.
태도	• 겸손한 태도를 지닌다. • 손을 뒤로 돌려 뒷짐 지는 것을 피한다. • 몸을 뒤로 젖히는 것을 피한다. • 팔짱을 끼지 않는다. • 학습자의 휴식 시간을 절대 보장한다. • 몸을 흔들지 않는다. • 손가락으로 물건을 만지작거리지 않는다. • 항상 침착한 태도를 지닌다. • 학습자를 성심 성의껏 보살펴 주고 관심을 갖는 태도를 지닌다. • 교육 진행 시 시간을 엄수한다.

그리고 교수자 선정에 있어 기본적인 원칙은 〈표 8-6〉과 같다(이복희, 유인숙, 2020).

표 8-6 교수자 선정의 기본적인 원칙

구분	내용
교수자 선정의 기준	교수자의 전공과 주요 수업과목, 출강하는 기관 및 대상 등을 다른 기관의 교육 담당자들과의 정보 교환을 통하여 사전에 충분히 파악하여야 한다. 그리고 우리 기관과 의뢰한 교육과정 성격과의 부합 여부도 면밀히 따져 본다. 또한 의외로 명성에 비해 수업내용이 부실한 경우와 지명도는 없어도 수업이 충실한 경우가 있으니 프로그램 담당자는 교육에서 교수자의 중요성을 인식하여 적절한 교수자를 확보하는 것이 매우 중요하다.
교수자 인력풀(Pool) 확보	프로그램 담당 교수자를 결정할 때, 이미 그 과정에 맞는 전문가의 인적 사항을 다수 확보하고 있어야 한다.

구분	내용
교수자 인선위원회	교수자를 선택해야 할 경우 교육담당자 혼자 결정하기가 부담스러울 수 있다. 이때 자체 교수자 인선위원회를 개설해서 합리적이고 객관적인 평가를 내린 후 결정하는 것도 바람직한 방법이다.

교수자 선정 시 고려해야 할 점은 〈표 8-7〉과 같다(이복희, 유인숙, 2020).

표 8-7 교수자 선정 시 고려사항

- 학습자들이 받아들이기 쉬운 교수자, 교수자의 성별, 경력, 사회적 평가, 직위, 태도 등 모든 요소를 간과해서는 안 된다.
- 학습내용에 대해 숙지하고 그것을 전달할 수 있는 표현력이 있는 사람을 선정한다.
- 교수자 후보자는 복수로 해 두고, 빨리 접촉하여 본인의 승낙을 얻을 필요가 있다.
- 기관 내 교수자의 경우, 전문 교수자가 아니기 때문에 충분한 준비 기간을 가질 수 있도록 배려할 필요가 있다.
- 외부 교수자의 경우에도 일반적으로 본인의 스케줄이 있기 때문에 희망하는 시기를 확보하기 위해서는 가능한 한 빨리 섭외할 필요가 있다.

교수자 선정의 절차, 기관 내 교수자에 대한 배려 및 교수자 확정 및 사전 협의에 대한 내용은 〈표 8-8〉과 같다(이복희, 유인숙, 2020).

표 8-8 교수자 선정, 배려 및 확정

구분	내용
교수자 선정의 절차	• 교육 프로그램을 확인한다. • 기관이 보유하고 있는 교수자 인력풀을 활용해 수업에 적합한 교수자 후보자를 선정한다. • 기관 외 정보를 활용하여 수업에 적합한 교수자 후보자를 추천받는다. • 교수자 후보자를 놓고 적임자를 선정하는 회의를 한다. • 교수자 후보자의 순위를 매긴다. • 1순위 교수자부터 전화로 수업 의뢰를 한다. – 이때는 수업 내용을 팩스 또는 e-mail을 이용하여 발송한다.

구분	내용
	– 교수자가 먼저 교수자료에 대한 문의를 할 때는 정확하게 알려 준다. 단, 지속적으로 수업을 해 온 교수자에게는 특별히 통보할 필요가 없다. – 교육담당자의 연락처를 남겨 놓고 교수자 후보자의 결정을 기다린다. – 결정 사항을 알려 주기로 한 기한까지 연락이 없으면 다시 의뢰한다. • 교수자의 수업 수락이 떨어지면 수업 의뢰서와 기관 안내 자료 등을 발송한다. – 기관의 이념, 교육의 목적, 학습자 집단, 전체 프로그램 내용, 교육기관에 대한 소개, 과거의 교육내용 등이 포함되어야 한다. – 주차 여부와 교육장소 약도 등 세부적인 사항에 관한 내용도 알려 준다. – 교육 담당자의 휴대폰 번호를 알려 주어 교육 당일 만약의 사태에 대비한다. • 프로그램 실시 하루 전쯤 수업과 수업장소 등을 전화와 e–mail로 확인시켜 준다. – 변동사항은 즉각 통보해 주어야 한다. – 프로그램 실시 당일 교통상황, 기후관계, 장소변동 등을 교수자에게 통보해 줌으로써 도착에 차질이 없도록 한다. • 교육 당일 교육담당자의 휴대폰은 교수자가 무사히 도착하기 전까지 켜 놓아야 한다.
기관 내 교수자에 대한 배려	기관 내 교수자에 대해서는 전문 교수자와 달리 다음과 같은 지원 및 가이드가 필요하다. • 교육실시 경위, 기대하는 학습내용, 학습자의 상황 등 필요한 자료를 정리해 설명한다. • 지도방법에 대한 정보를 제공하고 상담한다. 필요에 따라 연구 기회를 주고 지도 매뉴얼을 제공한다. • 텍스트, 자료의 선택, 작성을 지원한다. • 필요에 따라 교수방법, 화법 등에 대해 교육기회를 주어 교수방법에 대한 이해를 돕는다. • 교재, 기자재를 제공하고 그 사용방법을 돕는다. • 지도연습을 위해 학습자의 모델역할과 상대역이 된다. • 실행 시 진행 보조역을 하고 자료배포, 기자재의 사용을 돕는다.
교수자 확정 및 사전 협의	• 교수자와의 협의 사항 – 교육목표와 전체 프로그램 – 교육의 구체적 운영방법 – 의뢰하는 부분의 주제와 내용, 기대하는 달성수준 – 대상자의 인원, 연령, 직업, 학습목표에 대한 현재수준, 관심의 정도 – 일시, 장소, 전화번호, 교통편 – 교재원고의 청탁 – 기타: 이 밖에 교수자와 협의해 두어야 할 내용 텍스트, 자료 등의 유무, 사용방법, 교실의 운영방법, 시청각 교재의 사용방법, 숙박유무, 긴급 연락망, 기타 주의사항, 교수자 프로파일 등

2) 교수자의 인상관리

인상관리 연구의 근원은 사회학자인 어빙 고프만(Eriving Goffman, 1959)으로 그는 인상관리 현상을 처음으로 개념화시켰으며, 상호작용의 각본 모델(dramatical model of social interactions)을 토대로 인상관리 과정을 정립하였다. 인상관리에 관한 이론은 문학과 철학, 최근에는 사회학에서 그 근원을 찾아볼 수 있으며, 지난 30년 동안 사회심리학자들은 인상관리에 관한 연구에 주목해 왔다(Tedeschi & Melburg, 1984; Leary & Kowalski, 1990; Liden & Mitchell, 1988; Wayne & Liden, 1995).

사람들은 본능적으로 상호작용하는 상대에게 인상을 남기고자 한다. 어떤 이는 타인에게 깊은 인상을 주려는 욕구가 강한 것으로 보이나 반대로 어떤 이는 그러한 동기가 없는 것처럼 보이지만, 타인에게 인상을 주려는 것을 피할 수는 없다(Kacmar & Tucker, 2014). 사람들은 자신의 이미지를 보호하고 자신에게 중요한 다른 사람들이 자신에 대해 갖는 인식에 영향을 미치기 위해 인상관리를 한다(Wayne & Liden, 1995). 이러한 인상관리는 일련의 형성과정을 통해 이루어지는데 리덴과 미첼(Liden & Mitchell, 1988)이 제시한 인상관리 형성과정 모형은 인상관리의 동기, 인상관리 전략의 선택, 인상관리 행위, 대상의 반응, 결과 이렇게 다섯 단계로 이루어져 있는데, 구체적으로 살펴보면 〈그림 8-4〉와 같다(최낙영, 2017).

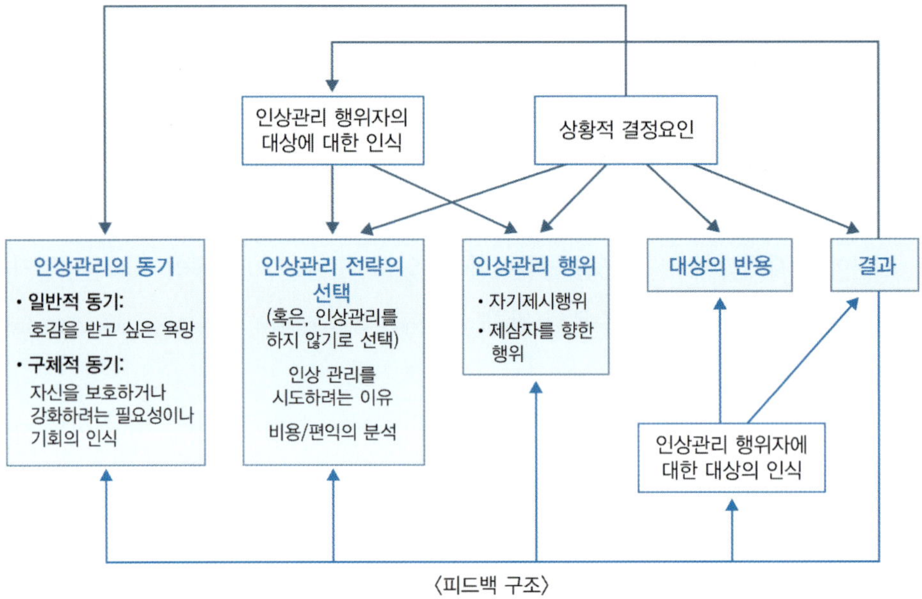

그림 8-4 인상관리 형성과정 모형

〈그림 8-4〉에서 보는 것과 같이 인상관리 형성은 인상관리의 동기, 인상관리 전략의 선택, 인상관리 행위, 대상의 반응 및 결과에 의해 형성된다. 평생교육기관의 프로그램 운영에 있어 교수자와 학습자의 상호작용은 학습성과에 영향을 미치는 매우 중요한 요인이다. 즉, 교수자의 긍정적인 인상형성은 학습자들에게 긍정적인 영향을 미치기 때문이다. 그리고 평생교육원에서 평생교육 교 · 강사의 이미지와 강의력이 평생교육에 참여하는 성인학습자들의 교육만족도와 교육효과에 미치는 영향에 관한 연구들에서 학습자들이 인지하는 평생교육 교 · 강사의 이미지가 좋을수록 강의에 대한 만족도가 높은 것으로 나타났다(최낙영, 2017). 따라서 교수자는 학습자들에게 긍정적인 인상이 형성될 수 있도록 꾸준히 노력해야 한다.

3) 교수자의 의사소통

의사소통 과정을 살펴보면, 경청하기(듣기)와 말하기가 매우 중요하다. 또한 효과적인 의사소통을 위해 필수적인 요소로는 상대방에게 공감하기, 두 사람의 친밀감을 더욱 돈독히 하기, 상대방이 전달하고자 하는 메시지를 수용하기, 상대방을 존중하는 태도, 상대방의 변화하는 상황에 맞추는 융통성, 상대방의 이야기에 명백하게 대응하는 주의 집중력, 상대방의 메시지에 대해 긴장감이나 스트레스를 줄이는 유머 감각, 상대방을 기만하지 않는 책임감 있는 정직성 등이 있다. 의사소통의 효과적인 방법을 경청하기와 말하기를 중심으로 살펴보면 다음과 같다(김은영 외, 2016).

(1) 경청하기

흔히 사람들은 말을 잘 못한다고 하면서도 잘 듣지 못한다는 것에는 별로 관심을 두지 않는다. 그리고 상대방의 말을 잘 듣는다는 것은 많은 에너지가 필요하므로 생각보다 잘 듣는다는 것이 쉽지 않다. 상대방의 이야기를 잘 들었을 때 얻게 되는 이득으로는, 첫째, 상대방의 이야기의 의도와 의미를 파악하여 적절하게 반응할 수 있다. 둘째, 상대방의 말을 경청하는 것은 상대방의 이야기에 흥미와 관심을 가지고 있다는 것을 보여 주는 것이다. 셋째, 다른 사람의 말을 경청하게 되면 말하는 사람은 자신의 말을 잘 들어주는 사람에게 호감을 가지게 된다. 경청을 잘하기 위해 필요한 기술의 단계는 〈표 8-9〉와 같다.

표 8-9 경청하기 기술의 단계

1. 상대방을 쳐다본다.
2. 상대방이 말하는 내용에 주목한다.
3. 대화 도중 상대방과 시선접촉을 적절하게 유지한다.
4. 머리를 끄덕인다.
5. '음음' 하거나 혹은 '그래요'라고 말한다.
6. 다른 사람이 말하는 내용을 반복한다. 즉 '~라고 느끼시는군요' 또는 '~라고 생각하시는군요'라고 말한다.
7. 잘 모르는 부분에 대해 질문하거나 다시 한번 설명해 달라고 말한다.

잘 듣기 위해서는 상대방이 말하려고 하는 의미를 파악하려고 노력해야 하고, 상대방의 입장에서 이해하고자 노력해야 한다. 경청하기 기술 가운데 가장 좋은 것은 타인을 배려한 공감적 듣기 방법이다. 이 방법은 자신보다는 상대방의 입장에서 상대방을 이해하려는 태도로 듣는 것을 말한다. 공감적 듣기는 그 자체만으로 상대방의 마음을 열고 들어갈 수 있으며, 상대를 이해한 경우에는 자신을 이해시킬 수 있으므로 상대방을 설득할 수 있다. 다음의 사례를 통해 공감능력을 향상시켜 보자.

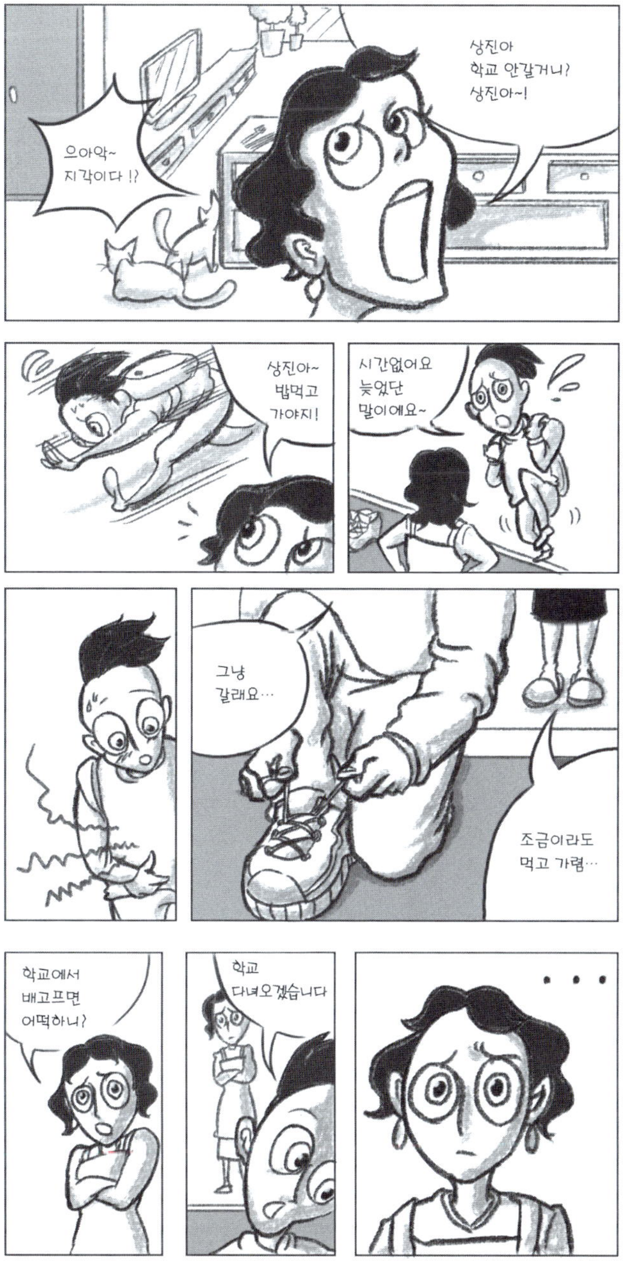

출처: 김은영 외(2016). 인성과 리더십. 양성원.

? 어떤 상황입니까?

? 상진이의 입장과 기분은 어떨까요?

? 어머니의 입장과 기분은 어떨까요?

? 위와 유사한 상황을 경험한 적이 있습니까?

---

1. **상황:** 상진이는 늦게 일어나서 아침 식사를 할 시간이 없다. 어머니가 안타까워서 조금이라도 먹고 가라고 한다. 상진이 또한 배가 고프지만, 아무래도 지각할 것 같아 그냥 간다.
2. **상진의 기분과 입장:** 늦게 일어나서 마음이 바쁘다. 어머니께서는 자꾸 아침을 먹고 가라고 하신다. 상진도 배가 고프지만 도저히 시간이 되지 않아 그냥 간다.
3. **어머니의 기분과 입장:** 늦잠 때문에 밥도 못 먹고 등교하려는 아들에게 조금이라도 밥을 먹이고 싶지만, 지각할까 봐 붙잡지도 못하고 보내면서 아들이 배고플까 봐 마음이 아프다.

출처: 김은영 외(2016). 인성과 리더십. 양성원.

? 어떤 상황입니까?

? 진호의 입장과 기분은 어떨까요?

? 과장의 입장과 기분은 어떨까요?

? 위와 유사한 상황을 경험한 적이 있습니까?

---

1. **상황:** 월말 결산에 회사는 바쁘다. 오늘도 모두 퇴근하고 몇몇이 남아 일하는데, 진호가 과장님께 가서 사정이 있어 집에 먼저 가야겠다고 한다. 과장이 짜증을 내니까 진호는 그제서야 어머님이 많이 편찮다고 한다. 일찍 말하지 않은 진호를 못마땅해 하며 과장은 다른 직원에게 전화를 하려고 한다.
2. **진호의 기분과 입장:** 마음이 약한 진호는 어머님이 아파서 일찍 퇴근해야 하지만 과장에게 이야기를 못하다가 늦게 과장에게 말하게 된다.
3. **과장의 기분과 입장:** 진호가 일찍 말해 주었으면 다른 직원을 남게 하였을 텐데... 직원들이 퇴근하고 나서야 말하는 진호가 못마땅하다. 하지만 어머님이 아프다고 하니 안 보낼 수는 없고 해서 빨리 다른 직원에게 연락을 취한다.

출처: 김은영 외(2016). 인성과 리더십. 양성원.

? 어떤 상황입니까?

____

? 미래의 입장과 기분은 어떨까요?

____

? 상대방의 입장과 기분은 어떨까요?

____

? 위와 유사한 상황을 경험한 적이 있습니까?

____

1. **상황:** 식당에서 미래는 맞은 편에 앉아 있는 사람에게 말을 건네지만 상대방은 미래의 말에 아무런 응답을 하지 않는다.
2. **미래의 기분과 입장:** 친하게 지내고 싶은 마음에 맞은 편에 앉은 사람에게 먼저 상냥하게 인사하고, 얘기를 해 보지만 무시당하자 속상해한다.
3. **상대방의 기분과 입장:** 매우 소극적이거나 아니면 매우 기분이 안 좋은 상태라서 말을 하기가 싫은데, 미래가 자꾸 말을 건네 곤란하다.

(2) 말하기

말하기란 효과적으로 자신의 느낌과 생각, 욕구를 표현함으로써 상대방과 원활한 대화를 하는 것이다. 효과적인 말하기는 쌍방이 서로 존중하면서 자신의 진심이 상대방에게 전해지고, 상대방의 진심도 나에게 전달되어 서로 합의점을 찾아나갈 수 있도록 하는 대화를 의미한다. 따라서 상대방을 조정하고 통제하려는 말하기 기술과는 구별된다. 의사소통은 상호작용을 통해 이루어지므로 대화를 하는 어느 한 사람이라도 효과적인 말하기를 한다면 불필요한 갈등이나 오해를 줄이고, 서로의 욕구를 이해하고 합의해 나갈 수 있다. 이러한 말하기는 상대방을 존중할 때 가능하다. 다시 말해 효과적인 말하기는 결국 자신과 상대방에 대한 이해를 넓히고 수용하는 과정이다.

상대방의 감정을 상하게 하지 않고 나의 감정을 말할 수 있는 방법은 나-전달법[1](I-Message)을 사용하는 것이다. 나-전달법의 이점으로는, 첫째, 나의 감정을 표현할 뿐이기 때문에 타인을 비난하지 않고도 행동의 책임을 타인 자신에게로 돌리게 할 수 있다. 사람들은 비난받는다고 느끼면 아무리 합리적인 말이라도 결코 고치지 않으려는 경향이 있다. 그러므로 타인을 화나게 하거나 방어하지 않게 하면서 행동을 스스로 고치게 하는 효과가 있다. 둘째, 대화가 부드러워지고 자신의 감정을 억제하지 않고 어느 정도 마음을 표출하게 되므로 정신건강에 좋다. 셋째, 나-전달법으로 자기를 표현하면 타인도 나-전달법을 익혀서 자기를 잘 표현할 수 있다. 마지막으로 보통 사람보다 타인의 입장에서 바라보는 능력, 즉 공감능력이 약한 타인(그래서 흔히 이기적이라고 오해를 받는다)에게 나의 감정을 알려 주어 이해 가능하게 해 준다.

1) 나-전달법의 원칙
- 타인의 어떤 행동에 대해 서술한다.
- 그 행동이 당신에게 미치는 구체적인 영향에 대해 서술한다.
- 타인의 행동이나 또는 구체적인 영향에 대한 당신의 감정과 느낌을 서술한다.

예: "내가 수업을 하고 있는데 네가 떠들면(행동), 나를 무시하는 것 같아서(영향), 화가 난다(감정)"

예: "여러분들이 수업에 적극적으로 참여해 주니(행동), 내가 강의에 집중할 수 있어서(영향), 기분이 너무 좋습니다(감정)"

5. 프로그램 예산관리

프로그램 예산은 일반적으로 개발비용, 전달비용, 평가비용 등으로 구분된다. 개발비용이란 프로그램을 개발하는 데 소요되는 비용으로서 자체에서 개발하거나 외부 전문가에게 의뢰하였거나 아웃소싱에 의한 경우 지급되는 비용이며 일반적으로 요구분석, 설계, 개발에 소요되는 비용이다. 지금까지는 개발에 드는 비용을 적게 투자하는 경향이 있었는데 좋은 프로그램이 되기 위해서는 개발 비용에 많은 비용이 투자되어야 할 것이다. 전달비용이란 프로그램을 실시하는 과정에서 소요되는 비용으로서 직원 월급, 참여자 비용, 시설 임대료, 수업 재료비 등이 여기에 속한다. 또한 전달비용은 준비비용, 직접비용, 기타 행정비 등으로 나눌 수 있다. 평가비용이란 프로그램 결과를 사후평가 하는 데 소요되는 비용이다. 좋은 프로그램이 되기 위해서는 프로그램을 운영하는 데 그치지 않고 프로그램의 결과를 평가하여 다음 프로그램 개발에 반영하여야 할 것이다. 그러기 위해서는 프로그램 평가에도 많은 비용이 책정되어야 한다.

프로그램을 개발할 때 예산 관련 부분은 신중하게 고려해야 하는 부분이다. 프로그램 담당자는 원가의식의 중요성을 알고 있어야 하며, 항상 비용에 대한 수익의 결과를 생각하는 투자수익 마인드를 가져야 한다.

1) 예산수립의 원리

효율적인 프로그램 운영을 위하여 적정한 예산수립이 요구되는데, 이때 다음 몇 가지 원리를 중심으로 이루어지도록 해야 한다. 예산수립의 원리는 〈표 8-10〉과 같다(이복희, 유인숙, 2020).

표 8-10 예산수립의 원리

- 예산승인과 재정담당자를 고려한다.
- 교육 참가자들의 기회비용도 비용에 고려한다.
- 시설물의 감각상각비도 고려한다.
- 재정의 충당금과 보조금을 고려한다.
- 교육개발비용과 평가비용도 고려한다.
- 수업료 이외의 수입원을 고려한다.
- 참여자들의 수업료 부담 정도를 정한다.
- 비용이 정확히 측정되어야 한다.
- 실질적 접근방법을 사용하여야 한다.

2) 프로그램 비용감소를 위한 전략

적정예산 수립을 위해서는 프로그램 관련 비용을 감소시키는 것은 중요하다. 그러나 교육 프로그램은 적정예산이 소요됨으로 무조건 비용감소만을 생각할 수는 없다. 하지만 비용 감소를 하기 위해서 노력하는 것은 필요하다. 비용감소를 위한 전략은 〈표 8-11〉과 같다(이복희, 유인숙, 2020; Caffarella, 1994).

표 8-11 비용감소를 위한 전략

- 프로그램을 계획, 운영, 평가하는 데 필요한 담당자의 수를 줄여라.
- 비영리기관인 경우에는 참가자의 수를 줄여라.
- 저렴한 학습형태와 테크닉을 사용하라.
- 참가자들로 하여금 그들의 음식과 간식을 준비하게 하라.
- 현재의 프로그램을 줄이고 구성을 타이트하게 하라.
- 교육 참가자들의 기회비용을 줄이기 위하여 야간수업도 고려해 보아야 한다.
- 참가자들에게 모든 자료를 제공하기보다는 도서관에서 빌리게 하라.
- 교수자료를 줄이기 위하여 기관 내의 교수자를 활용해 볼 수 있다.
- 프로그램에 대한 엄격한 평가를 통하여 불필요하게 제공되고 있다고 생각하는 행동, 지원 등을 삭제하라.
- 교육의 본질에 관계없는 비용은 줄여 나간다.
- 합숙교육 방법만이 아닌 자기주도 학습, 원격교육 방법 등을 고려해 본다.

3) 재정확보 방법

적게 쓰는 것과 함께 다양한 방법으로 재원을 확보하는 것도 중요하다. 재원의 출처는 기관의 성격과 운영 프로그램의 내용에 따라 다르다. 즉, 공공 평생교육기관, 민간 평생교육기관, 수익형 평생교육기관, 비영리형 평생교육기관 등에 따라서 달라질 수 있다. 재정확보 방법은 〈표 8-12〉와 같다.

표 8-12 재정확보 방법

- 참여자의 학습비 부담을 증가시킨다.
- 기관 · 단체의 일반재정으로 충당하는 방법이다.
- 국가, 지방자치단체 등의 공적 자금 관련 사업에 제안하여 선정될 수 있다.
- 개인 및 기관으로부터 기부금을 획득하는 방법이다.

일반적으로 프로그램 운영재원은 참여자의 학습비에 의한다는 수익자 부담의 원칙을 기본으로 한다. 이와 함께 기관의 비전에 맞는 프로그램을 운영할 경우에 기관의 일반재정에서 충당하는 경우도 있다. 또한, 공적 사업의 경우는 국가나 지방자치단체 등의 공공기관으로부터 사업 제안서를 제출하여 선정될 수도 있다. 교육부, 평생교육진흥원의 소외계층 지원과정, 주말과정, 평생학습 중심대학 사업, 보건복지부의 다문화 가족지원과정, 시 · 도교육청의 평생교육 프로그램 공모과정, 노동부의 실업자재취업과정이나 재직자능력향상과정, 계좌제 사업, 자치단체에서 여성지도자 과정이나 청소년어울마당 또는 동아리 지원 등과 같은 특별사업에 대한 재정지원을 받을 수 있다. 마지막으로 기관의 비전이나 프로그램의 목적에 찬성하는 사람들이나 기업체로부터 기부금을 획득하는 방안도 있을 수 있다. 지역의 기업에서 지역발전을 위한 기금을 출연할 경우, 이와 관련되는 평생교육 프로그램을 개발하면서 재정지원을 받을 수 있을 것이다.

4) 프로그램 재정의 적정수준을 결정하기 위한 원리

프로그램 재정의 적정수준을 결정하는 것은 프로그램 예산확보에서 중요한 요인 중의 하나이다. 프로그램 재정의 적정수준을 결정하기 위한 원리는 〈표 8-13〉과 같다(이복희, 유인숙, 2020; 이화정 외, 2005).

표 8-13 재정의 적정수준을 결정하기 위한 원리

- 프로그램에 필요한 비용과 수입을 고려하여 재정운영 목적을 수립한다.
- 수입을 확보하기 위한 세부계획을 세운다.
- 비용은 공인을 받아 사용되어야 한다.
- 모든 재정상의 거래는 정확하게 기록되어야 한다.
- 모든 회계사항은 적어도 1년에 한 번씩 관계자에게 보고하여야 하며, 이러한 기록은 실제비용과 수입의 항목에 따라 구성되어야 한다.
- 모든 프로그램을 무료로 하는 것보다는 교육의 참여를 위해서는 일부 수익자 부담을 하는 것도 고려해 볼 수 있다.

5) 경비 산정

경비를 산정하는 방법은 교수자료, 숙식비, 간담회비, 교재비 등 소요경비별로 분류하여 산정하는 방법과 분석비용, 개발비용, 실시비용 등과 같이 과정 기능적으로 분류하여 산정하는 방법이 있다. 단, 정부의 보조금으로 운영되는 경우는 정부기관의 보조금 운영기준에 따라 예산을 산출해야 한다. 소요경비별 예산산출 내역의 예시를 살펴보면 〈표 8-14〉와 같다.

표 8-14 **소요경비별 예산산출 내역 예시**

사업명	지출항목	금액(천 원)	산출(기초)
계		7,755	
마을 활동가 양성과정	강사비	4,130	• 강사비(1급강사 기준) 230,000원×1시간×7회=1,610,000원 120,000원×2시간×7회=1,680,000원 • 보조강사비 40,000원×3시간×7회=840,000원
	홍보비	140	• 현수막(개강식, 수료식) 50,000원×2식=100,000원 • 배너 40,000원×1식=40,000원
	재료비	680	• 교재 인쇄 및 제본비 13,000원×20권(15명×130%)=260,000원 • 수업실습재료비: 60,000×7회=420,000원
	견학비	1,840	• 버스임대료 495,000원×1식=495,000원(부가세포함) • 보험료 3,000원×20명=60,000원 • 선진지 견학비 200,000×1식=200,000원 • 주 강사비: 230,000원×1시간=230,000원 • 인솔강사비 40,000원×7시간=280,000원 • 견학중식비 8,000원×20명=160,000원 • 현수막 50,000원×1식=50,000원 • 다과비 3,000원×15명=45,000원
	운영비	1,285	• 다과비 3,000원×15명×7회=315,000원 • 프로그램 기획 · 개발비 800,000원×1식=800,000원 • 행사비(개강식, 수료식) 170,000원×1식=170,000원

출처: 이복희, 유인숙(2020). 평생교육 프로그램개발론. 양성원.

6. 프로그램 행정서비스

행정서비스는 참여자가 꾸준히 프로그램을 참여하고 탈락하지 않고 프로그램을 계획대로 진행할 수 있도록 유도하는 등의 행정서비스를 말한다. 따라서 프로그램 사전 안내 여부가 잘 되었는지, 편의시설은 제공되고 있는지, 학습자를 위한 지원과 관리가 잘 되어 있는지 등의 행정서비스에 대해 관련 집단(담당자, 성인학습자, 강사)이 어떻게 인식하고 있는지를 분석하는 것이 필요하다. 프로그램을 진행하면서 행정적인 서비스에 대한 담당자의 주요역할을 정리하면 〈표 8-15〉, 프로그램 행정서비스 점검사항은 〈표 8-16〉과 같다(이신후, 2017).

표 8-15 프로그램 운영관리 시 평생교육 담당자의 주요 역할

영역	주요활동	영역	주요활동
강사 관리	• 강사섭외 • 강의 의뢰서 송부 • 강사료 협의 • 강사료 지급 • 원천징수 영수증 작성/송부	교육 기자재 및 시설 관리	• 재물 조사 준비 • 시설물 청소 • 시설물 활용계획서 작성 • 교육기자재 수리 · 보수 • 에어컨 · 난방 확인
교육생 관리	• 참석대상자 명부 작성 • 출결사항 점검 • 요구사항 점검 • 즉시적인 교육반응 점검 • 교육생 자치회 협조	기타	• 입학식 식순 작성 • 사회진행 시나리오 작성 • 입학식 식장 준비 • 입학식 졸업식 초청인사 안내문 • 각 전공별 대표자 회의 • 수료생 학적부 정리 • 예산 편성 • 신입생 모집 요강 작성 • 운영위원회 준비
수업 관리	• 교육 교재 준비 • 강의실 점검 • 강사 소개 • 교육기자재 준비 상황 체크 • 휴 · 결강 강사 보강 조치		

표 8-16 프로그램 행정서비스 점검사항

연번	설문항목	① 전혀 그렇지 않다	② 그렇지 않다	③ 보통이다	④ 그렇다	⑤ 매우 그렇다
1	프로그램의 운영 전반에 대한 행정지원이 잘 이루어진다.					
2	학습자에게 등록에 관한 사전 안내가 잘 이루어졌다.					
3	학습자에게 학사운영과 관련된 안내가 잘 이루어진다.					
4	행정 담당자는 학습자에게 친절하다.					
5	학습자에게 편의시설에 대한 안내가 잘 이루어진다.					
6	행정 직원들은 학습자의 요구사항을 잘 들어준다.					
7	프로그램에 수강료 외의 비용을 요구하지 않는다.					
8	프로그램의 수강료가 적당하다.					

1) 평생교육 담당자의 직장예절

(1) 직장예절의 의미와 중요성

예절(禮節)이란 단어를 한자어 그대로 풀이해 보면 예(禮)는 사람과 사람 사이에 마땅히 지켜야 할 규범으로서의 형식적 측면을 뜻하며, 절(節)은 형식을 나타내는 방법을 의미한다. 예절이란 일상생활이나 직장생활에서 서로 마찰을 없애고 불편을 덜기 위한 마음가짐이며, 나를 낮추고 상대방을 존중하는 마음자세이자 행동규범이다. 서로 상대방에게 갖추어야 할 말투나 몸가짐이나 행동을 말하는 예의와 일상생활의 모든 일의 순서나 절차로서 말투나 몸가짐, 행동의 정해진 양식을 말하는 범절의 준말로서 예절은 상대방의 인격을 존중하는 마음으로 그에 맞는 형식으로 표현하는 행위라고 할 수 있다. 서양에서는 예절과 같은 의미로 에티켓(etiquette)이라는 용어를 사용하며 다른 사람을 대할 때의 마음가짐이나 태도를 말한다. 실내 · 외에서의 에티켓, 남녀 간의 예의,

복장, 길흉사, 식사예법 등 생활 전반에 걸친 예절을 포함한다. 예절이 유교에 기초한 동양적 규범으로서 주로 개인과 자기집안, 자기사회에 관한 것이라면, 에티켓은 서양적인 규범으로서 다른 사람과의 만남이나 비즈니스에서 지켜야 할 질서에 관한 것이라는 점에 차이가 있다. 또 매너(manner)는 일상생활 속에서의 관습이나 몸가짐에 대한 일반적인 룰이나 예법을 말하는데, 통상적으로 예절과 에티켓, 매너는 거의 같은 뜻으로 쓰이거나 혼용하여 사용되고 있다. 예절은 그 내용을 잘 아는 것도 중요하지만 행동으로 실천하는 것이 더 중요하다. 예절을 실천하는 방법은 다음과 같다.

표 8-17 예절을 실천하는 방법

① 자기관리를 철저히 한다.
② 대인관계를 원만히 한다.
③ 공중질서를 지킨다.
④ 내 몸 아끼듯이 남을 아끼고 배려한다.
⑤ 나의 언행에 책임을 진다.
⑥ 잘못이 있으면 상대방에게 사과하고 용서를 구한다.

직장 내에서의 예절이 바로 설 때 평생교육기관에 대한 신뢰감과 경쟁력이 높아진다. 바람직한 직장예절을 배움으로써 상호 간의 존중과 배려를 통해 더 나은 직장문화를 도모하게 된다.

(2) 언어예절

언어는 상대방과의 대화로서 인간 사이에서 서로 상대방을 존중하는 예의를 표현하는 데 가장 많은 부분을 차지한다. 그 사람의 인격은 그 사람의 대화를 통해 알 수 있다. 그러므로 대화는 단순히 사람 사이에 오고 가는 말이 아니라 인격과 인격의 만남이라고 할 수 있기에 올바른 언어예절을 구사하는 것은 자신의 인격을 나타내는 것이다. 대화는 말하는 사람과 듣는 사람이 서로 의사를 주고받으면서 상대방의 생각과 의도를 왜곡하지 않고 이해하는 것이다. 대화하는 사람들 간의 각자가 생각하는 바의 의견을 공유할 때, 서로를 배려하는 입장에서 접근하는 것이 진정한 대화이다. 그리고 상대방과 대화 시에 가장 중요한 것은 무엇보다도 경청하는 태도이다. 현대 사회가 자기중심적인 사회가 되어 감에 따라 우리는 사람들과 대화 속에 자신의 의견이나 생각만을 일방적으로 말하려는 경향이 점점 강해지고 있다. 대화란 일방적인 연설이나 발표가 아니라 서로의 의견을 주고받는 의사소통이다. 그러므로 자신의 의견을 말하는 것보다 상대방의 의견에 귀를 기울이고 무엇을 말하려는지 의도를 잘 파악하는 것이 더욱 중요하다고 할 수 있다. 대화 시 고려할 사항은 다음과 같다.

표 8-18 대화 시 고려할 사항

① 대화는 적당한 속도로 말해야 한다.
좋은 목소리라 하더라도 말하는 속도가 너무 빠르면 듣는 사람이 부담스럽고 소음처럼 느껴진다. 반대로 속도가 너무 느리면 듣는 사람이 지루해질 수 있다.

② 정확한 발음을 구사하도록 노력해야 한다.
발음이 부정확하면 내용이 상대방에게 정확하게 전달되지 않아 대화가 효과적이지 못하다. 특히 상대방을 설득하거나 정확한 정보를 전해야 하는 경우엔 더욱 중요하다고 할 수 있다. 발음은 연습을 통해 충분히 극복될 수 있다.

③ 자신이 할 내용을 머릿속에서 정리한 후 얘기하는 습관이 필요하다.
자신이 전하려는 내용이 상대에게 확실히 전해져야 좋은 대화라고 할 수 있다.

④ 맑고 부드러운 음성으로 대화하는 노력이 필요하다.
그러한 음성은 상대방에게 호감을 주고 신뢰를 준다. 크고 힘찬 목소리보다 적당한 볼륨으로 부드럽게 말하도록 노력한다.

⑤ 상대방 말에 집중하도록 한다.
상대방이 말하는 내용을 정확히 알고 자신이 말하는 내용을 상대방에게 정확하게 전달함으로써 효과적인 대화를 할 수 있게 된다.

2) 직장인의 기본 이미지

(1) 밝은 표정

밝은 표정은 좋은 이미지를 줄 수 있는 이미지적 측면과 몸을 건강하게 변화시켜 주는 건강적 측면이 있다. 밝은 표정은 좋은 인상을 갖게 하며, 좋은 인상은 모든 측면에서 긍적적으로 인식하게 되는 후광효과를 가지고 오기도 한다. 살다 보면 어디서든 잘 맞는 사람과 그렇지 않은 사람을 만난다. 남녀노소 할 것 없이 처음 만나는 순간부터 왠지 호감이 가면서 편안한 사람이 있는가 하면 묘하게 불편하면서 자꾸 삐걱거리는 사람이 있다. 밝은 표정과 웃음은 천연영양제와 진통제로 작용하며, 심혈관에 도움을 주며, 운동과 면역력에 긍정적인 효과를 가져온다. 다음은 밝은 미소를 갖게 하는 안면근육 운동법이다〈그림 8-5〉. 평소에 이 운동법을 꾸준히 실천하여 밝은 표정을 가지는 사람이 되자.

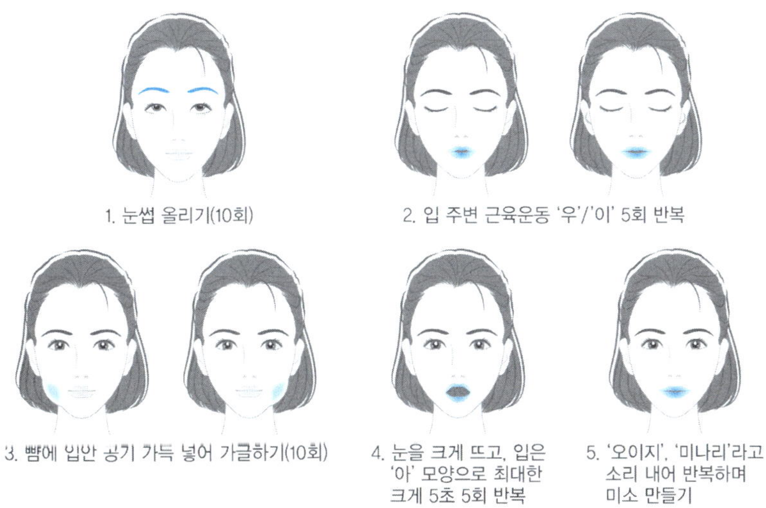

그림 8-5 밝은 미소를 갖게 하는 안면 근육운동법

(2) 단정한 용모와 복장

깔끔하고 단정한 외모와 품위가 묻어나는 복장은 타인에게 신뢰감을 가져다준다. 옷의 분위기나 색상 같은 전체적인 디자인이나 느낌이 바로 일에 대한 의욕을 좌우하여 일의 성과에도 상당한 영향을 준다.

Tip 직장인의 용모와 복장

- 청결과 단정함
- 업무에 적합한 효율적인 용모와 복장
- 인격과 평생교육기관의 이미지를 고려한 용모와 복장

(3) 태도연출

직장인에게 적합한 태도는 평생교육기관의 이미지를 결정한다. 마치 분위기 좋은 식당의 종업원이 식사를 하기 전에 식당의 이미지를 결정하듯이 말이다. 바른 자세를 생활화하며 타인에게 불편한 자세 및 태도를 보이지 않도록 주의한다. 타인에게 불편을 주는 자세는 다음의 〈표 8-19〉와 같다.

표 8-19 타인에게 불편을 주는 자세

구분	내용
얼굴, 머리	• 머리카락을 입으로 불어 올리는 행위 • 상대를 힐끔거리며 위아래도 훑어보는 행위 • 눈을 자주 깜빡거리거나 코를 벌름거리는 행위 • 대화할 때 상대를 너무 집중적으로 보거나 시선이 산만한 행위 • 대화할 때 전혀 반응이 없는 것
손, 팔	• 대화 시 팔짱을 끼거나, 머리를 긁거나 얼굴을 만지는 행위 • 책상에 앉아서 근무할 때 책상을 손가락으로 뚝뚝 치는 행위

구분	내용
몸, 다리	• 등과 허리를 굽히고 다니는 습관 • 다리를 벌리고 앉는 습관 • 다리를 꼬고 앉아 떨거나 흔드는 습관
걸음걸이	• 신발 끄는 소리를 많이 내는 습관 • 팔자걸음이나 안짱걸음 • 걸을 때 팔장을 끼는 습관

3) 상황별 직장예절

(1) 인사예절

인사란 사람이 서로 만나거나 헤어질 때의 예의로서 허리를 굽혀 절하거나 안부를 묻는 것이며 만나는 상대방에게 공경이나 정중함을 느끼게 하고 마음을 표현하는 첫 단계이다. 인사는 일상생활이나 사회생활에서 즐겁고 원만한 인간관계를 형성하고 유지하는 촉진제가 된다. 인사를 할 때, 얼굴에는 미소를 머금고, 머리, 목, 등, 허리, 다리를 위에서 당긴다는 느낌으로 반듯하게 한다.

(2) 근무 중 대화예절

① 상대의 말에 귀 기울이기

말을 듣는 것이 말하는 것보다 더 중요하다는 것은 알고 있지만 실천이 어려운 것도 사실이다. 자신의 주관과 의견에만 집중하지 말고 상대방의 이야기에 열심히 귀를 기울여야 한다. 상대방의 말이 끝나기도 전에 서둘러 내 주장을 꺼내면 대화가 되지 않으며, 특히 상대방에 대한 선입견을 가지고 귀 기울이는 것은 매우 부적절한 대화예절이다.

② 상대방의 입장에 공감하며 들어주기

상대방의 입장을 공감하며 들어주는 것은 대화기술에 있어 매우 중요한 기술 중의 하나이다. 즉, 상대방의 입장에서 그 사람의 마음을 살펴보아야 한다.

③ 칭찬해 주기

기분 좋은 칭찬은 대화를 촉진시키고 업무 의욕을 증진시킨다. 칭찬의 방법은 미루지 말고, 구체적인 사항을 칭찬하는 것이 좋다. 또한 칭찬과 더불어 보상을 함께하며 공개적으로 칭찬하는 것이 더욱 효과적이다.

***Tip* 대화 시 꼭 기억해야 하는 사항**

- 상대방의 이야기에 귀를 기울이자
- 상대방의 말을 막지 말자
- 상대방의 입장에서 듣자
- 상대방이 주체라는 것을 항상 인지하자

(3) 일상생활의 전화예절

전화는 상대방이 보이지 않는 접점의 창구역할을 하며, 서비스의 제1선으로서 평생교육기관을 대표한다는 마음으로 성의껏 응대해야 한다. 한 사람의 불친절한 전화 응대는 평생교육기관 전체의 이미지와 서비스 수준을 망치게 된다. 전화는 상대방과 직접 대면하지 않고 짧은 시간 동안 의사소통을 해야 하므로 전화예절과 에티켓을 익히고 실천하는 일은 매우 중요하다.

① 전화를 할 때

- 전화를 걸기 전에 전할 메시지와 메모지를 준비한다.

- 상대방이 나온 후 자기 이름과 소속을 밝힌다. "안녕하십니까? OO 평생교육원 OOO입니다" 또는 "안녕하십니까? OOO님을 바꾸어 주시겠습니까"
- 상대방을 확인하고, 인사를 교환한다.
- 용건은 메모를 보면서 대화를 한다.
- 결론이나 약속사항을 서로 확인한다.
- 마무리 인사를 교환한다. "~ 감사합니다"
- 상대방이 전화를 끊고 난 후에 소용히 끊는다.

② 전화를 받을 때

- 벨이 두 번째 울릴 때 받는 것이 좋다. 첫 번째 울릴 때 받으면 너무 성급하고, 세 번 이상 울리면 너무 늦게 받는 느낌을 주기 때문이다.
- 평소 때보다 더욱 명랑하고 친절한 목소리로 응대한다.
- 수화자 소개를 여유 있게 한다. "감사합니다. OO 평생교육원 OOO입니다"
- 상대방을 확인하고 용건을 묻는다.
- 대화가 끝나면, 마무리 인사를 나누고 전화를 끊는다. 이때, 전화를 건 사람이 먼저 끊는다. 용건이 끝났는지 여부를 모르기 때문이다.
- 잘못 걸려 온 전화도 친절하게 맞아 안내한다. "여기는 OO 평생교육원 OOO과입니다. 전화를 잘못 거신 것 같습니다. 다시 한번 확인해 주십시오"
- 다른 직원에게 바꾸어 주어야 할 때, "잠시만 기다려 주십시오. OOO님을 바꾸어 드리겠습니다"라고 응대한다.

(4) 직장 내 이메일과 메신저 사용 예절

오늘날 직장에는 여러 가지 커뮤니케이션 경로가 있고 그 경로는 점점 더 복잡해지고 있다. 이것이 편리할 수도 있지만 커뮤니케이션을 오히려 복잡하게 만들기도 한다.

다양한 메시지 전달 매체의 장단점을 살펴보면 〈표 8-20〉과 같다.

표 8-20 다양한 메시지 전달 매체의 장단점

매체	장점	단점
직접대면	피드백을 통한 확인, 인간적 접촉	한 명에게만 전달
회의	정보공유, 아이디어 교환, 인간적 접촉	시간 소모, 인원 수 제한
e-mail	많은 수의 상대에게 전달	쉽게 무시될 수 있고, 반응을 측정할 수 없음
Memo	많은 정보를 다룰 수 있음	쉽게 무시될 수 있고, 무관한 사람들에게 전달될 수 있음
뉴스레터	많은 수의 상대에게 전달, 시각적 효과	읽는 데 시간 소모, 최신 정보가 아닐 수 있음

평생교육기관에서 인터넷을 사용할 경우 개인적인 용도의 인터넷 사용을 자제하는 것이 좋다. 사내 전산망은 서버에 내용이 보관되기 때문에 컴퓨터에서 삭제했더라도 기록이 남게 되고, 평생교육기관 측에서 원한다면 언제든 내용을 열람할 수 있기 때문이다. 또한 업무용 이메일의 경우 지나치게 장황하게 쓰지 않도록 하며, 결론부터 말한 다음 그에 대한 설명을 간략하게 쓰고 그 다음에 데이터를 첨부하는 것이 좋다. 중요한 메일은 보낸 뒤에는 확인절차를 거치도록 해야 한다. 이메일상의 수신확인 기능을 이용하는 것은 기본이며 직접 전화를 걸어 메일 확인 여부를 묻는 것도 좋은 방법이다.

CHAPTER

09

프로그램 마케팅과 홍보전략

배울내용

1. 마케팅과 홍보전략에 대한 이해
2. 마케팅
3. 평생교육기관의 마케팅 전략요인
4. 평생교육기관의 홍보전략

학습목표

1. 마케팅과 홍보전략에 대해 이해한다.
2. 마케팅의 개념과 핵심요소를 파악한다.
3. 마케팅의 역사를 이해한다.
4. 평생교육기관의 가치체계를 이해한다.
5. 평생교육기관 마케팅의 특징, 요소 및 가치지향성을 설명할 수 있다.
6. 홍보의 중요성, 원칙, 내용 및 선정원칙을 설명할 수 있다.
7. 전통적인 홍보매체의 종류 및 장단점을 숙지한다.
8. 새로운 홍보매체의 종류 및 장단점을 숙지한다.

CHAPTER

09 프로그램 마케팅과 홍보전략

평생교육 프로그램의 개발은 프로그램에 대한 기획이 이루어지고 나면, 상황분석, 요구분석, 목표전환, 운영방법, 자원확보 및 관리, 마케팅과 홍보전략 그리고 평가와 결과보고 순으로 이루어지게 된다〈그림 4-1 참조〉. 프로그램 상황분석에 대해서는 4장, 프로그램 요구분석은 5장, 프로그램 목표전환은 6장, 프로그램 운영방법은 7장, 프로그램 자원확보 및 관리는 8장에서 살펴보았고, 본 장에서는 프로그램 마케팅과 홍보전략에 대해 자세하게 살펴보고자 한다.

1. 마케팅과 홍보전략에 대한 이해

최근 들어 평생교육기관에서도 마케팅 개념이 도입되고 있다. 평생교육기관에서의 마케팅 전략은 고객에게 전달될 프로그램의 세부내용 결정까지를 포함한다. 특히 평생교육기관의 핵심 생산품인 프로그램과 교육서비스에 대한 프로그램 마케팅 전략이 도입되어야 한다. 마케팅은 프로그램 참여자를 모으고 수익을 올리는 수단이다. 아무리 좋은 프로그램도 마케팅을 잘못하여 실패하는 경우가 있다. 사실 프로그램 마케팅이라는 개념은 비영리적 관점에서 보면 수용하기 어려운 용어이다. 그러나 잠재적 학습자들을 프로그램에 적극적으로 유도하고 참여시킨다는 개념으로 해석한다면, 평생교육 프로그램에 있어서 필수적인 요소라고 할 수 있다.

우리나라의 경우 1990년 중반 이후 평생교육현장에서 프로그램을 잠재적 고객에게 알리고 그들의 참여를 적극적으로 유도하고 촉진시켜야 한다는 것을 절감하면서부터 프로그램 마케팅의 중요성이 제기되었다(김진화, 2001).

평생교육기관에서의 프로그램 마케팅에 대해 이화정 등(2003)은 〈표 9-1〉과 같은 질문에 대한 해답을 찾고자 하는 노력이라고 주장하였다.

표 9-1 프로그램 마케팅에 대한 질문

- 우리가 팔 제품(프로그램, 교육서비스 등)은 무엇인가?
- 이것을 누구에게 전달할 것인가?
- 어떻게 전달할 것인가?
- 어떻게 잠재적 고객들로 하여금 이것에 대해 알도록 할 것인가?
- 어떻게 참석하라고 동기부여를 할 것인가?
- 비용은 얼마로 결정할 것인가?

이러한 문제는 학습자들로부터 프로그램이 가치가 있다고 느낄 수 있게 하는 프로그램의 교환가치를 생산하는 데 있다. 성공적인 마케팅을 위해서는 마케팅 전략수립이 중요하다. 이를 위해서는 마케팅의 세부항목을 설정하고 각 항목별 계획을 수립하여야 한다. 기영화(2001)는 평생교육기관에서 실시하는 마케팅의 절차적 세부항목으로 대상 고객 확인, 마케팅 예산수립, 마케팅 시기 결정, 수업료 결정 등을 제시하였으며, 홍보 방법으로 신문광고, 선전, 라디오와 텔레비전, 광고우편 및 인쇄물, 홀더와 소책자, 전단 및 편지, 포스터, 전시, 진열, 개인접촉, 전화 홍보 등을 제시하였다. 성낙돈과 김창엽(2013)은 표적 청중의 결정, 목표수립, 광고 예산수립, 메시지 결정, 매체 선정, 매크로 스케줄링, 마이크로스케줄링, 효과측정을 프로그램 마케팅의 세부항목으로 제시하였으며, 홍보매체를 통한 방법(신문, TV, 라디오, 잡지, 옥외, DM, 인터넷)을 소개하였다.

마케팅은 프로그램의 성공을 위해 필수적인 요소이다. 마케팅은 단순히 홍보 책자를 만들어 배포하는 것에서부터 사람들을 프로그램에 참여하도록 끌어들이는 것, 조직과 개인의 다양하고 복합적인 상호작용을 말한다. 즉, 평생교육기관에서의 마케팅의 개념은 수익을 창출하기 위한 수단 중 하나라고 보는 관점보다 더 많은 잠재적 학습자에게 평생교육 프로그램을 알리고 참여를 유도하는 방법으로 이해해야 한다.

2. 마케팅

1) 마케팅의 개념

마케팅은 일반적으로 경영 · 관리적 관점에서 제품을 판매하는 기술이라고 정의하고 있으며, 마케팅 활동은 제품생산을 계획하고 생산하며 소비자가 이를 사용하기까지의 전 과정을 포함하는 개념이다. 이러한 마케팅에 대한 정의는 다음과 같이 다양하게 정의되고 있다. 첫째, 미국마케팅협회(American Marketing Association)는 마케팅이란 개인과 조직의 목표를 충족시킬 수 있는 교환이 일어나도록 하기 위해서 아이디어, 재화, 서비스를 생산하고 생산된 상품에 대한 가격결정, 촉진 및 유통에 대한 계획을 수립하고 이를 수행하는 과정이라고 정의하고 있다. 둘째, 코틀러(Kotler)는 마케팅이란 조직의 목표를 달성하기 위하여 표적시장에서 자발적인 가치의 교환이 이루어지도록 만들어진 프로그램의 분석, 기획, 집행, 통제하는 과정을 포함한다고 정의하고 있다(Kotler, 1985). 셋째, 프라이드와 패럴(Pride & Ferrel, 2003)은 미국 마케팅의 정의를 좀 더 확장시켜 개념 속에 마케팅이 발생되는 외부 환경을 포함시키고 있다. 즉, 마케팅이란 다양한 환경 내에서 고객과의 교환관계를 만족시키기 위해 상품, 서비스 그리고 아이디어에 대해 생산하고 분배하고 촉진시키고 가격을 책정하는 과정을 의미한다고 주장하였다.

이상에서 제시된 마케팅의 개념을 종합해 보면, 마케팅이란 소비자의 관리, 서비스의 개발 및 전달, 재원확보 등에 있어 교환을 통해 지역사회 및 후원자 등의 욕구를 만족시키면서 조직의 목적을 달성하는 활동이라고 정의할 수 있다.

2) 마케팅의 개념의 핵심요소

마케팅 개념의 핵심요소를 프라이드와 패럴(2003)의 고객, 교환, 시장, 환경 등으로 분류하여 살펴보면 다음과 같다.

(1) 고객

고객은 모든 마케팅 활동에서 가장 핵심적인 요소이다. 그것은 기업이 상품을 생산하고자 할 때 고객을 만족시키기 위해 무엇을 만들지에 초점을 맞추어야 하기 때문이다. 고객은 자신의 욕구를 만족시킬 수 있는 특정한 제품이나 서비스를 선호한다. 이러한 고객의 선호는 문화나 사회제도 등에 의해 형성되고 끊임없이 변화되어 간다. 따라서 고객의 욕구를 면밀하게 파악하고, 그 욕구를 충족시키기 위한 노력이 마케팅 전략의 가장 중요한 요소라고 할 수 있다.

(2) 교환

교환은 바람직한 목적물을 획득하고, 그 대신 상대방에게 어떤 것을 제공하는 행위이다. 어떤 제품이나 서비스가 소비자의 욕구나 수요를 충족시키고 소비자에게 만족과 가치를 제공한다고 할지라도 그 제품이나 서비스를 제공하는 기업체에게 아무 이익도 생기지 않는다면, 교환은 발생하지 않는다. 교환이 이루어지기 위해서는 다음과 같은 세 가지의 조건이 필요하다. 첫째, 두 명 이상의 개인이나 집단이 참여해야 하고 교환에 참여하는 사람은 상대방이 원하는 가치 있는 것을 소유하고 있어야 한다. 둘째, 교환을 통해서 만족이나 이익이 있어야 한다. 고객은 상품을 구매함으로써 지불되는 돈에 대한 가치만큼 상품을 이용함으로써 얻어지는 혜택이나 만족도를 보상받기를 원한다. 셋째, 상대방이 제시한 가치 있는 것에 대한 확신이 있어야 한다. 이러한 확신은 상대방에 대한 신뢰를 기반으로 하는데 신용을 쌓기 위해서는 쌍방의 기대가 충족되어야 한다. 그리고 이러한 기대가 충족되었다고 믿게 되면 또 다른 교환이 발생하게 된다.

(3) 시장

마케팅에서 교환이 일어나는 장소는 시장이다. 시장은 어떤 제품이나 서비스의 실제 또는 잠재적 구매자들의 집합을 의미한다. 이러한 구매자들은 교환과 관계를 통해 충족될 수 있는 어떤 욕구와 수요를 소유하고 있고, 그런 교환을 하는 시장들이 다양하게 존재한다. 기업들은 마케팅을 통해 특별한 시장의 욕구와 수요를 파악하고, 최상으로 서비스를 제공할 수 있는 시장을 선정하게 된다. 이러한 과정을 통해 기업들은 시장의 고객들에게 가치와 만족을 창출하는 제품과 서비스를 개발하여 제공하고 판매 이익을 얻게 된다.

(4) 환경적인 요인

마케팅에 영향을 주는 환경의 요인은 정치적 요인, 경제적 요인, 법적 요인, 기술적 요인 및 시장적 요인을 들 수 있다. 이런 요인들은 기업의 측면에서 볼 때 위기적 상황이 되기도 하고 다른 한편으로는 기회의 상황이 되기도 한다. 그것은 환경의 변화에 신속하게 대응하는 기업은 성장 · 발전할 수 있는 반면, 현재의 성공에 안주하는 기업은 퇴보하기 때문이다.

3) 마케팅 개념의 역사

마케팅의 개념이 학술적으로 등장하게 된 것은 개념에서 언급하였듯이 1935년 미국 마케팅 학회의 전신이었던 NAMT(National Association of Marketing Teachers)에서 제시되었다. 그러나 마케팅의 관행은 그 이전의 수천 년 동안 행해져 왔으며, 제품이나 서비스를 사고 파는 상업적 활동을 설명하는 데 사용되는 용어로서 대중적으로 사용하게 된 것은 19세기 후반이었다.

마케팅의 등장 배경을 탐색할 때 대표적으로 마케팅 실무가 역사적으로 어떻게 등장하였는지와 마케팅의 학술적 사고가 어떻게 탄생했는지의 두 가지 관점을 취할 수 있는데, 전자는 마케팅이 실행된 방식과 실무가 사회 · 경제적으로 어떻게 대응하며 진화해 왔는지에 대한 탐색으로, 1960년 출판된 케이스(Keith)의 『The Marketing Revolution』에서 비롯된다. 후자는 마케팅 연구에 대한 고찰을 의미하는 것으로, 1976년 바텔스(Bartels)의 저서인 『History of Marketing Thought』에서 마케팅 이론이 별도의 학문으로 등장한 배경과 진화과정을 서술한 것에서 비롯된다.

이를 종합하면, 마케팅 실무는 산업 혁명 이후 생산과 소비 중심 사회가 도래하면서 시작되었다고 할 수 있으며, 구체적으로 20세기 초 미국 자본주의 사회의 발전으로 소비 중심 사회가 발전됨에 따라 재화를 사고파는 행위에서 재화가 갖는 기능과 품질 이외에 다양한 요소들의 개입되면서 발전하게 된다. 이에 광고와 홍보의 개념이 생겨나고 다양한 마케팅 커뮤니케이션 전략이 도입되기 시작하였다.

학문으로서 마케팅은 일반적으로 대학에서 마케팅 과정이 등장한 20세기 초반으로 보는데, 1902년 미국의 미시간 대학은 최초의 마케팅 과정을 도입하고 일리노이 대학도 1902년에 마케팅 과정을 도입하였다. 1904~1905년도 펜실베니아 대학교는 마케팅 교육을 시작하고, 하버드 경영대학원을 비롯한 다른 대학들도 곧 뒤를 따랐다.

마케팅 실무와 학술적 접근은 각각 별개의 영역이지만 마케팅 실무자는 실무를 체계화하는 마케팅 학자의 관심을 사로잡는 혁신적인 실무를 수행하고, 동시에 마케팅 학자들은 종종 새로운 연구방법이나 이론을 개발하여 실무자들이 나중에 채택한다. 따라서 마케팅 이론의 발전은 마케팅 관행에 영향을 미치며, 마케팅 실무 또한 학술적 발전에 영향을 미치게 된다.

3. 평생교육기관의 마케팅 전략요인

1) 평생교육기관의 가치체계

(1) 평생교육기관 가치체계의 개념

평생교육기관은 특정한 가치를 추구하는 곳이다. 즉, 평생교육기관이 가지고 있는 사명에서부터 경영목표에 이르는 가치관의 구조를 평생교육기관의 가치체계라고 할 수 있는데, 이러한 가치체계는 〈표 9-2〉와 같은 요소들로 구성된다(오혁진, 2003).

표 9-2 평생교육기관의 가치체계

- 평생교육기관의 사명이다. 사명이란 그 조직의 근본적인 존재 이유, 즉 그 기관이 추구하고자 하는 궁극적인 가치를 말한다. 따라서 사명은 이하의 비전, 경영목적, 경영목표 수집의 기본 토대가 된다.
- 평생교육기관의 비전이다. 비전이란 그 기관의 사명을 성공적으로 수행하고 있는 기관의 미래상을 말한다.
- 평생교육기관의 경영목적이다. 경영목적이란 기관의 비전을 구현해 가는 일정 기간 동안에 그 기관이 우선적으로 구현하고자 하는 특별한 가치를 말한다.
- 평생교육기관의 경영목표이다. 경영목표란 일정 기간에 구현하고자 하는 경영목적을 보다 구체화한 것으로 경영목적의 구현을 확인할 수 있는 지표로서의 역할을 한다.

이러한 가치체계는 기관을 이루고 있는 모든 구성원들이 상호작용을 하며, 가치체계를 공유함으로써 구성원들의 적극적인 참여를 이끌어 낼 수 있다. 또한 기관의 활성화에 기여하며, 학습자의 경우 만족스러운 교육의 질을 기대할 수 있으며, 기관의 경우도 학습자에게 높은 수준의 교육을 제공하게 되면 평생교육의 목적달성 및 기관의 존재 이유도 더욱 확고해질 수 있으므로 상생 효과가 나타날 수 있다. 따라서 기관의 가치체계는 평생교육기관 활성화를 위한 중요한 요인이라고 할 수 있다.

(2) 평생교육기관 경영의 실행 원리

평생교육기관의 경영은 모든 조직의 경영과 마찬가지로 효과성과 효율성을 추구한다. 그러나 평생교육의 올바른 경영을 위해서는 경영의 실행 원리 차원에서도 평생교육만의 독특하고 다양한 가치를 고려해야 한다(김용현 외, 2011).

평생교육기관의 경영은 그동안 평생교육현장에서 중시되었던 주요 원리들에 입각해서 이루어져야 한다. 그러한 원리들을 평생교육기관의 관점에서 정리하면, 공공성, 학습자 인격존중, 서비스 지향성 등으로 구분할 수 있다. 이를 구체적으로 나타내면 〈그림 9-1〉과 같다(오혁진, 2003; 황선영, 2015).

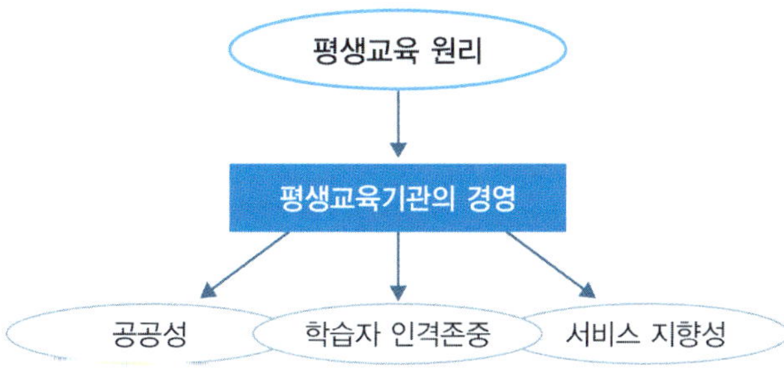

그림 9-1 평생교육기관 경영의 과정 중 추구해야 할 가치들

평생교육기관 경영의 공공성이란 평생교육이 개인적인 활동영역에 국한되는 것이 아니라 사회의 보편적인 가치관을 따르며, 공적인 관계 속에서 실시되어야 함을 의미한다. 학습자 인격존중이란 평생교육기관의 실무자들이 주체적인 참여자로서의 학습자의 인격을 존중하고 인간적인 긴밀성을 강조하는 것을 말한다. 서비스 지향성이란 서비스 기관으로서의 평생교육기관이 학습자에게 제공해야 할 일반적인 가치를 말한다(황선영, 2015).

2) 평생교육기관 마케팅의 특징, 요소 및 가치지향성

(1) 평생교육기관 마케팅의 필요성

오늘날 평생교육기관이 효과적으로 프로그램을 운영하고 생존하기 위해서는 프로그램의 질 관리와 학습자 유치에 있어서 효과적인 전략이 필요하다. 또한 평생교육기관이 급증하고, 정부의 지원은 미흡하며, 시장논리에 따른 사설 영리 평생교육기관이 늘어나고 학습자는 주체적인 참여자로서 학습권을 주장하고 있다. 이와 같이 학습참여자로서 학습자의 학습권에 대한 요구가 고조됨으로써 이를 수용하기 위한 평생교육 마케팅이 필요하다(권인탁 외, 2011). 평생교육기관은 학습자에게 교육서비스를 제공하고 학습자는 그에 상응하는 비용을 평생교육기관에 지불하기 때문에 이러한 과정을 마케팅의 핵심 개념인 교환의 관점에서 본다면 평생교육기관의 경영 효율화를 위한 마케팅 활용은 적절한 대안이 될 수 있다(임동일, 2012).

비영리조직의 마케팅이 거부감을 갖는 것은 많은 사람들이 마케팅을 인습적인 판매와 동일시하는 데에서 오는 편견이 바탕을 이루고 있기 때문이다. 비록 용어는 '마케팅'이라고 사용하지는 않지만 많은 비영리조직에서 마케팅을 도입하여 실행하고 있는 것이 현실이다. 그러므로 현 시점에서는 진정한 마케팅이 무엇인가를 깨닫고 체계적이고 과학적인 마케팅을 실행하는 것이 비영리조직의 설립목적을 효과적으로 달성하고 그 조직의 사회적 존립 이유 및 가치를 대중에서 인식시키는 지름길이 되는 것이다(정익준, 1999). 때문에 마케팅은 더 이상 교육 분야에서 이질적으로 배척하는 것이 아닌 전략적으로 활용해야 한다.

(2) 평생교육기관 마케팅 특성

평생교육기관에 마케팅을 적용시킨다고 해서 새로운 마케팅의 원리나 전략을 개발해 내는 것은 아니다. 그러나 평생교육기관에 마케팅 원리를 활용하기 위해서는 다음과 같은 세 가지 특성을 고려해야 한다(황선영, 2021).

첫째, 평생교육기관은 다양한 집단들과 관계를 맺고 있다. 비영리조직의 제품 서비스가 대부분이기 때문에 그 서비스를 제공하는 조직의 구성원이 매우 중요한 역할을 하게 된다. 최종 고객에게 서비스를 제공하는 구성원이 고객이 만족할 수 있도록 자신의 업무를 성실히 수행한다면 그 조직에 대한 고객의 만족도는 증가하는 것이다. 따라서 구성원으로 하여금 양질의 서비스를 제공하도록 하기 위해서는 구성원들에게 그러한 여건을 만들어 주어야 하는 것이다. 이는 조직의 구성원 또한 하나의 고객이라는 것을 의미한다. 이러한 면에서 비영리조직의 마케팅은 거의 서비스 마케팅이라고 할 수 있기 때문에 서비스 마케팅에 있어서 또 하나의 과제인 내부고객 만족을 중요하게 생각해야 하는 것이다. 이것을 내부 마케팅(Internal Marketing)이라고 표현한다(박성연, 1998). 일반적으로 마케팅은 외부고객을 중심으로 한 활동을 의미하지만, 내부 마케팅은 기관의 내부고객, 즉 평생교육기관의 맥락에서 교육 프로그램을 직접 운영하는 실무자들을 말한다.

또한 비영리조직의 제품 서비스가 대부분이기 때문에 그 서비스를 제공하기 위해서 학습자와의 관계가 매우 중요한 역할을 하게 된다. CRM(customer relationship management), 우리말로는 고객관계 관리를 의미한다. 기업이 고객과 관련된 내 · 외부자료를 분석 · 통합해 고객중심 자원을 극대화하고 이를 토대로 고객특성에 맞게 마케팅 활동을 계획 · 지원 · 평가하는 과정으로 고객관계 관리(CRM)는 최근 등장한 데이터베이스 마케팅의 일대일 마케팅, 관계마케팅에서 진화한 요소들을 기반으로 등장하게 되었다. 즉, 고객데이터의 세분화를 실시하여 신규고객 획득, 우수고객 유지, 고객가치 증진, 잠재고객 활성화, 평생고객화와 같은 사이클을 통하여 고객을 적극적으로 관리하고 유도한다.

기존 마케팅이 단발적인 마케팅 전술이라면, 고객관계 관리(CRM)는 고객과 지속적인 관계를 유지하면서 한번 고객은 평생 고객이 될 수 있는 기회를 만들며 고객과의 관계 정립을 통해 상품의 가치를 극대화하는 것이라고 볼 수 있다. 이렇듯 기관과 학습자 간에 장기적이고 계속적인 우호관계를 맺는 것을 통해 기관의 성장과 존속을 도모하는 것을 목적으로 하며, 더욱이 학습자와의 쌍방향 커뮤니케이션에 의한 신뢰감 형성과 그에 따른 상호작용을 통해 새로운 가치를 창조해 나가고자 하는 것이 평생교육기관에서의 마케팅 활동이라고 할 수 있다.

둘째, 평생교육기관은 평생교육만의 독특하고 다양한 가치와 기관의 자율성을 가진다. 전통적인 평생교육기관에서의 교육은 학습자중심이기보다는 기관중심으로 이루어져 왔던 것이 일반적인 사실이다. 때문에 대부분의 프로그램이 획일적이며, 다양하지 못했다. 이는 현재 평생교육기관에서도 문제점으로 인식되고 있다. 대부분의 평생교육기관들은 외적으로는 매우 다양한 것처럼 보이지만 실제로는 충실하지 못한 기관들이 많고, 프로그램들은 획일적이고, 기관의 운영에서도 비효율적인 측면이 많다. 즉, 프로그램의 선정과 조직, 운영, 평가 등이 학습자의 다양한 요구를 적극적으로 반영하여 이루어지기보다는 대체로 기관에 의해 주도되고 있는 것이다. 그 결과는 학습자의 참여가 활발하지 못한 것으로 나타났다. 평생교육기관의 입장에서 볼 때 학습자의 참여 증대는 곧 평생교육기관의 존재 목적이자 생존 조건이라고 볼 수 있다. 따라서 평생교육기관들의 경영방법에도 커다란 변화가 요구되고 있다. 제공하는 교육 프로그램의 질을 차별적으로 향상시키고 학습자의 참여를 위해 노력해야 한다.

이러한 맥락에서 현대 평생교육기관의 경영자들은 이중의 과제를 안고 있다고 볼 수 있다. 한편으로는 변화하는 학습자의 요구와 수준에 부응함으로써 학습자들의 만족을 최대화하는 것이고, 다른 한편으로는 그 기관 본연의 목적과 사명을 최대한 효과적으로 실현시키는 것이다. 이러한 배경하에서 마케팅의 원리가 평생교육기관 경영의 핵심으로 도입되고 있는 것이다(오혁진, 2003; 황선영, 2015).

셋째, 평생교육기관은 유형의 상품이 아닌 무형의 교육이라는 서비스를 제공한다. 교육서비스 마케팅이란 흔히 대학 마케팅, 교육 마케팅, 지식조직 마케팅으로 불리는 비영리조직 마케팅의 한 유형으로 교육기관의 운영의 효율성을 위한 마케팅 활동이다. 즉, 교육기관이 조직의 목표를 달성할 목적으로 목표시장과 자발적인 교환이 될 수 있도록 고안하여 주의 깊게 공식화한 프로그램을 기획하고 실행하여 평가하는 전반적인 경영활동의 부분이다. 또한 교육기관이 기관의 비전과 미션에 맞는 교육활동을 하고, 교육기관을 지속적으로 유지, 발전, 강화시키기 위하여 마케팅 활동은 더 이상 기관만이 그 주체가 될 수 없으며 학습자를 마케팅 활동의 주체로 충성도를 유발하는 것이 중요한 전략적 방향이 되었다(김희동, 2010). 때문에 마케팅의 활동에는 기관과 학습자의 가치가 동시에 고려되어야 한다.

평생교육기관에서 마케팅의 가장 큰 특징은 물적 상품보다는 서비스 성격의 상품을 제공한다는 점이다. 그러므로 평생교육기관에서의 마케팅 대상은 무형의 교육 서비스이다. 이러한 무형의 서비스를 효과적으로 마케팅하기 위해서 기관에서 추구하는 고유한 가치체계인 사명과 경영목표가 연계된 교육 서비스를 제공하고 다양한 집단과 공동체에 맞는 특화된 프로그램 및 교육 서비스를 개발해야 한다. 기관이 단순히 프로그램을 생산해 놓고 학습자의 선택을 기다리는 것만으로 기관이 운영되던 시대는 지났다. 수요를 적절하게 자극해야 하며, 수요가 있다면 판매로 연결되도록 적극적으로 대응해야 한다. 경쟁자에 비해 학습자의 욕구를 더 효율적으로 충족시켜 줄 요인을 찾고 개발하고 그러한 요인에 관한 정보를 적극적으로 제공하여 학습자를 설득하여 적극적인 참여와 지속성을 유도해야 한다. 또한 세분화되고 집중적인 마케팅 활동으로 경쟁력을 가져야 한다.

(3) 평생교육기관 마케팅 혼합요소 및 가치지향성

마케팅 전략이란 기관이 설정한 목표를 달성하기 위해, 표적시장을 어떻게 선정하고 어떤 수단을 활용할 것인가를 다루는 것이다. 마케팅 전략은 크게 'STP 전략'과 '마케팅 혼합전략(marketing mix strategy)'으로 구성된다. STP 전략이란 시장을 세분화(Segmentation)하고 거기서 그 조직의 표적집단을 설정(Targeting)하고 표적화된 집단을 만족시켜 주기 위해서 다른 경쟁조직과 차별화된 위치를 선점(Positioning)하는 것이다(권인탁 외, 2011). 이는 인구통계학적인 조건, 심리적 조건, 행동적인 특성 등에 따라 잠재적인 학습자 집단을 세분화하고 그 규모를 예측하는 것이다. 표적집단 선정이란 세분화된 학습자 집단 중에서 해당기관의 여건에 적합한 세분집단을 주요 목표대상으로 선정하는 것을 말한다. 포지셔닝이란 표적집단을 만족시켜 주기 위해서 학습자 집단에게 다른 평생교육 관련

기관과 차별화된 이미지를 제공할 수 있는 자신만의 특성을 개발하여 접근하는 것을 의미한다(오혁진, 2003).

① 평생교육기관 마케팅의 혼합요소

마케팅 혼합이란 조직이 목표고객으로부터 원하는 반응을 얻을 수 있도록 하기 위해 사용하는 통제 가능한 수단의 집합을 의미한다. 일반적으로 마케팅 혼합요소에 대한 연구는 제품(product), 가격(price), 유통(place), 촉진(promotion)의 4P 모델을 따른다. 이러한 마케팅 혼합요소를 평생교육기관의 맥락에서 볼 때, 제품은 교육 프로그램 및 서비스, 가격은 수강료, 유통은 시간배정과 장소의 선정으로, 그리고 촉진은 광고 및 홍보 등으로 설명된다.

미국마케팅협회(AMA)는 서비스를 '판매를 위하여 제공되는, 또는 상품판매와의 관계에서 준비되는 재활동 · 편익 · 만족이라고 정의하고 있는데 유형의 상품과 비교해 볼 때 서비스는 형체가 없는 무형성(intangibility), 생산 · 구매 · 소비가 동시에 이루어지는 동시성 또는 비분리성(inseparability), 서비스의 표준화와 규격화가 어려운 이질성(heterogeneity), 보관과 저장이 불가능한 소멸성(perishability)이라는 특성을 가지고 있다. 따라서 효과적인 마케팅을 위해서는 이러한 서비스의 특성을 파악하여 상품 마케팅과는 차별화된 전략이 필요하며, 마케팅 믹스를 계획하고 실행함에 있어서는 제품(product), 가격(price), 유통(place), 촉진(promotion) 등의 4P 이외에 사람(people), 물리적 증거(physical evidence), 과정(process of service assembly)의 3P 믹스 요소를 추가하여 함께 고려해야 한다. 여기서 사람은 강사 · 직원 · 고객 등 서비스 참여자, 물리적 증거는 서비스 환경, 과정은 서비스 제공과정으로 설명할 수 있다. 이러한 서비스 마케팅 특성에 근거한 평생교육기관의 마케팅 혼합요소는 〈표 9-3〉과 같이 정리할 수 있다(황선영, 2015).

표 9-3 평생교육기관의 마케팅 혼합요소

마케팅 혼합요소	평생교육기관 영역
제품(product)	교육프로그램 및 서비스 등
가격(price)	수강료, 수강료 외 추가비용(교재비, 재료비) 등
유통(place)	시간 및 장소의 접근성, 편리성, 위치 등
촉진(promotion)	광고 및 홍보 활동 등
사람(people)	강사 및 직원 등, 학습자와의 관계 등
물리적 증거(physical evidence)	기관시설 및 설비, 교육 서비스 환경 등
과정(process)	운영과정 및 제도, 업무의 시스템, 서비스 제공과정

② 평생교육기관 마케팅 혼합요소와 가치지향성

평생교육기관의 효과적인 마케팅 전략을 위하여 마케팅의 혼합요소가 어떤 가치에 입각하여 활용되어야 할 것인가를 고려해야 한다. 평생교육 마케팅 혼합요소별로 추구해야 할 가치를 설명하면 〈표 9-4〉와 같다(황선영, 2015).

표 9-4 평생교육 마케팅 혼합요소와 가치지향성

요소	가치지향성	
프로그램 (제품)	공익성	내용이 사회발전에 유의한가?
	형평성	내용이 특정 집단에게 반감을 느끼게 하지 않는가?
	참여성	결정, 평가 과정에 학습자가 참여할 수 있는가?
	긴밀성	구성 시 학습자와 교사가 긴밀히 협조하는가?
	다양성(융통성)	학습자의 수준, 관심에 따라 세분화되어 있는가?
	편의성(접근성)	내용이 이해하기 쉽게 구성되어 있는가?
	신뢰성	내용이 기대했던 바와 같은가? 목표가 명확한가?
	응답성	학습자의 요구에 따라 개발하는가?
	차별성	내용이 다른 곳에서 학습하기 어려운 것인가?

요소	가치지향성	
수강료 (가격)	공익성	저렴한가?
	형평성	저소득 계층을 위한 수강료 지원이 있는가?
	참여성	결정에 학습자가 참여할 수 있는가?
	긴밀성	상호 교재를 위한 경제적 지원이 잘 되고 있는가?
	다양성(융통성)	다양한 가격대의 프로그램이 마련되어 있는가?
	편의성(접근성)	지불방식이 편리한가?
	신뢰성	수강료만큼의 가치가 있는가? 수강료 외 예상치 못한 추가비용은 적절한가?
	응답성	관련 의견이 신속하게 반영되는가?
	차별성	다른 곳과 비교하여 많이 저렴한가?
장소 · 시간 (유통)	공익성	누구든 언제나 다닐 수 있을 만한 장소인가?
	형평성	장소, 시간의 선정이 특정인에게 불리하지는 않은가?
	참여성	장소, 시간 결정에 학습자가 참여할 수 있는가?
	긴밀성	교제할 수 있는 시간과 장소가 적절한가?
	다양성(융통성)	장소, 시간 및 기간 구성이 다양한가?
	편의성(접근성)	교통수단, 통신방법, 시간선택이 자유롭고 편리한가?
	신뢰성	시간, 기한 일정을 잘 지키는가?
	응답성	학습자에 맞춰 시간 장소가 적절하게 변경될 수 있는가?
	차별성	장소의 입지 조건이나 분위기가 탁월한가?
의사소통 (판촉)	공익성	광고수단, 홍보매체 면에서 공신력이 있는가?
	형평성	홍보 · 광고방법 선택매체가 특정인이 접하기 어려운 것은 아닌가?
	참여성	홍보 · 광고방법 결정 및 실행과정에 학습자가 참여할 수 있는가?
	긴밀성	강사, 직원, 학습자 간 연락이 긴밀히 이루어지고 있는가?
	다양성(융통성)	기관의 정보를 접할 수 있는 홍보 · 광고매체가 다양한가?
	편의성(접근성)	언제, 어디서나 기관에 대한 정보를 입수할 수 있는가?
	신뢰성	홍보 · 광고 내용이 믿을 만한가?
	응답성	학습자가 알고 싶은 정보를 신속하게 알려 주는가?
	차별성	홍보 · 광고 판촉기법이 탁월한가?

요소	가치지향성	
시설 · 설비 (물적 증거)	공익성	사용이 개방되어 있는가?
	형평성	특수 소외계층의 사람들을 고려했는가?
	참여성	결정, 운영에 학습자가 참여할 수 있는가?
	긴밀성	교재를 위한 시설 설비, 가구가 적절하게 마련되어 있는가?
	다양성(융통성)	각 대상에 따라 다양하게 마련되어 있는가?
	편의성(접근성)	편리한 곳에 있으며 그 사용이 용이한가?
	신뢰성	성능이 우수하고 안전한가?
	응답성	학습자가 원하는 설비, 시설을 신속히 제공하는가?
	차별성	분위기가 세련되었는가?
과정 · 제도 (과정)	공익성	사회에 유익한가?
	형평성	소외된 사람들의 의견을 반영하기 위한 특별 제도가 마련되어 있는가?
	참여성	학사과정, 제도의 구성과 변경과정에 학습자가 적극적으로 참여할 수 있는가?
	긴밀성	기관은 학습자 자치 기구들 적극적으로 지원하는가?
	다양성(융통성)	다양한 학사경로가 마련되어 있는가?
	편의성(접근성)	접수, 변경, 탈퇴의 조건과 절차가 간소한가?
	신뢰성	학습자의 선발이나 평가가 객관적으로 공정하게 이루어지고 있는가?
	응답성	학습자 요구를 신속하게 반영하는 제도가 마련되어 있는가?
	차별성	제도가 탁월한가?
교재 · 자료 (물적 증거)	공익성	교재 · 자료의 내용이 사회의 건전한 가치를 반영하는가?
	형평성	교재 · 자료의 내용이 공정하게 선택되는가?
	참여성	학습자가 교재 · 자료의 개발 및 선정에 참여할 수 있는가?
	긴밀성	강사, 직원, 학습자 간 도서 · 자료의 교환이 활발하게 이루어지는가?
	다양성(융통성)	교재 · 자료가 다양하게 마련되어 활용할 수 있는가?
	편의성(접근성)	교재 · 자료가 이해하기 쉽게 구성되어 있는가?
	신뢰성	교재 · 자료의 내용은 믿을 만한가?
	응답성	학습자가 원하는 교재 · 자료를 신속하게 보급하는가?
	차별성	교재 · 자료의 질적 수준이 우수한가?

이러한 평생교육 마케팅은 혼합요소별로 경영원리에 입각하여 공공성, 학습자의 인격성, 서비스성의 가치로 분류할 수 있다. 평생교육 마케팅의 공공성이란 공동의 선을 추구하는 것을 전제로 하며, 하위요소는 공익성과 형평성이며, 학습자의 인격성 추구는 교육에 참여하는 학습자의 인격을 존중하고 인간적인 관계를 중시해야 한다는 것으로서 하위요소는 주체성과 긴밀성이다. 마지막으로 서비스성은 서비스 기관으로서의 학습자에게 갖추어야 할 조건으로서 편의성, 다양성, 신속성, 신뢰성, 차별성 등을 말한다(권인탁 외, 2011).

4. 평생교육기관의 홍보전략

1) 홍보의 중요성

홍보란 여러 사람에게 자신을 널리 알리는 행위이며, PR(public relations)과 유사한 개념으로 인식되고 있다. 평생교육에서 홍보란 평생교육기관에서 개발한 교육 프로그램을 어떤 매체를 활용하여 잠재적 학습자와 지속적으로 상호작용함으로써 기관을 이해시키고 프로그램 참여를 촉진시키고자 하는 제반 활동을 말한다. 평생교육기관에서 홍보의 중요성을 살펴보면 〈표 9-5〉와 같다(김진숙 외, 2018; 권두승, 최운실, 2009; 권인탁, 임영희, 2013).

표 9-5 홍보의 중요성

- 홍보를 통해 학습자와 참여자를 유인하고 확보할 수 있다. 평생교육기관은 외부 고객에게 서비스를 제공하는 조직이기 때문에 고객을 어떻게 유치하느냐가 가장 큰 관건이다. 평생교육기관은 회원이나 참여자의 회비 또는 수강료에 의해서 대부분의 재정이 충당되므로, 홍보에 의한 참여자의 등록이 평생교육의 질은 물론 그 기관의 생존과도 관계되는 중요한 문제가 된다.

- 홍보활동을 통해 평생교육기관의 인적 자원 및 재정적 후원자를 확보하는 것이 가능하다. 즉, 평생교육기관의 외부자원 중에서 재능기부자나 자원봉사자들을 홍보를 통해 스스로 찾아오게 할 수 있다는 것이다. 특히 자원봉사자의 유치는 그들 상호 간의 이해를 증진시키는 데 중요한 역할을 하는데, 비영리로 운영되는 평생교육기관의 경우, 이들의 활동은 기관을 운영하는 데 매우 중요하다. 또한 평생교육기관이 성공적으로 운영된다는 것은 반드시 학습자의 수만을 의미하는 것이 아니라 기관의 사명이나 가치 등을 공유하는 사람이 많다는 것도 의미한다.
- 각종 매체를 통한 홍보의 내용 자체가 교육적 효과를 발휘할 수 있다. 평생교육이 추구하는 교육적 가치 그 자체는 어느 누구라도 긍정적인 평가를 하기 때문이다. 이에 학습자는 홍보의 내용을 통해서도 충분히 학습할 가능성이 있다고 할 수 있다. 따라서 평생교육기관의 기본적인 성격을 이해한다면 기관 운영자는 프로그램을 통한 교육과 함께 홍보활동을 통해서도 교육적 효과를 거둘 수 있음을 주시해야 한다.
- 평생교육기관은 홍보를 통해 종사자의 지지와 이해, 공감과 결속력을 제공하여 기관에 대한 일체감을 형성할 수 있다. 기관과 관련된 다양한 대중과 적절한 관계를 맺는 것은 기관의 활동을 활성하하고 성공적으로 운영하는 데 중요한 요소가 된다. 이러한 홍보를 통해 기관의 사명이나 프로그램 등을 다양한 대중에게 전달하고 바람직한 의견을 수렴함으로써 평생교육기관의 질도 효과적으로 관리할 수 있게 된다.

평생교육 실무자는 프로그램 개발이 종료되면 강좌를 개설한다는 것을 잠재석 학습자에게 공지해야 한다. 프로그램 홍보는 개설된 강좌에 사람들을 등록시키는 데에 결정적인 요소가 된다.

2) 홍보의 원칙

홍보의 효과를 극대화하기 위해서는 대중에 대하여 일관성 있는 원칙을 가지고 홍보가 이루어져야 한다. 일반적 홍보원칙을 구체적으로 살펴보면 〈표 9-6〉과 같다(김진숙 외, 2010; 이향란, 2015).

표 9-6 일반적 홍보원칙

구분	내용
진실성의 원칙	홍보는 있는 그대로 정확한 내용을 전달해야 한다. 간혹 과장되거나 허위 사실을 전달하여 세상에 물의를 일으키는 보도를 접한 경우가 있다. 이와 같은 행위는 범법행위이고 사회에 혼란을 야기하며 신뢰감을 잃게 만드는 행위가 된다. 따라서 홍보의 내용은 정확하고 진실된 사실들만을 전달해야 한다.
상호작용의 원칙	홍보는 제공자의 일방적인 정보의 제공에만 그치는 것이 아니라 대중과 공급 주체인 평생교육기관의 사이에 일어나는 상호작용에 근거해야 한다. 즉, 평생교육기관이 추구하는 교육적 이념에 공감하고, 자신들의 교육요구에 부합하는 프로그램을 접하였을 때 학습동기를 일으키게 되는 것이다. 이러한 상호작용이 있을 때 비로소 잠재 학습자는 수강을 결심하게 된다.
공공이익 합치의 원칙	홍보는 계몽적 성격을 바탕으로 대중을 의식하고 그들의 이익과 공공의 이익을 실현할 수 있는 모습을 담아야 한다. 즉, 단순히 기관과 교육 프로그램을 알리는 데만 주력할 것이 아니라 이러한 홍보를 통해 평생교육에 대한 새로운 시각과 생각을 가질 수 있도록 하는 것들이 포함되어 있어야 한다.
인간적 접촉의 원칙	홍보는 대중을 상대로 하기 때문에 인간적인 관계가 중요시된다. 자칫 잘못하면 복잡한 매체들을 활용하게 됨으로써 비인간화를 초래할 수도 있기 때문에 조심하여야 한다. 특히 인터넷 문화가 매우 확산된 시점에서 지나치게 디지털적인 홍보로 인하여 인간적인 면을 잃게 될 경우, 오히려 홍보의 역효과를 초래할 수도 있다.

3) 홍보내용

홍보내용은 평생교육기관의 소식, 교육 프로그램, 평생교육 소식 등으로 구성될 수 있다. 평생교육기관의 소식으로는 각종 사업, 지역사회 소식 등이 소개될 수 있으며, 교육 프로그램은 교육과정, 교육내용, 교육방법, 교육기간 및 일시, 교육장소, 교육비 등을 포함하여 소개될 수 있다. 평생교육 소식으로는 국가의 평생교육정책이나 평생학습관 소식 등이 소개되기도 한다(김진숙 외, 2018; 권인탁, 임영희, 2013).

4) 홍보매체의 선정원칙

홍보매체의 제작과 함께 중요한 것이 매체의 선정이다. 홍보매체 선정을 위한 몇 가지 기본원칙은 〈표 9-7〉과 같다(권인탁, 임영희, 2013; 김진숙 외, 2018; 이향란, 2015).

표 9-7 홍보매체 선정을 위한 기본원칙

- 홍보매체의 특성을 감안하여 주 매체를 선정하고 그 매체의 단점을 보완할 수 있는 보조매체를 다각적으로 활용한다.
- 무료 홍보수단(지역신문 등)을 보조 홍보매체로 최대한 활용한다.
- 홍보내용이 간단한 것은 '눈보다는 귀', 복잡한 것은 '귀보다는 눈'을 활용하는 홍보매체를 선택한다.
- 그 대상의 교육수준이 낮을수록 청각매체를 활용하고, 반면에 대상의 교육수준이 높을수록 시각매체를 활용하는 것이 바람직하다.
- 광범위하게 홍보할 수 있는 매체를 선택한다.
- 내용을 정확하게 전달할 수 있는 매체를 선택한다.
- 빠른 정보전달이 가능한 동시성 있는 매체를 선택한다.
- 학습요구를 촉진시킬 정도의 내용전달이 가능한 매체를 선택한다.
- 최소한의 경비로 최대의 효과를 얻을 수 있는 매체를 선택한다.

5) 전통적인 홍보매체

홍보매체의 종류를 구두 및 전화, 강의 안내지 및 브로슈어 등 인쇄물, 대중 잡지 및 신문, 안내책자, TV 방송매체, 현수막으로 구분하여 살펴보면 다음과 같다(김진숙 외, 2018).

(1) 구두(口頭) 및 전화

구두의 홍보방법으로는 전화상담, 공식적 연설, 종교기관 혹은 시민 사회단체 특강, 비공식적인 대화, 학습자 또는 회원들의 입소문 등을 활용할 수 있다. 구두 홍보의 장점은 개별적인 접촉을 통하여 정확하게 전달할 수 있으며, 보다 안정적인 학습자를 확보할 수 있고, 비용이 거의 들지 않는다는 것이다. 단점은 전달자의 자질과 신뢰성에 의해 좌우될 수 있다는 것이다. 그리고 전화를 통한 마케팅은 우편물을 통한 홍보보다 고객에게 쉽게 접근할 수 있는 매체이다. 그러나 인터넷과 함께 스팸이 만연하여 광고효과 면에서는 다소 효과성이 떨어진다.

(2) 강의 안내지 및 브로슈어 등 인쇄물

강좌명은 단순하고 이해하기 쉬워야 한다. 복잡한 강좌명은 혼동되기 쉬우며, 불명확한 제목은 학습자들의 시선을 유인하지 못한다. 강의 안내지 및 브로슈어 등 인쇄물을 이용할 때 주의할 점은 〈표 9-8〉과 같다.

표 9-8 강의 안내지 및 브로슈어 등 인쇄물을 이용할 때 주의할 점

- 개요는 강사명, 교육장소, 시간, 기간, 비용, 교재비, 강좌번호, 그 외에 필요한 정보가 포함된다.
- 과정설명은 처음 한두 단락은 극적이거나 흥미로워야 한다. 처음 몇 단어를 가지고 고객은 계속 읽을 것인가, 아니면 다른 쪽으로 갈 것인가를 결정하게 된다. 다음 개요과정은 어떠한 설명이든 고객들의 관심을 끌어야 하며, 사실에 입각한 완전하고 정확한 요소를 갖추어야 한다.
- 강사의 약력은 과정 설명 하단에 간략하게 독립된 문장으로 올린다. 강사의 자격은 그의 경력을 소개하는 것으로 설명하고, 그 과정을 진행하면서 갖는 흥미와 동기를 약력에 첨부하면 참가자가 강사를 호감 있게 받아들일 수 있다. 학위 등의 소개는 가능한 한 삼가하는 것이 학습자들과의 간격을 좁힐 수 있다.

프로그램에 대한 안내문을 인쇄 제작하여 게시판을 붙이거나, 신문의 간지로 삽입하여 신문구독자에게 전달될 수 있도록 하는 데 활용한다.

(3) 대중 잡지 및 신문

잡지는 일반적으로 크게 주간지와 월간지로 나누어 볼 수 있는데, 특수한 층을 대상으로 하기 때문에 광고효과 측면에서는 효과성이 떨어질 수 있다. 신문의 홍보내용은 강좌명, 교육기간, 수강료, 모집기간, 전형방법, 문의처 등으로 지역신문 중 무료 배포지를 활용한다(예: 교차로, 벼룩시장 등). 신문 홍보의 장점은 전문적인 교육내용일수록 효과가 크고, 불특정 다수를 대상으로 광범위한 홍보가 가능하며, 모집기간에 맞춘 빠른 정보전달이 가능하다는 것이다. 그리고 단점은 홍보비가 많이 들고, 무료 홍보일 경우 게재될 가능성이 적다는 것이다.

(4) 안내책자

안내책자의 홍보내용은 교육목적이나 목표, 교육기간, 강사명, 수강료, 특전, 모집기간, 문의처, 기타 공지사항 등으로 구성된다. 안내책자의 장점은 최소의 경비로 실속있게 제작하고, 학습안내를 받고자 하는 학습자에게 배부하거나 상담용으로 활용할 수 있다는 것이다. 보다 자세한 학습 정보를 수록한 안내책자를 개별 우송함으로써 학습동기를 유발하고, 장기간 활용할 수 있다. 단점은 한 번 제작하면 수정하기 어렵다는 것이다.

(5) TV 방송매체

방송을 통한 홍보는 대중적 매체로 가장 넓은 층에게 전달될 수 있는 장점을 갖고 있다. 그러나 비용의 부담이 크기 때문에 신중히 고려할 필요가 있다. 더욱이 재정적으로 열악한 평생교육기관이 방송매체를 활용하여 광고하기란 그리 쉬운 일은 아니다. 방송매체는 라디오 매체와 TV 매체로 나눌 수 있는데, 라디오에 비해 TV가 좀 더 많은 비용을 지출하는 대신 광고 효과 측면에서는 높은 효용성을 나타낸다.

최근에는 홈쇼핑을 활용한 홍보도 등장하고 있다. 활용방법은 뉴스, 인터뷰, 공공서비스 프로그램 등이다. 장점은 TV는 시각적 효과를 가지고 있으므로 야외활동 강좌와 같이 시각적 장면이 요구되는 강좌라면, TV 방송국에서 흥미를 가질 수도 있다. 지역방송을 활용한다면 그다지 많은 시간을 들이지 않고 효과를 얻을 수도 있다.

(6) 현수막

홍보내용은 가급적 단순하게 구성, 교육기관의 존재와 모집기간 등을 집중 홍보하고, 홍보전략은 궁금증을 자아내게 하고 문의처만 남긴다(예: "직업 진로개발 이것이 해법이다~!", "나를 행복하게 만드는 비법, 도전하세요~!"). 현수막의 장점은 재활용이 가능하다는 것이다(내용 중에서 기간 부분을 공란으로 하면 매 교육 시 재사용 가능).

6) 새로운 홍보매체

단편영화 제작, 이벤트 사업, 인터넷 홈페이지, 홍보용 비디오 제작, CF 제작, 홍보용, CD 타이틀 제작 등이 있다. 최근 인터넷 블로그나 카페, 그리고 스마트폰을 활용한 무료 실시간 홍보는 많은 인기를 얻고 있다.

(1) SNS 홍보

국가직무능력표준(NCS)에 따르면, SNS(Social Network Service)의 정의는 네트워크로 연결된 온라인상에서 글과 사진, 동영상 등 다양한 콘텐츠의 정보를 공유하고 가상공간인 SNS 플랫폼에서 개인과 개인 또는 기업과 소비자로서 만나 공통의 관심사를 소통하며, 사람들 간의 관계 형성을 하는 온라인 서비스이다. SNS 특징은 개인이 프로필을 갖추어 제한된 시스템 안에서 자신을 대중들에게 알리고 그들과 상호교류를 한다는 것이다. 그들과 관계를 맺고 있는 다른 이용자의 목록을 알려 주고, 시스템 내에서 다른 이용자들과 관계리스트를 볼 수 있으며 시간과 장소에 구애받지 않는 접근 편의성을 가지고 있다.

SNS가 주목받고 있는 이유는 개방된 API(Application Programming Interface) 환경을 제공하며, 커뮤니케이션 매체의 역할을 수행하고 기업광고의 가능성을 제공한다는 것이다(최성혜, 2018). 구체적으로 인스타그램, 페이스북, 유튜브 등에서 대중에게 영향력을 미치는 소수의 일반인을 인플루언서라고 칭하고 있으며, 브랜드에서 신제품을 출시하거나 프로모션을 진행할 때 인플루언서를 통해 홍보하는 것이 유행하고 있다. 또한 SNS가 외적 중심으로 변화하면서 이미지와 동영상 형태로 빠르고 쉽게 전달되는 장점과 즉각적이고 실시간적 특성을 통해 획기적 마케팅 수단으로 급부상 하고 있다(김경미, 2016). 사람들은 지금도 SNS를 통해 자신을 표출하고 새로운 콘텐츠를 생산하여 다른 사람들과 끊임없이 공유하고 있으며(노인순, 2021), 자발적으로 콘텐츠를 전달함으로써 SNS 홍보의 영향력을 보여 주고 있다.

이처럼 최근 SNS를 이용한 홍보마케팅이 주로 활용되는 이유는 〈표 9-9〉와 같은 특징을 지니고 있기 때문이다.

표 9-9 SNS 홍보마케팅의 특징

구분	내용
불특정 타인과 관계를 맺을 수 있는 서비스	다양한 온라인 마케팅 중에서도 최근 가장 각광받고 있는 마케팅은 바로 SNS 홍보마케팅이다. SNS는 Social Networking Service라는 영어의 약자로 온라인상에서 불특정 타인과 관계를 맺을 수 있는 서비스를 뜻한다. 네트워크상에서 사람과 사람 간의 사회적 관계를 지원하고 있는 서비스이다.
한 번에 통합 홍보가 가능	SNS 홍보마케팅은 이러한 SNS의 특징을 활용하여 마케팅을 하는 것이라고 할 수 있다. SNS 홍보마케팅의 장점으로는 SNS 마케팅은 블로그나 인스타그램, 페이스북 등의 다양한 플랫폼과 링크를 통해서 상호 연동이 가능하기 때문에 SNS를 사용하고 있는 사용자를 구분하여 마케팅을 하지 않아도 한 번에 통합 홍보가 가능하기 때문에 시간과 비용을 절약할 수 있다.
끊임없이 공유되는 과정	대부분의 SNS에서는 공유하기, 리그램 등의 기능을 갖추고 있기 때문에 이 기능을 통해서 사용자들이 클릭 한 번으로도 본인의 지인에게 전달하고자 하는 정보를 쉽게 공유할 수 있으며 공유된 정보를 통해 다른 지인에게도 전달하게 되면서 끊임없이 공유되는 과정으로 널리 정보가 확산되어 자연스럽게 넓은 범위까지의 홍보가 가능하다.
저비용 고효율의 마케팅 효과	기존의 다른 마케팅 방식은 초기 비용에 대한 부담이 크며 시간과 공간의 제약이 따르지만 SNS를 활용하게 되면 시간과 공간의 제약 없이 자유로운 홍보가 가능하며 비용에 대한 부담 없이 저비용 고효율의 마케팅 효과를 얻을 수 있다.

(2) SNS의 유형

① 블로그

블로그는 웹(web) 로그(log)의 줄임말로 개인의 관심사와 정보 공유를 목적으로 자유롭게 기록하는 개인 홈페이지 기능과 웹 게시판의 특징을 동시에 가지고 있으며, 개인이 운영하고 관리하기에 용이한 장점이 있다(김혜인, 2005). 블로그는 이용자가 특정한 주제와 생각을 가지고 알리고 싶은 것들을 게시해 다른 사람들도 열람이 가능할 수 있게 만든 개인 사이트이다. 블로그는 개인적인 성격을 가지고 있지만 때에 따라서는 대형 미디어 못지않은 파워를 가지고 있는 '1인 미디어'이다(박소영, 2022).

② 페이스북

페이스북은 2004년에 서비스를 시작하여 2015년 이용자가 14억 9천만명 이상인 세계에서 가장 많이 사용되는 대표적인 소셜 네트워크 서비스이다. 이용자가 사진, 텍스트, 비디오, 스토리 등을 업로드하면 이용자의 지인과 친구들은 이러한 게시물들의 볼 수 있고 추천과 공유 등을 할 수 있다. 페이스북은 자신의 일상적인 생활이나 텍스트, 사진, 영상 등을 업로드하며 공유하고 자신이 허용한 지인의 근황이나 소식을 비교적 손쉽게 볼 수 있는 소셜 네트워크이다(김경미, 2016).

③ 인스타그램

인스타그램은 이미지 기반의 커뮤니케이션 및 비즈니스 플랫폼으로, 텍스트 정보에 초점이 맞추어져 있던 기존 SNS와 차별점을 가지고 있다. 인스타그램의 다양한 특성은 이용자들의 소통방식뿐만 아니라 검색능력, 소비 방식과 같은 새로운 이용 경험을 가능하게 하였다. 현재 인스타그램은 먼저 이미지를 선택하고, 텍스트를 추가하는 초기 방식을 유지하면서 이용자들에게 다양한 기능과 일관성 있는 편리함을 제공하고 있다. 인스타그램 자체에서도 이용자들이 평소 선호하는 정보를 기반으로 한 알고리즘을 지속적으로 개발하여 적용시키고 있다. 이는 인스타그램 이용자의 관심분야를 즉각적으로 보여 주며 사진 및 영상 업로드 외에 다양한 활용이 가능하다(노신혜, 2021).

④ 유튜브

유튜브는 당신의 뜻인 'you'와 브라운관의 뜻인 'tube'를 합친 단어로 구글에서 운영되고 있는 미국의 동영상 공유 플랫폼이다. 1인 미디어의 유형 중 콘텐츠 커뮤니티에 해당하는 비디오 공유 채널이다. 사용자는 자유롭게 영상을 시청, 업로드, 공유를 할 수 있다(윤민식, 2021). 나를 알리는 것을 성공의 기회라 여기고 있으며 창조적인 콘텐츠 생산에 이바지하고, 문화, 인종, 성별, 연령의 경계를 허물며 온라인상에서 형성된 대인관계 콘텐츠이다. 유튜브는 다른 매체와 차별화된 기능이 있는데, 개인의 유튜브 이용 알고리즘을 통하여 동영상을 추천해 주는 기능이다. 이는 구독자가 인지도에 상관없이 관심 있을 만한 콘텐츠를 소비자에게 자동으로 추천하여 동영상 목록에 그 콘텐츠를 추가하는 것이다. 추천 동영상 시스템은 실시간으로 검색 기능과 함께 피드백 루프를 통해 시청자 개인마다 다양한 관심사에 맞는 동영상을 찾는 것이다(윤민식, 2021).

지금까지 살펴본 블로그, 페이스북, 인스타그램 및 유튜브의 개요 및 특징을 비교해 보면, 〈표 9-10〉과 같다.

표 9-10 SNS의 종류 및 특징

종류	블로그	페이스북	인스타그램	유튜브
개요	특정 주제 기록, 정보 공유 목적의 1인 미디어	인맥 네트워크를 형성할 수 있는 프로필 기반 서비스	이미지 기반의 커뮤니케이션 및 비즈니스 플랫폼	동영상 콘텐츠 기반의 웹사이트
특징	• 웹 게시판 + 개인 홈페이지 기능 • 그래픽 방식 운영	• 쌍방형 친구 맺기 • 사진, 영상 공유	• 실시간 소통 가능 • 팔로워(follower) • 해시태그(#) 사용	• 알고리즘을 이용 • 컨텐츠 다양화

SNS를 활용함으로써 다양한 정보들을 습득하여 소비가 더욱 많아지게 되면서 네티즌의 발언권과 선택권이 더욱 커지고 있으며, 인스타그램, 페이스북, 카카오스토리, 트위터, 블로그 등을 통해 네트워크상의 친구들과 정보를 공유하며 스마트폰, 태블릿 PC, 컴퓨터 등과 같은 스마트기기를 이용하여, 소비자들은 실시간으로 SNS 활용해 많은 정보들을 얻고 있다(오승현, 2021).

이러한 SNS 활용이 평생교육기관의 홍보전략의 매체로 사용되기 위해서는 최신성, 정확성, 유용성 및 신뢰성이 담보되어야 하는데, 구체적인 내용은 〈표 9-11〉과 같다.

표 9-11 SNS 활용에 필요한 속성들

구분	내용
최신성	소비자가 정보의 유용성을 판단하는 데 있어서 중요한 변수가 최신성이다. 즉, 온라인상의 정보는 신뢰가 전제되어야 하며, 최신 트렌드 정보일수록 이용자는 정보의 대한 신뢰를 가지게 되고 긍정적인 관심을 가져 정보이용에 적극적인 행동을 보이게 된다.
정확성	정보의 정확성은 확실하고 바른 성질을 뜻하고 사실적으로 정확하게 기록되어져 있는가를 나타나는 것을 의미한다. 온라인 정보의 정확성은 정보원천이 되는 정보나 사이트에 오류가 없고 오프라인에서 검증될 수 있는 정보를 의미한다. 정보의 정확성이 높을수록 더 많은 소비자들이 정보를 수용할 수 있기 때문에 정보의 정확성은 객관성, 현재성 등과 함께 정보의 신뢰성을 평가하는 중요한 기준이 된다.

구분	내용
유용성	유용성은 소비자가 제공되는 정보를 사용하여 구매 의사결정에 도움을 주는 것이라는 믿음 정도이다. 서비스나 제품을 이용하는 소비자에게 이용할 가치를 제공하며 소비자 자신의 업무 처리 속도 및 의사결정, 과정 등에 기여하고 있는 정보 효과에 대한 소비자의 믿음을 의미한다. 또한 유용성은 효율적인 작업을 하고 정보기술을 이용하며 소비자가 서비스나 제품을 구매하기 전에 정보제공자가 정보를 전달해 주는 가치가 우수하다고 느끼는 정도이다. 오프라인보다 SNS에서 정보들을 찾고 접근하는 데 유용성과 편리성은 중요한 요인 중의 하나이다.
신뢰성	인터넷의 활성화와 함께 소비자들이 매번 많은 정보를 얻고 판단할 수 있도록 하는 기준의 하나는 신뢰성이다. 소비자 신뢰성은 온라인 마케팅 성공의 기본적인 요소로 널리 알려져 있다. 위험은 신뢰를 구축하고자 할 때 핵심적인 역할을 하고 있고 신뢰가 문제로 나타나는 전제이다. 위험이 없다면 소비자는 신뢰에 대한 평가를 하지 않을 것이다. 신뢰는 상대방의 약속이나 말을 믿을 수 있다는 전제이며 상호작용하는 것이라고 할 수 있다.

CHAPTER

10

프로그램 평가와 결과보고

배울내용

1. 프로그램 평가와 결과보고의 개념
2. 프로그램 평가 관련 이론

학습목표

1. 프로그램 평가와 결과보고에 대한 개념을 이해한다.
2. 프로그램 평가의 필요성을 설명할 수 있다.
3. 프로그램 평가의 기능과 절차를 파악한다.
4. 프로그램 평가의 분류를 설명할 수 있다.
5. 프로그램 평가방법의 종류와 장단점을 숙지한다.
6. 프로그램 평가의 타당성과 신뢰성을 설명할 수 있다.
7. 프로그램 평가결과의 활용에 대해 설명할 수 있다.
8. 평가보고서의 구성요소 및 작성 시 유의사항을 설명할 수 있다.

CHAPTER

10 프로그램 평가와 결과보고

평생교육 프로그램의 개발은 프로그램에 대한 기획이 이루어지고 나면, 상황분석, 요구분석, 목표전환, 운영방법, 자원확보 및 관리, 마케팅과 홍보전략 그리고 평가와 결과보고 순으로 이루어지게 된다〈그림 4-1 참조〉. 프로그램 상황분석은 4장, 프로그램 요구분석은 5장, 프로그램 목표전환은 6장, 프로그램 운영방법은 7장, 프로그램 자원확보 및 관리는 8장, 프로그램 마케팅과 홍보전략은 9장에서 살펴보았고, 본 장에서는 프로그램 평가와 결과보고에 대해 자세하게 살펴보고자 한다.

1. 프로그램 평가와 결과보고의 개념

프로그램 평가는 프로그램 설계와 전달이 효과적인지, 목표한 결과가 도출되었는지를 확인하는 절차이다. 그럼에도 불구하고 프로그램 개발자들은 여러 이유로 평가를 소홀히 하는 경향이 있다. 이에 대해 김진화(2001)는 평가를 체계적이고 과학적으로 실시하는 것에 대한 두려움 때문일 수 있으며, 또한 현장에 있는 사람들이 실천하기에는 무리가 따른다는 편견에 의함이라고 주장하였다.

프로그램 평가란 프로그램의 효과성과 목적달성 여부에 대해 판단하고 참여자가 프로그램을 어떻게 평가하는지, 그들이 내용을 이해했는지, 프로그램이 적절한 시기에 이루어졌는지의 여부에 대한 종합적인 판단이다(이화정 외, 2003). 평가 없이 프로그램이 당초 의도한 바를 실현했는가를 입증할 방법은 없다. 따라서 평가는 프로그램의 목적을 유지하게 하고 프로그램 진행과정의 의사결정 정보를 제공하며 프로그램 설계와 학습활동 과정을 개선하고, 실시과정에 책임감을 높이고 미래 프로그램 개선방향을 제시한다(기영화, 2001).

효과적인 프로그램 평가를 위해 프로그램 평가시기와 평가절차, 평가방법을 선택해야 한다. 프로그램 평가시기는 일반적으로 프로그램 종료 이후로 판단되기 쉽지만 평가는 프로그램 실행과 동시에 이루어지는 것으로 이해해야 한다. 김진화(2001)는 프로그램 평가절차를 평가의 세부목표 설정, 평가내용과 방법의 결정, 평가도구 제작, 평가의 실시, 평가결과의 처리와 분석, 평가의 활용, 평가의 실제 등 총 7가지 단계절차를 제시하였다. 이화정 등(2003)은 평가절차를 크게 프로그램 평가자료 수집과 분석(학습자들의 반응조사, 영향조사, 실행방법 조사, 지역사회 영향조사)과 프로그램 결과보고 두 단계를 제시하였다. 프로그램 평가방법에 대해 김진화(2001)는 간단한 의견 조사형 평가도구, 교육 각 부문의 적절성 및 효과에 대한 반응 조사형 평가도구, KAP 평가도구, 통신 충실도 평가도구, 평가기준 등 총 다섯 가지 도구를 구체적으로 제시하였다. 그리고 이화정 등(2003)은 평가방법을 교육담당자에 의한 평가, 참가자에 의한 평가, 강사에 의한 평가, 검토회에 의한 평가로 평가주제에 따라 구분하여 제시하였다.

프로그램 결과보고는 일반대중에게 교육 프로그램의 가치를 전달하는 기능을 한다. 또한 프로그램 결과를 기관에게 보고하는 동시에 일반대중에게 차기 프로그램을 홍보하는 역할도 한다. 이는 프로그램의 효과성을 보고함으로써 더 나은 프로그램 개발과 개선을 위한 기반을 제공해 준다. 프로그램 결과보고를 거치지 않은 프로그램은 프로그램 개발자와 기관, 프로그램 학습자 이외의 대중(잠재적 학습자 및 잠재적 후원자)에게 알릴 수 있는 기회를 잃게 되는 것이다. 즉, 프로그램 결과보고는 프로그램을 종료한 후, 보고서를 작성하며 해당 보고서를 기반으로 프로그램 결과를 검토하여 기관에 제출해야 한다. 이를 바탕으로 평가회에서 문제점을 분석하여 프로그램을 개선시키는 하나의 사이클이 순환적이고 통합적으로 역동하여 하나의 평생학습 프로그램을 제공하게 되는 것이다.

이상의 내용을 종합해 보면, 프로그램 평가와 결과보고란 프로그램과 관련된 제반 요소 중에서 프로그램의 의도, 프로그램의 내용, 프로그램 참여자, 프로그램 운영을 평가의 주 대상으로 삼아 프로그램의 가치를 판단하고 프로그램의 전반적인 정보를 제공하려는 절차로 정의된다.

2. 프로그램 평가 관련 이론

평생교육 프로그램은 각기 실행 주체, 목적, 상황에 따라 다른 의미를 가지고 있다. 그러므로 프로그램이란 용어를 사용하는 당사자 간에 명확한 의미의 동의와 합의가 이루어지지 않을 때 혼란을 가져오기도 한다. 프로그램은 크게는 '특정조직에서 제공하는 모든 형태의 학습활동'에서부터 작게는 '특정 내용을 학습하기 위한 각각의 개별 학습과정'을 의미한다고 할 수 있다(성낙돈, 김창엽, 2010). 평생교육 현장에서 평생교육 프로그램을 새롭게 만들거나 보완하기 위한 프로그램 개발을 위해 프로그램 평가가 이루어져야 한다(원아연, 2018).

1) 프로그램 평가의 필요성

평생교육 프로그램은 산출되고 실행되는 데 있어 일정한 단계를 거치며, 그 자체가 일련의 진화과정을 거치는 생명주기를 갖는다. 즉, 평생교육 프로그램은 프로그램의 설정에서부터 프로그램 결정, 프로그램 집행, 프로그램 평가, 프로그램 수정에 이르기까지 일련의 복잡하고 동태적인 연속 순환 과정을 거친다(권기헌, 2009). 따라서 평생교육 프로그램의 평가는 평생교육 프로그램의 실행이 이루어지고 난 프로그램에 대하여 본래의 프로그램의 목표를 달성하는 프로그램 효과가 나타났는지에 대한 평가와 피드백을 말한다. 프로그램이 의도한 효과를 보이고 학습자들의 지지를 받는 경우에는 그 생명이 계속되겠지만, 그렇지 못한 경우 프로그램의 내용이 수정되거나 심지어 프로그램의 생명을 다하는 프로그램 종결을 맞게 된다.

따라서 평생교육 프로그램 평가란 프로그램이 추구하는 이념을 달성하기 위한 수단으로서의 프로그램의 당위성, 프로그램 집행의 영향과 효과, 설정하였던 목표의 성취정도, 프로그램의 효율성을 검토하는 일련의 활동이라고 할 수 있다.

평생교육 프로그램의 평가는 그 프로그램을 중단할 것인지 아니면 수정할 것인지 또는 축소할 것인지, 확대할 것인지 등을 판단하기 위하여 필요하다. 이러한 평가의 필요성을 살펴보면 〈표 10-1〉, 〈표 10-2〉, 〈표 10-3〉과 같다(권기헌, 2009; 원아연, 2018).

표 10-1 평생교육 프로그램 평가의 필요성

- 평생교육 프로그램의 비효과성에 대한 원인을 규명하기 위해서이다. 많은 프로그램들은 프로그램 결정자들이 의도했던 대로 집행되지 않으며, 프로그램 운영 과정에 불응이 생기거나 정책변화가 발생하거나 집행되지 않아 실패로 끝나는 사례가 적지 않다. 따라서 그 각각에 대한 원인 규명을 위해서는 프로그램 평가의 필요성이 대두되는데 평가 결과를 통해서 문제점을 찾아 다음 프로그램 결정에 학습자료로 활용할 수 있다.
- 프로그램의 효과에 대한 체계적 분석을 해야 한다. 프로그램은 전 단계에 걸쳐 수많은 개인과 집단들이 참여함에 따라 현대 프로그램 과정의 양상은 매우 복잡해졌다. 따라서 복잡한 프로그램 과정에 대한 이해를 증진시키고 정책의 효과를 체계적, 과학적으로 분석해 내기 위해서 프로그램 평가의 필요성이 증대되었다.
- 프로그램 활동의 효율성을 제고해야 한다. 여러 가지 제약 속에서 최대의 서비스를 제공해야 하는 평생교육기관은 계획과 집행의 미숙성 때문에 엄청난 재정적, 시간적 노력과 자원의 낭비, 손실을 가져올 수 있다. 따라서 이를 효과적으로 관리하고 효율성을 높이기 위해 프로그램의 평가가 요구된다.
- 평생교육기관의 책임성을 확보해야 한다. 오늘날에는 프로그램을 결정하고 집행하는 책임은 단순한 회계책임을 넘어서, 프로그램 자체에 대한 책임, 관리책임 나아가서는 도덕적, 윤리적 책임으로까지 확대되고 있다. 따라서 평생교육 활동에 대한 책임성을 확보하여 평생교육기관의 사명늘 높이기 위해 프로그램의 평가가 필요하다.

표 10-2 정책당국과 평생교육기관 측면에서의 필요성

- 평생교육정책의 효과성을 알아본다.
- 평생교육기관의 서비스의 질을 향상시킬 수 있다.
- 평생교육기관은 지원자금에 대한 효과성을 설명할 수 있어야 한다.
- 정보요구에 대한 경제성이 필요하다. 평생교육기관에서 체계적인 기록자료가 없다면 당국으로부터 정보에 대한 요청이 있을 때마다 파일을 검토하는 긴 시간을 소비하게 된다.
- 당국이나 기관은 필요성을 주장하는 수많은 프로그램 중에 선택을 하고, 지원을 한다. 또한 우수한 프로그램에 대해서는 확대 지원해야 하는데, 이 결정에 필요한 객관적인 자료로 이용될 수 있다.

표 10-3 서비스 제공자 측면에서의 필요성

- 프로그램이 사전에 의도하였던 사명과 가치를 충족시켰는가?
- 프로그램을 통해 제공자가 기대했던 성과를 달성했는가?
- 프로그램을 제공받는 사람들의 욕구를 만족시켰는가?
- 프로그램 활동이 계획안대로 실행되었는가?

- 프로그램이 어떤 집단에 효과적이고, 어떤 집단에 덜 효과적인가?
- 프로그램 결과가 프로그램의 이론적 배경을 지지하고 있는가?
- 프로그램을 개선하기 위해 필요한 것은 무엇인가?
- 프로그램을 잘 운영하기 위해 어떤 외부적 지원이 필요한가?

2) 프로그램 평가의 기능과 절차

프로그램 평가에서 일반적으로 활용되고 있는 평가의 주된 기능(역할)을 진단적 기능, 형성적 기능, 총합적 기능, 의사결정 보조 기능, 사회적 · 심리적 기능, 행정적 기능 등으로 나누어 볼 수 있다. 평가목적과 그 기능(역할) 다음으로 살펴보아야 할 것이 평가대상, 즉 평가의 내용이다. 이는 무엇을 평가할 것인가의 문제로서 평가의 준거는 바로 이 평가대상 혹은 내용의 분석에 따라 이루어진다. 직 · 간접적인 평가내용을 바탕으로 한 평가대상들을 추후 어떤 관점에서, 어떤 준거에 비추어, 어떤 강조점을 가지고 평가할 것인가라는 절차를 거쳐 평가준거를 설정함으로써 실질적인 평가내용이 된다.

프로그램 평가의 개념과 목적, 그리고 그 안에서 강조되어야 할 사항으로 평가대상과 내용, 준거와 기준들을 고려해 볼 때, 프로그램의 평가의 핵심 영역은 〈그림 10-1〉과 같이 크게 네 가지로 요약할 수 있다(서소희, 2014).

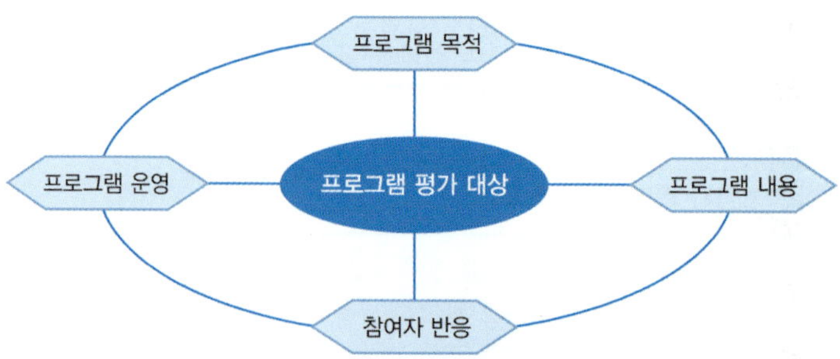

그림 10-1 프로그램 평가의 핵심 대상과 영역

프로그램의 평가 영역이란 평가하고자 하는 범위와 대상을 말한다. 커크패트릭(Kirkpatrick, 1987)은 평가의 영역으로 다음의 4가지를 제시하였다(김진화, 2001). 첫째, 학습자들의 반응을 통해 그들이 프로그램에 대해 느끼는 호의 정도를 평가하는 것으로 학습자 만족도 평가 혹은 매력성 평가라고 한다. 둘째, 프로그램을 통해 학습자가 어떤 지식·태도·기능을 습득했는가를 평가하는 것으로 학습 정도, 즉 목표도달에 대한 평가 혹은 효과성 평가라고 한다. 셋째, 교육 프로그램의 이수 후 어떤 긍정적인 평가가 있었는지를 평가하는 것으로 실생활 적용도 평가 혹은 실제 행동 평가라고 한다. 넷째, 프로그램 운영에 투자한 시간과 노력, 비용 등에 대한 교육성과를 평가하는 것으로 프로그램의 효율성 평가라고 한다.

이상의 내용을 종합해 볼 때, 프로그램 평가의 핵심 영역은 프로그램의 목적, 프로그램의 내용, 프로그램의 참여자, 프로그램 운영 등 4가지로 요약할 수 있다. 그리고 프로그램 평가는 일반적으로 〈그림 10-2〉와 같이 크게 7단계로 이루어지게 된다.

그림 10-2 프로그램 평가 활동의 단계별 철차

〈그림 10-2〉와 같이 1단계에서는 평가의 근거 및 목적을 확인하고 평가를 정당화하는 작업을 하며, 2단계에서는 평가대상 및 내용을 확인함으로써 평가준거를 설정하게 된다. 3단계는 평가활동의 기획 및 설계 등 평가전략을 결정하는 단계이고, 4단계에서는 평가자료를 수집하는 것에 대한 계획을 통해 평가도구와 방법을 준비하게 된다. 5단계는 평가계획과 준비에 따라 자료를 실제로 수집하는 활동 전개 단계이며, 6단계에서는 평가기준 및 규칙을 설정하고 이를 바탕으로 평가적 판단을 실시하는 자료의 분석 및 판단 단계이며, 마지막 7단계는 평가결과 보고서를 작성하고 배포하며, 활용하는 정리의 단계이다.

3) 프로그램 평가의 분류

평생교육 프로그램의 평가는 여러 가지 관점에 따라 분류할 수 있다. 일반적인 프로그램 평가 분류를 살펴보면 〈그림 10-3〉과 같다.

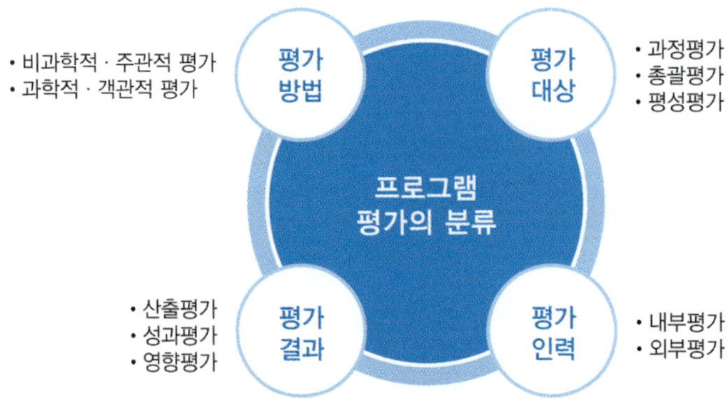

그림 10-3 프로그램 평가의 분류

첫째, 평가대상에 따른 분류이다. 평생교육 프로그램 평가를 대상에 따라서 분류하면 과정평가와 총괄평가, 형성평가로 나눌 수 있다. 구체적으로 과정평가는 과정분석 또는 질적 분석으로도 이해되고 있는 것으로 관찰된 정책 또는 프로그램이 효과에 대한 인과적 연쇄관계를 구체적으로 규명하려는 것이고, 총괄평가는 프로그램 결과를 대상으로 한 것이며, 형성평가는 프로그램 운영 과정에 이루어지는 것으로, 주로 과정평가와 유사한 개념으로 사용된다(권기헌, 2009). 형성평가를 위한 평가도구는 〈표 10-4〉, 총괄평가를 위한 평가도구는 〈표 10-5〉와 같다(이복희, 유인숙, 2020).

표 10-4 형성평가를 위한 평가도구

구분	내용
관찰	프로그램 개발자 혹은 학습자의 업무 수행 관찰 및 지식, 기술, 문제발견 · 문제해결능력, 이들이 표현하는 가치 및 태도 기록
인터뷰	프로그램 개발과정 혹은 프로그램 시행 중 이해 관계자(학습자, 프로그램 개발자, 프로그램 자금제공자 등)를 대상으로 개인 · 그룹으로 인터뷰 진행
질문지	프로그램 개발자, 학습자, 자금제공자 등 이해 관계자를 대상으로 프로그램 개발과정 혹은 프로그램 실행 도중에 프로그램 개발, 전달, 임시적 결과 등에 대한 의견, 인식, 혹은 신념을 잘 조직화된 질문지로 수집
산출물 리뷰	프로그램 개발과정에서 개발자들이 만들어 낸 산출물 혹은 학습자들이 프로그램 참여 시 산출한 임시 산출물 평가
수행 리뷰	프로그램 개발자가 프로그램 개발과정에서 보여 준 특정 기술이나 절차 혹은 학습자가 프로그램 참여 도중 보여 주는 특정 기술이나 절차에 대한 리뷰
자기평가	프로그램 개발자가 프로그램 개발과정을 잘 관리 · 운영하는지 혹은 프로그램에 참여하고 있는 학습자가 자신이 참여한 프로그램에 대해 만족하고 있는지 개선사항은 없는지 등을 개인적으로 혹은 그룹으로 평가

표 10-5 총괄평가를 위한 평가도구

구분	내용
관찰	학습자의 실제 · 모의업무 수행 관찰 및 지식, 기술, 문제발견 · 문제해결능력, 참여자가 표현하는 가치 및 태도 기록
인터뷰	프로그램 종료 후 프로그램 이해관계자(학습자, 프로그램 개발자, 프로그램 자금제공자 등)를 대상으로 개인 · 그룹으로 인터뷰 진행
질문지	프로그램 개발자, 학습자, 자금제공자 등 이해 관계자를 대상으로 프로그램 종료 후 프로그램 개발, 전달, 결과 등에 대한 의견, 인식, 혹은 신념을 잘 조직화된 질문지로 수집
사전 · 사후 테스트	학습자의 지식, 기술, 문제발견 · 문제해결능력, 학습자가 표현하는 가치 및 태도 등의 측정을 위해 테스트 이용
산출물 리뷰	학습자들이 프로그램 참여 결과로 산출한 산출물(예, 포트폴리오, 동영상, 예술작품) 평가
수행 리뷰	학습자들이 보여 주는 특정 기술이나 절차에 대한 리뷰
조직 · 지역사회 기록물	조직이나 지역사회에서 발간하는 연간보고서 등 평가
포트폴리오	학습자가 프로그램 참여 동안 이루어 낸 이벤트, 활동, 산출물, 혹은 성취 등에 대한 수집물
비용효과분석	프로그램 개발 및 운영에 투여된 비용 대비 프로그램 효과 분석
포커스 그룹인터뷰	5명에서 12명 사이의 동질적인 학습자 혹은 프로그램 개발자 그룹을 대상으로 특정 이슈에 대한 심층적인 정성적 데이터를 수집하기 위한 그룹인터뷰
자기평가	학습자가 프로그램을 통해 배운 것과 그것을 자신의 직무(혹은 생활)에 적용할 수 있었는지 개인적으로 혹은 그룹으로 평가
스토리텔링	학습자가 자신의 프로그램 참여 경험에 대해 기술

둘째, 평가인력에 따른 분류이다. 평가를 누가 할 것인가에 따라서 평생교육 평가를 내부평가, 외부평가로 나눌 수 있다. 내부평가(inside evaluation)는 평생교육기관 내부에서 운영 혹은 프로그램을 담당하고 있는 사람들이나 이들이 소속된 조직의 다른 구성원이 행하는 평가를 말한다. 평가에 전문성과 경험을 활용할 수 있고, 평가결과 활용과 비교적용이 용이하지만 평가공정성의 유지가 어렵다는 단점이 있다. 그리고 외부평가

(outside evaluation)는 정책의 결정, 집행 담당기관이 아닌 제3자가 수행하는 평가를 말한다. 비교적 평가의 공정성이 유지되지만, 평가결과의 활용이 잘 이루어지지 않는다는 단점이 있다. 따라서 기관 내에서 평가를 수행할 수 있는 구성원을 평가자로 의뢰할 것인가 아니면 외부로부터 초청해 올 것인가 하는 것은 평가의 책임성과 활용성에 따라 결정될 사안이다. 내부평가와 외부평가의 장단점을 비교하면 〈표 10-6〉과 같다(원아연, 2018).

표 10-6 내부평가와 외부평가의 장단점 비교

구분	내부평가	외부평가
장점	• 전문성과 경험 활용 • 평가결과 활용과 비교적용 용이	• 평가공정성 유지
단점	• 평가공정성 유지 곤란	• 평가결과 활용 미흡

셋째, 평가결과에 따른 분류이다. 사업의 효과를 세분화하면, 산출(output), 결과(outcome), 영향(impact)로 나눌 수 있다. 이에 따라 산출평가, 성과평가, 영향평가로 구분할 수 있다. 산출평가는 인력, 자료, 정보, 재화 등을 투입해 얻어지는 재화나 서비스의 총량을 평가하는 것이고, 성과평가는 재무적인 측면과 더불어 고객, 내부 프로세스, 학습과 성장 등 평생교육기관의 성과를 종합적으로 평가하는 것이고, 영향평가는 프로그램이 학습자, 평생교육기관, 지역사회 등에 미치는 영향에 대해 평가하는 것이다.

넷째, 평가방법에 따른 분류이다. 보통 비과학적 · 주관적 평가와 과학적 · 객관적 평가로 분류한다. 비과학적 · 주관적 평가는 일반대중이나 평생교육 평가자들의 상식적, 개인적 느낌에 의한 프로그램 평가이다. 평생교육 대상자의 만족도 평가나 객관적 평가의 보완을 위해 전문가의 판단을 이용할 때 유용하다. 평생교육 평가자의 개인적 이해관계에 따라 사실과 다른 평가결과가 나올 수 있고, 평가자의 선입관, 신념 또는 막연한 느낌이나 불충분한 자료 때문에 엉뚱한 결론을 내릴 가능성이 있다. 그리고 과학적 · 객관적 평가는 과학적 방법이나 논리를 적용하여 수행하는 프로그램 평가이다. 과학적 조사방법을 동원하여 사실에 부합한 평가를 하려는 것을 의미한다. 객관적 정책평가의 방법에는 실험적 방법과 비실험적 방법이 있는데, 양자는 모두 통계적 처리에 의해 보완된다.

4) 프로그램 평가방법

평가자료를 수집하고 분석하기 위해서는 먼저 평가방법을 결정해야 한다. 평가자료를 수집하기 위한 평가방법은 여러 가지 방법이 활용될 수 있다. 평가방법은 프로그램의 목표, 학습내용과 수준(인지적 지식, 정의적 지식, 운동기능적 지식), 집단의 규모나 시설여건, 학습자들의 특성(언어능력이나 연령 등), 평가비용 등을 고려하여 선정되어야 한다. 그리고 한 가지 방법만이 아니라 여러 가지 방법을 병행하여 활용할 수 있다. 평생교육 프로그램 평가에서 자주 사용되는 5가지 방법을 소개하면 다음과 같다(이복희, 유인숙, 2020; 차갑부, 2014).

첫째, 질문지법이다. 질문지는 가장 일반적으로 활용되는 기법으로 정보를 신속하게 수집하는 객관성 있는 방법이다. 그러나 이 방법은 한계성을 지니고 있으므로 지나치게 의존해서는 안된다. 질문지는 프로그램에 대한 평점을 매기거나 개방적으로 의견을 묻는 질문도 있다. 학습자가 대규모일 경우 질문지는 학습태도에 관한 정보를 신속하게 수집하는 객관성 있는 방법이다. 질문지는 면접처럼 응답자가 자유롭게 논평할 수 없기 때문에 예기치 않은 반응을 평가하기 어려운 단점이 있다. 아울러 잘못 제작된 질문지는 프로그램에 대한 편향된 반응을 유도할 우려도 있다. 부모교육 프로그램에 대한 평가 질문지에 대한 예는 〈표 10-7〉, 〈표 10-8〉과 같다.

표 10-7 부모교육 특강 만족도 조사 질문지

부모교육 프로그램에 끝까지 참여하여 주신 여러분께 감사드립니다. 본 설문은 여러분이 부모교육 프로그램을 통해 느꼈던 여러 의견들을 수렴하여 향후 보다 알찬 내용을 준비하는 자료로 활용하고자 하오니 솔직하고 성실하게 답변을 해 주시면 감사하겠습니다.
2022년 월 OO평생교육원

1. 전체 만족도	매우 그렇지 않다	그렇지 않다	그저 그렇다	그렇다	매우 그렇다
전반적으로 부모교육 강의에 만족한다.	①	②	③	④	⑤

2. 오늘 무엇이 좋았습니까?

3. 이와 같은 활동(혹은 강의)을 하는 것에 대해 어떻게 생각하십니까?

좋 다______________

나 쁘 다______________

모르겠다______________

4. 오늘 강의 내용에서 가정에서 실천할 수 있는 활동은 무엇이라고 생각하십니까?

5. 다음에 부모교육을 실시한다면 어떤 영역의 어떤 내용으로 특강을 듣고 싶습니까?

6. 부모교육에 대한 기타 의견이나 바라는 점을 적어 주시면 다음 부모교육 프로그램에 반영할 수 있도록 하겠습니다.

표 10-8 부모교육 특강 만족도 조사 질문지

1. 강의참여 만족도	매우 그렇지 않다	그렇지 않다	그저 그렇다	그렇다	매우 그렇다
1-1. 나는 부모교육에 열정적으로 참여하였다.	①	②	③	④	⑤
1-2. 나는 부모교육 특강이 있다면 다시 참여하겠다.	①	②	③	④	⑤

2. 주제 및 내용 만족도	매우 그렇지 않다	그렇지 않다	그저 그렇다	그렇다	매우 그렇다
2-1. 강의의 주제와 난이도는 적절하였다.	①	②	③	④	⑤
2-2. 강의내용이 흥미로웠다.	①	②	③	④	⑤

3. 강사 만족도	매우 그렇지 않다	그렇지 않다	그저 그렇다	그렇다	매우 그렇다
3-1. 강사가 열성적으로 강의하였다.	①	②	③	④	⑤
3-2. 강사가 강의 내용을 명확하게 전달하였다.	①	②	③	④	⑤

4. 진행 만족도	매우 그렇지 않다	그렇지 않다	그저 그렇다	그렇다	매우 그렇다
4-1. 이 강의의 교육시간이 적절하였다.	①	②	③	④	⑤

5. 전체 만족도	매우 그렇지 않다	그렇지 않다	그저 그렇다	그렇다	매우 그렇다
5-1. 전반적으로 강의에 만족한다.	①	②	③	④	⑤

6. 다음에 특강을 실시한다면 어떤 영역의 부모특강을 듣고 싶습니까?

7. 제안 및 건의사항

부모교육 프로그램에 대하여 기타 의견이나 바라는 점을 적어 주시면 다음 부모교육 프로그램에 반영할 수 있도록 하겠습니다.

둘째, 면접법이다. 면접은 얼굴을 대면하고 서로 개인적인 질문과 대답을 주고받는 것이다. 면접은 사전에 미리 계획되어서 매우 조직적으로 실시될 수도 있고, 완전히 개방적이고 융통성 있게 진행될 수도 있다. 면접법은 평가결과를 쉽게 수량화할 수 없고, 예기치 못한 생각과 반응을 찾아내는 데 가장 적합하다. 면담자와 심리적인 친밀감(Rapport)을 형성하는 것이 중요하다. 일반적으로 면접법은 소수의 주제에 관한 세부적이고 심층적인 정보를 제공해 준다는 장점이 있다. 또한 면접법은 비교적 시간이 적게 소비되고 소규모 집단에 사용하는 것이 적합하다. 그러나 면접에 응한 응답자의 의견이 프로그램에 대한 의견을 대표한다고 보기 어려운 경우도 있고, 면담결과를 분석하기 곤란한 경우도 있다는 점을 유의해야 한다. 부모교육 성과 면담 내용 기록지는 〈표 10-9〉와 같다.

표 10-9 부모교육 평가 면담 기록지

참여자		면담자		면담일시		면담장소	

질문	면담내용
오늘 강의 내용에 대해 어떻게 느꼈습니까?	
오늘 강의 내용 중 무엇이 가장 좋았습니까?	
앞으로도 오늘과 같은 형식으로 강의를 하는 것이 어떻습니까? 좋다, 나쁘다, 모르겠다로 답하고 그 이유를 말씀해 주세요.	
오늘 강의 내용대로 실천해 보시겠습니까? 예, 아니오로 답하고, 그 이유를 말씀해 주세요.	
다음 부모교육에서 듣고 싶은 내용 혹은 추천할 강사가 있으시면 말씀해 주시기 바랍니다.	

셋째, 관찰법이다. 관찰법은 프로그램의 진행과정을 찬찬히 살펴보는 데 유용한 방법이다. 학습자들의 행동을 체계적으로 관찰하고 기록하며, 수행되는 과정에 강조점을 두고 있다. 관찰자는 훈련이 잘 되어 있어야 하고, 관찰을 기록하기 위하여 체계적인 절차가 활용되어야 한다. 관찰법은 교수자의 행동이나 기술수준을 확인하는 데도 매우 유용한 방법이다. 그러나 관찰자의 편견이나 선입관이 개입할 위험이 있으며, 관찰하

고 있다는 의식을 주지 않도록 유의해야 한다. 관찰법을 실시하기 위해서는 비교적 시간이 많이 소요되지만, 주의 깊고 체계적으로 실시된다면 매우 유용한 자료를 얻을 수 있다. 이를 위해 전체를 대표할 수 있는 행동장면을 표집해야 하며, 관찰자는 어떤 행동을 탐색해야 하고 행동을 객관적이고 일관성 있게 기록하는 방법을 알고 있어야 한다.

넷째, 논평(Comment)이다. 논평은 공식적이거나 비공식적인 기록이다. 프로그램에 참여한 학습자들에게 프로그램 전반에 대하여 자신들의 소감을 기록하도록 하는 것이다. 논평은 사람들의 예기치 않은 반응을 알아보는 데 매우 유용한 방법이다. 그러나 논평은 분석하기 어렵고 대표성이 없는 평가자료를 만들어 낼 가능성이 있다. 논평자료를 수집하는 것은 비교적 쉽지만 결과를 해석하기는 어렵다. 따라서 논평자료가 수집되면 모든 자료를 면밀하게 검토하고, 유사한 반응끼리 분류하고 묶어서 결과를 분석하는 것이 필요하다.

다섯째, 녹음과 녹화이다. 녹음기나 비디오를 활용하여 녹음이나 녹화하는 것은 프로그램 진행과정이나 학습자들의 태도를 영구적으로 기록할 수 있는 방법으로 교수자의 질적 수준을 평가하는 방법으로 활용될 수 있다. 또한 녹음과 녹화 결과는 교수자가 자기 자신의 교수활동을 관찰해서 스스로 수정, 보완할 수도 있다.

5) 프로그램 평가의 타당성과 신뢰성

프로그램 평가는 타당성 확보가 중요하다. 프로그램 평가의 타당성이란 프로그램 평가에 의하여 프로그램의 효과를 올바르게 판단하는 정도를 의미한다. 프로그램 평가의 타당성은 내적 타당성과 외적 타당성 및 구성 타당도로 나누어진다(권기헌, 2009). 이러한 프로그램 평가의 타당성을 정리하면 〈그림 10-4〉와 같다(원아연, 2018).

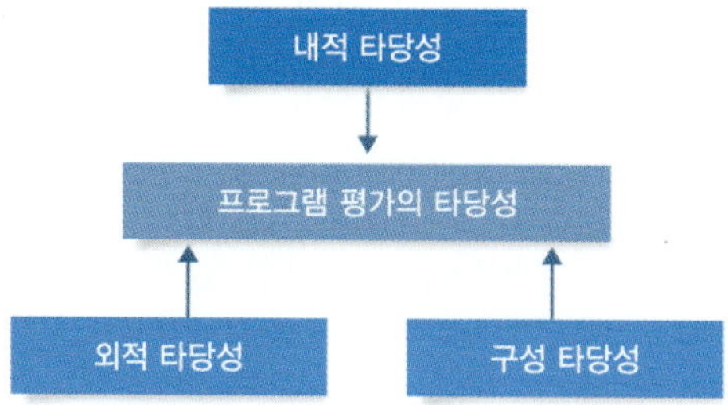

그림 10-4 **프로그램 평가의 타당성**

첫째, 내적 타당성(Internal Validity)은 프로그램이 집행된 이후에 일어나는 변화가 프로그램 때문인지 아니면 다른 요인 때문인지를 명백히 밝히는 것을 의미한다. 다시 말해 실제로 프로그램 효과가 있었을 때 명백하게 있다고 판단하고, 없었을 때 없다고 분명히 밝히면 그 평가는 내적 타당성이 있는 것이다. 프로그램 평가의 초점은 프로그램이 운영된 후에 프로그램 효과가 있었는지의 여부를 판단하는 데 있다. 이러한 목적은 내적 타당성이 있는 평가에 의해서만 달성될 수 있다. 그러므로 프로그램 평가를 위해 고찰된 모든 통계적 · 실험적 방법들은 내적 타당성을 제고하는 데 주요 목적을 두고 있다(정정길 외, 2005).

둘째, 외적 타당성(External Validity)은 어떤 상황에서 내적 타당성을 가진 프로그램 평가가 다른 상황에서도 적용될 수 있는 정도를 의미한다. 특정 상황하에서 타당한 평가가 다른 상황하에서는 과연 얼마만큼 타당할 것인가, 즉 일반화의 정도를 나타내는 것이 외적 타당성이다.

셋째, 구성 타당성(Constructure Validity)이 있다. 독립변수와 종속변수에 대한 추상적 개념은 관찰가능한 지표로서 조작적 정의(operalization)를 내리게 되는데, 이때 개념의 구성이 얼마나 정확하게 실체를 표현했는가의 정도를 의미한다. 개념에 대한 구성 타당성이 있어야 내적 타당성이 가능하다는 측면에서 구성 타당성은 내적 타당성의 전제조건이다.

한편 프로그램 평가는 신뢰도가 담보되어야 한다. 프로그램 평가의 신뢰도는 평가 결과가 어느 정도 믿을 만한가를 의미하며, 이것은 그 프로그램을 측정하거나 평가한 도구가 그와 유사한 다른 현상을 되풀이해서 측정했을 때, 그 결과가 얼마나 일관성 있게 나타나는가의 정도를 통해서 측정된다. 그러므로 신뢰도란 동일한 측정도구를 반복해서 사용했을 때 동일한 결과를 얻을 확률을 나타내는 것이다.

프로그램 평가는 신뢰도가 높아야 한다. 아무리 정확한 자료와 연구설계를 이용하여 측정하고 평가하였다고 하더라도 신뢰도가 낮다고 판단되면, 누구의 관심도 받을 수 없는 무용지물이 되고 말 것이다. 따라서 신뢰도를 높이는 방법을 강구하고 그것을 떨어뜨리는 요인을 제거해 나가야 한다. 프로그램의 신뢰도를 떨어뜨리는 요인으로 프로그램 평가 대상자의 과민한 반응, 관찰자의 영향, 상황적 요소, 측정도구의 문제, 측정 및 평가과정의 문제점 등을 들 수 있다.

6) 프로그램 평가결과의 활용

프로그램 평가의 결과는 프로그램의 집행상태를 점검하거나 집행전략을 수정 혹은 보완하기 위하여, 그리고 정책종결에 따른 환류 및 학습을 위해 활용된다. 프로그램 평가의 활용방식은 도구적 활용과 관념적 활용, 설득적 활용으로 구분하여 살펴볼 수 있다. 이러한 프로그램 평가 활용방식을 정리하면 〈그림 10-5〉와 같다.

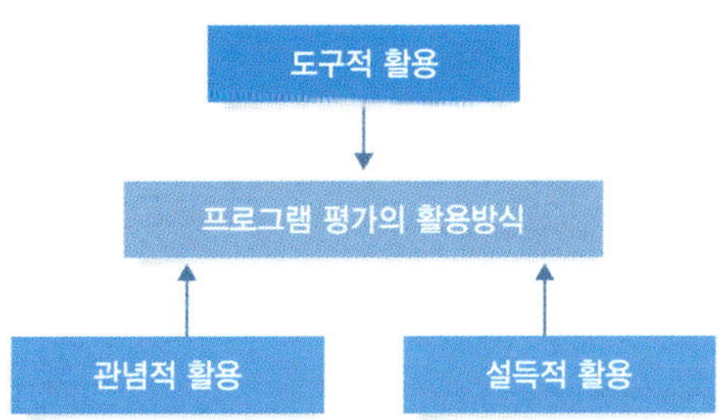

그림 10-5 프로그램 평가의 활용방식

첫째, 도구적 활용(instrumental use)은 프로그램 평가의 결과가 프로그램의 결정이나 문제해결을 위해 도구적으로 활용되는 것을 말한다. 프로그램 평가의 결과, 프로그램이 효과가 없다고 판단되면 그 프로그램을 폐기할 수 있다. 둘째, 관념적 활용(conceptual use)은 프로그램 결정이나 집행에 직접 결과를 활용하는 것이 아니라, 어떤 문제에 대한 프로그램 결정자의 사고방식이나 관념에 변화를 일으켜서 간접적으로 영향을 미치게 하는 것을 말한다. 셋째, 설득적 활용(persuasive use)은 평가결과를 특정 정치적 입장을 지지하는 데 활용하는 경우이다. 한편, 이러한 프로그램 평가결과 활용을 제약하는 요인들이 있는데 〈표 10-10〉과 같다(원아연, 2018).

표 10-10 프로그램 평가결과 활용의 제약 요인

- 정책결정자의 요구(needs)이다. 정책결정자와 사업담당자의 요구와 평가결과가 얼마나 일치하느냐의 정도와 그러한 요구가 평가과정에서 어떻게 반영되는가와 관련된 변수이다. 정책결정자의 경우 그 일치도와 반영정도가 클수록 활용을 높여 줄 수 있다.
- 적시성(timeliness)이다. 평가의 시기와 결과가 산출되어 나오는 시기가 정책이나 프로그램 결정 시기와 얼마나 일치하느냐와 관련된 것이다. 시간적으로 적시성 있게 산출되어 나올수록 활용이 높아질 수 있다.
- 평가이용자와의 의사소통(communication)이다. 평가이용자가 평가과정에서 평가자와 직접적인 의사소통을 하느냐와 관련된 변수이다. 직접적인 의사소통의 정도가 높을수록 활용이 촉진될 수 있다.
- 평가결과의 배포(dissemination)이다. 평가결과를 처리하는 방법과 관련된 변수이다. 평가결과보고서 전체를 공개하느냐 혹은 요약본을 제시하느냐에 따라 평가결과 활용이 다르게 나타날 수 있다. 요약본을 제시하는 경우 특히 부정적 평가결과에 대한 왜곡이나 누락이 발생할 수 있고, 이때는 활용이 오용될 수 있는 소지가 있다.
- 적절성의 인식(awareness of relevance)이다. 평가의 목적이 분명하고 평가결과 얻고 싶은 정보가 분명하게 명시되어 있으면 평가활용이 촉진될 수 있다.
- 평가결과의 발표형식(presentation)이다. 평가결과의 발표형식이 지나치게 전문적인 용어로 서술되거나 잘 조직화되지 않은 형태로 서술되어 있는 경우에는 활용에 방해가 된다.
- 평가이용자의 태도(attitude)이다. 행정 실무자와 평가자인 전문가 사이의 방법론에 대한 선호도의 차이나 평가를 통해 얻고자 하는 정보가 다를 때 평가이용자의 태도는 소극적이 되며, 이는 평가활용에 방해가 된다.
- 평가이용자의 활용의지(commitment to evaluation)이다. 평가대상사업에 평가이용자가 얼마나 관심을 가지고 개입되어 있느냐와 관련된 변수로서, 관심이 높고 개입의 정도가 클수록 평가활용은 촉진될 수

있다.

- 경쟁적 평가결과의 존재(rivalry contradiction)이다. 해당 평가결과 외에 다른 경로에서 나온 평가결과가 존재하고 그 결과와 상충되는 경우가 있으면 평가활용에 방해가 된다.
- 평가방법의 질(quality)이다. 평가방법론의 질과 관련된 변수로서 방법론의 엄격성이 돋보이는 경우 평가활용은 촉진될 수 있다.
- 평가정책에 대한 옹호정도(advocacy of program and policies)이다. 평가대상사업에 대해 평가이용자가 옹호하는 정도에 따라 평가결과가 부정적인 경우와 긍정적인 경우 각각 다르게 활용에 영향을 미치게 된다. 부정적 평가결과가 산출되어 나오는 경우 활용은 저해받을 수 있을 것이다.

이러한 평가결과 활용에 영향을 미치는 요인을 정리하면 〈표 10-11〉과 같다(원아연, 2018).

표 10-11 평가결과 활용에 영향을 미치는 요인

구분	요인
적절성의 인식	정책결정자의 요구
	프로그램집행자의 요구
	적시성
의사소통	평가이용자와의 의사소통
	평가결과의 배포
결과처리과정	평가결과의 발표형식
	평가이용자의 태도
신뢰성	경쟁적 평가결과의 존재
	평가방법의 질
평가이용자 관여와 옹호	평가이용자의 활용의지
	평가정책에 대한 옹호정도

7) 평가보고서의 구성요소

평가보고서는 평가에 대한 공식적인 기록이며, 평가기간 동안 진행된 각종 활동과 그 결과를 발표하는 것이다. 평가보고서는 그 평가보고서를 읽는 사람이 쉽게 이해할 수 있도록 작성되어야 하며, 신뢰감을 줄 수 있어야 한다. 따라서 체계적인 절차와 논리적인 설명이 필요하다. 일반적으로 평가결과보고서에 포함되어야 할 구성요소는 〈표 10-12〉와 같다(이복희, 유인숙, 2020).

표 10-12 평가결과보고서의 구성요소

구분	내용
평가의 근거와 목적	평가관련자, 필요성(이유) 등
평가대상 프로그램의 간략한 안내	목적, 대상, 내용, 활동 등
평가대상 내용 및 강조점	평가준거의 설정
평가의 기획 및 수행	평가자료 수집방법 및 절차 등
평가결과의 제시	주요 평가자료, 평가기준 등
평가의 결론 제시	평가적 판단 결과, 장점과 약점, 제한점 등
권고 및 제언	시사점, 한계점 및 제언 등

평가보고서를 작성할 때 특히 관심을 두어야 할 것은 보고서의 내용을 어떤 내용으로 어떻게 구성할 것인가에 관한 것이다. 보고서의 내용을 선정하고 조직할 경우 평가자가 유의해야 할 사항은 〈표 10-13〉과 같다(이복희, 유인숙, 2020).

표 10-13 평가보고서 작성 시 유의사항

- 평가목적에 적절한 내용의 선정
- 특정한 편견 없이 공정하고 균형 있는 내용의 선정
- 다양한 평가관련자의 다양한 관점 수용

- 결과보고 대상자가 이해하기에 용이한 간편하고 쉬운 용어의 사용
- 애매모호한 점이 없는 명료한 진술
- 보고내용의 의도와 초점이 분명한 진술
- 보고서 독자의 반응(피드백)을 유발시킬 수 있는 전략의 사용
- 전반적인 개요를 제시하여 평가결과의 윤곽을 파악할 수 있도록 하는 배려
- 주요내용의 간략한 요약을 제시
- 독자에게 필요한 안내의 제시

참고문헌

강경란(2015). 영유아보육프로그램 활동목표의 내용요소 및 진술방법 분석. 인하대학교 대학원 석사학위논문.

강경애(2019). 평생교육 기관의 동형화와 탈동형화 현상 분석: 춘천시 소재 평생교육 기관을 중심으로. **평생교육학연구, 25**(1), 23-53.

강다연(2020). ADDIE 교수설계모형의 적용을 통한 저작권 교육 프로그램 개발 및 효과분석. 숙명여자대학교 대학원 석사학위논문.

강인애, 주현재(2009). 학습자중심 교육의 의미에 대한 재조명: 현직 교사들의 이해와 실천을 중심으로. **학습자중심교과교육연구, 9**(2), 1-34.

강훈(2016). 지방자치단체의 평생교육기관 평가모형 개발연구. 충남대학교 대학원 박사학위논문.

고영화(2007). 평생교육 프로그램개발 현상의 참여관찰 연구. 동의대학교 대학원 석사학위논문.

고용노동부(2020). 2020년 고용노동통계연감.

고용노동부(2020). 2020년판 고용노동백서.

고용노동부(2020). 직업능력개발사업현황.

교육과학기술부, 한국교육개발원(2012). 2012 교육통계 분석자료집: 평생교육통계편.

교육부(2000). 평생교육백서.

교육부, 국가평생교육진흥원(2020). 2019 평생교육백서.

교육부, 한국교육개발원(2014). 2014 교육통계 분석자료집: 평생교육통계편.

교육부, 한국교육개발원(2020). 2020 평생교육통계 자료집.

구경희, 윤명희(2018). 이해당사자 기반 평생교육실습 프로그램 평가척도 개발. **직업교육연구, 37**(1), 55-75.

국가법령정보센터(2021.5.23.).
https://www.law.go.kr/LSW/lsInfoP.do?efYd=20210323&lsiSeq=230401#0000

권기헌(2009). **정책학: 현대 정책이론의 창조적 탐색.** 서울: 박영사.

권낙원(2001). 학습자중심 교육의 성격과 이론. **학습자중심교과교육연구, 1**(1), 29-40.

권대봉(1999). **성인교육방법론.** 서울: 학지사.

권두승, 최운실(2009). **평생교육경영론.** 경기: 교육과학사.

권양이(2018). 한국 평생교육정책의 변천 탐구: 국민의 정부에서 박근혜 정부까지의 시기를 중심으로. **평생학습사회, 14**(2), 1-27.

권이종, 이상오(2001). **평생교육.** 서울: 교육과학사.

권인탁, 임영희(2011). **평생교육경영론.** 서울: 학지사.

권인탁, 임영희(2013). **평생교육경영론.** 서울: 학지사.
기영화(2001). **평생교육 프로그램 개발.** 서울: 학지사.
기영화(2005). **평생교육 프로그램 개발.** 서울: 학지사.
기영화(2009). **평생교육 프로그램 개발.** 서울: 학지사.
기영화(2011). **평생교육 프로그램 개발.** 서울: 학지사.
김경미(2016). 소셜네트워크 서비스(SNS)의 유형에 따른 SNS특성이 고객자산 구성요소에 미치는 영향. 한양대학교 대학원 석사학위논문.
김남선(2007). **평생교육 프로그램개발론.** 경북: 대구대학교 출판부.
김대현, 김석우(1996). **교육과정 및 교육평가.** 서울: 학지사.
김승옥(2010). 지역 평생교육 향상을 위한 평생학습노시 발선 방안에 관한 연구. **한국지역경제연구, 16,** 63-82.
김신재(2019). 표준보육과정에 기초한 영아보육프로그램의 활동목표 분석. 부산대학교 교육대학원 석사학위논문.
김영심(2016). 표준 한국어 교재의 학습목표 진술 방식 분석. **국어교육연구, 10**(37), 65-94.
김영회, 전도근(2007). 평생교육강사의 직무분석. **한국성인교육학회, 10**(3), 63-86.
김용현, 성낙돈, 윤여각, 이상오, 정기수, 강무섭, 송병국, 양병찬, 김진한, 김노마, 이정희, 심의보, 하광호, 정찬남(2011). **평생교육경영론.** 경기: 양서원.
김은경(2017). 평생교육 강사의 경력별 교육요구도 우선순위 분석. **학습자중심교과교육연구, 17**(21), 709-725.
김은영, 김대곤, 김미영, 김이영, 박정연, 심정묘, 이행기, 임용숙, 정다운, 최병태(2016). **인성과 리더십.** 경기: 양성원.
김재건, 이홍숙(2008). 체제적 관점에서의 수업이론 변화과정에 관한 분석연구. **국제경상교육연구, 5**(1), 1-39.
김종오(2017). 부천시 지역평생학습 활성화 방안. 가톨릭대학교 글로벌융합대학원 석사학위논문.
김주영(2018). 제4차 평생교육 진흥 기본계획 실행과 장애인 평생교육의 발전 방향 및 과제. **장애인평생교육 · 복지연구, 4**(2), 1-28.
김진숙, 김규태, 서민호, 조정선(2018). **평생교육경영론.** 경기: 양성원.
김진화(2001). **평생교육 프로그램개발론.** 서울: 교육과학사.
김진화(2003). 평생교육 프로그램개발의 전문성 탐구와 평생교육학의 과제. **한국평생교육학회, 8**(1), 69-96.
김진화(2009). 평생학습계좌사업을 위한 한국 평생교육 프로그램 분류지침. 평생교육진흥원 CR 2009-2수정판.
김진화(2010). 한국 평생교육 프로그램 분류체제 개발 연구. **평생교육학연구, 16**(3), 211-236.
김창동(2013). 학교평생교육에서의 학교장의 전략적 리더십과 프로그램 개발 과정. 숭실대학교 대학원 박사학위논문.

김한별, 박소연, 유기웅(2010). **평생학습을 위한 프로그램 개발 및 평가**. 경기: 양서원.

김현성(2020). 빅데이커 분석을 활용한 지역맞춤형 평생교육프로그램 개발 모형. 대구한의대학교 대학원 박사학위논문.

김홍식(2005). 교육과정에 제시된 교과 교육목표의 변화 경향성 분석. 한국교원대학교 대학원 석사학위논문.

김희동(2010). 평생교육기관의 관계마케팅과 학습자의 행동의도 관계에서 기관 몰입의 매개효과. 고려대학교 대학원 석사학위논문.

남미란(2021). 평생교육 프로그램 공급모형 개발 연구: 델파이(Delphi) 기법 적용. 대구대학교 대학원 박사학위논문.

노경환(2013). 평생교육 프로그램 기획과정에 관한 연구. 한국교원대학교 교육정책전문대학원 석사학위논문.

노규성, 김진화, 남수현, 박성택, 최천규, 김미연, 김용영(2018). **빅 데이터 분석 기획**(2판). 서울: 와우패스.

노신혜(2021). 인스타그램 이용자의 스포츠용품 휴리스틱 선택행동연구. 경희대학교 대학원 석사학위논문.

노인순(2021). SNS를 활용한 부모교육 프로그램 개발: 영유아 자녀를 둔 부모를 중심으로. 광주대학교 대학원 박사학위논문.

문경도(2006). 장애인 가족의 가족역량강화를 위한 평생교육 프로그램 개발 기초연구. 고려대학교 교육대학원 석사학위논문.

문미옥(2009). **교육과 보육을 위한 영유아교육과정**. 서울: 창지사.

문미옥(2013). **교육과 보육을 위한 영유아교육과정**. 서울: 창지사.

박성연(1998). 마케팅 개념의 확장과 효과적인 비영리조직의 운영. **經營論叢, 7**(1), 141-170.

박소영(2022). 네일관리 서비스 품질과 만족도와의 관계 분석: SNS 홍보, 필오프 베이스 중심으로. 중부대학교 대학원 석사학위논문.

박영신, 박은주, 석은조, 신은정, 오성숙, 이경하(2015). **영유아교육과정**. 서울: 창지사.

박인근, 홍지후, 강남규, 김성호, 정구범(2019). **(4차 산업혁명 현장 전문가가 알려 주는) 빅데이터 분석과 활용**. 경기: 제이펍.

박지현(2017). 서울시 관악구 노인 평생교육프로그램 요구분석. 고려대학교 교육대학원 석사학위논문.

박혜영(2009). 평생학습도시 교육프로그램 서비스 질 측정: Edu-Qual 기법의 개발과 적용. **평생교육 · HRD 연구, 5**(3), 23-52.

배성옥(2013). 5세 누리과정 교육내용과 교사용 지도서의 활동목표 분석. 경성대학교 대학원 박사학위논문.

백남진(2005). 교과 교육과정에서의 교육내용 진술의 구체화. **유아교육연구, 24**(2), 207-233.

백순근, 유예림(2008). 2009학년도 중등교사 임용시험 정책에 대한 평가 연구. **교육평가연구, 21**(3),

69-91.

서소희(2014). 성인학습자의 평생교육프로그램 참여특성에 따른 평가요소별 중요도인식 차이에 관한 연구. 대구대학교 대학원 석사학위논문.

성낙돈, 김창엽(2010). **평생교육 프로그램 개발론**. 서울: 청목출판사.

성낙돈, 김창엽(2013). **평생교육 프로그램 개발론**. 서울: 청목출판사.

신영미(2021). 협력과 성찰 기반 GM(Global Motion) 모형 개발: 교사의 학습자중심수업설계 지원 모형. 숭실대학교 대학원 박사학위논문.

양은아(2019). 지역사회 평생교육 맥락에서 문화예술교육 프로그램 총 공급 및 참여 패턴 연구. **예술교육연구, 17**(1), 107-137.

양은아, 한숭희, 김민수(2018). 인문교양 평생교육 프로그램 분석을 통한 '시민인문교육복합체' 형성의 실증적 탐구. **평생학습사회, 14**(3), 1-36.

양흥권(2017). **평생교육론**. 서울: 신정.

오승국, 전주성, 박용호(2014). 교육요구 우선순위 결정을 위하여 설문조사를 이용하는 기존방법 보완 연구. **고려대학교 교육문제연구소**, 77-98.

오승현(2021). 헤어서비스 SNS 정보특성이 소비자 태도와 행동의도에 미치는 영향. 서경대학교 대학원 박사학위논문.

오영석(2018). 한국 장애인복지관 평생교육 프로그램 경향 분석. 단국대학교 대학원 박사학위논문.

오재영(2013). 대전지역 법인택시 관리자의 직무역량 요구분석. 고려대학교 교육대학원 석사학위논문.

오혁진(2003). **평생교육경영학**. 서울: 학지사.

원아연(2018). 평생교육 프로그램 평가방법의 유효성에 대한 연구: 평가설문지를 중심으로. 서강대학교 교육대학원 석사학위논문.

윤동열, 조세형, 배을규(2011). 국내 직무분석 연구에서 DACUM 활용 현황과 비판. **교육문화연구, 17**(3), 87-115.

윤민식(2021). 유튜브에서의 사진콘텐츠 활용방안과 사례연구. 상명대학교 일반대학원 석사학위논문.

윤옥한(2017). **평생교육프로그램개발**. 경기: 양서원.

이경아, 김경희(2006). 평생교육사 전문성 구인 타당화 및 전문성 형성에 영향을 미치는 요인탐색에 관한 실증 연구. **평생교육학연구, 12**(2), 91-119.

이복희, 유인숙(2020). **평생교육 프로그램개발론**. 경기: 양성원.

이순례, 이현옥, 박희숙(2012). **영유아교육기관의 운영관리**. 경기: 공동체.

이신후(2017). 평생교육 프로그램 운영요소에 대한 중요도 인식차이 연구: 대구 · 경북 지역을 중심으로. 대구대학교 대학원 석사학위논문.

이영자, 권영례(1997). **유아교육기관의 운영관리**. 서울: 창지사.

이은혜(2021). 장애인 평생교육 프로그램 수업운영에 대한 강사 인식연구. 고려대학교 행정대학원 석사학위논문.

이지숙, 이정화(2021). 영아의 가상놀이 상징화와 사회적 상호작용의 관계. **한국교육문제연구, 39**(1), 125-158. http://doi.org/ 10.22327/ kei.2021.39.1.125.

이해주, 최운식, 권두승(2009). **평생교육 프로그램 개발.** 서울: 한국방송통신대학교 출판부.

이향란(2015). **평생교육경영론.** 경기: 공동체.

이화정, 양병찬, 변종임(2003). **평생교육 프로그램 개발의 실제.** 서울: 학지사.

이희수(2005). 참여정부의 지역혁신체제 구축을 위한 평생학습의 발전전략 탐구. **한국교육문제연구, 21,** 1-20.

임동일(2012). 평생교육기관의 관계마케팅, 이미지 및 학습자 만족도가 행동의도에 미치는 영향. 충남대학교 대학원 석사학위논문.

임우섭, 김용주(2007). 대학 교수의 핵심 강의역량 분석. **한국교육행정학회, 25**(4), 413-434.

장오선(2018). 장애인 평생교육을 위한 거버넌스 구축방안 및 향후 과제. **대구대학교 한국특수교육문제연구소, 2018**(1), 115-134.

장은숙, 박명신(2015). 성인 여성학습자의 평생학습 참여에 영향을 미치는 요인에 대한 AHP분석. **교육연구농촌, 36**(1), 21-42.

정민영, 김영환(2020). 학습자중심교육의 실천을 위한 반성적 고찰: Scott Nearing의 교육사상을 중심으로. **학습자중심교과교육연구, 20**(6), 615-639.

정익준(1999). **비영리조직 마케팅.** 서울: 영풍문고.

정정길 외(2005). **정책학원론.** 서울: 대명출판사.

조대연(2006). 국내 성인교육훈련의 요구분석 동향: 1990년 2005년 관련 문헌을 중심으로. **Andragogy Today, 9**(1), 85-106.

조대연(2009). 설문조사를 통한 요구분석에서 우선순위 결정 방안탐색. **교육문제연구, 35,** 165-187.

조대연, 김영호, 홍순현, 김벼리(2011). 평생학습 권역 설정과 권역별 프로그램 요구분석: 마포구 사례. **평생교육학연구, 17**(1), 165-189.

조명희(2015). 미경험학습자의 교육요구분석을 위한 수정모델에 대한 연구. 상명대학교 대학원 박사학위논문.

조연숙(2001). 복지서비스기관 운영형태 다양화의 성과 분석. **한국행정학보, 5**(4), 297-316.

조창빈(2014). 장애인 평생교육 여가활동 프로그램 기획과정 분석. 단국대학교 대학원 석사학위논문.

차갑부(2014). **평생교육론.** 경기: 교육과학사.

최낙영(2017). 평생교육 교수자의 인상관리가 교육만족도와 교육성과에 미치는 영향 연구. 백석대학교 기독교전문대학원 박사학위논문.

최다미(2018). 평생학습사회에 문화예술교육으로서 미술교육의 발전방향 모색: 청주시를 중심으로. 한국교육대학교 대학원 석사학위논문.

최미숙(2008). 노인교육기관의 평생교육 프로그램 개발 과정 연구. 숭실대학교 교육대학원 석사학위논문.

최미정(2004). 학습자중심수업설계에 대한 의미 탐색. **학습자중심교과교육연구, 4**(7), 93-114.

최성혜(2018). SNS를 활용한 네일 서비스 품질 인식이 만족도에 미치는 영향. 건국대학교 대학원 석사학위논문.

최운실(2005). 성인학습자의 평생학습 참여성과 분석-HRD자본, 사회문화적 자본, 개인적 자본 측면의 성과 인식을 중심으로. **한국직업교육학회, 24**(3), 381-420.

최정임(2002). **인적자원개발을 위한 요구분석 실천가이드.** 서울: 학지사.

최종진, 신근영, 박균달(2018). 평생교육의 역사적 고찰을 통한 문제점과 활성화 방안. **한국행정사학지, 44**, 125-152.

학력인정초중등고등학교전국연합회(2021). 내부자료.

한국교원단체총연합회(2007). 2007년도 현장연구보고서.

한숭희, 권두승, 김미숙, 정민승, 허준, 김한별(2007). **국가단위 평생교육 추진 전담기구의 통합 구축 방안 연구.** 서울: 교육인적자원부.

허영주(2015). 평생교육 프로그램 평가를 위한 절충적 접근의 필요성 탐색. **교육종합연구, 13**(4), 243-267.

홍숙희(2011). 지역거버넌스에 의한 부천 지역평생교육 체제 형성과정 연구. 중앙대학교 대학원 박사학위논문.

홍후조(2013). **알기 쉬운 교육과정.** 서울: 학지사.

황선영(2015). 학습자의 참여지속과 확대에 영향을 미치는 평생교육기관의 마케팅 전략요인분석. 공주대학교 교육대학원 석사학위논문.

APA(1997). Learner-centered psychological principles: A framework for school reform and redesign. American Psychological Association. Online. http://www.apa.org/ed/leg.html.(2020.9.19.).

Arendt, H. (2017). **인간의 조건.** [Human condition (2nd ed.)] (이진우 역). 경기: 한길사(원저출판: 1998).

Bassey, M. (1986). *Action research in Classrooms and Schools.* London: Allen & Unwin.

Bloom, B. S. (1956). *Taxonomy of educational objectives. Handbook 1: Congnitive domain.* New York: MacMillon.

Boone, E. J. (1985). *Developing Programs in adult education.* Englewood Cliffs. NJ: Prentice-Hill.

Borich, G. D. (1980). A need assessment model for conducting follow up studies. *The Journal of Teacher Education, 31*(3), 39-42.

Boyle, P. G. (1981). *Planning better programs.* NY: McGraw -Hill Book Company.

Brady, L. (1995). *Curriculum development*(5th ed.). Sydney: Prentice Hall.

Brookfield, S. D. (1986). *Understanding and facilitating adult learning.* San Francisco, CA: Jossey-Bass.

Caffarella, R. S. (1994). *Planning programs for adult learners.* San Francisco: Jossey-Bass Publishers.

Caffarella, R. S. (2001). *Planning Programs for Adult Learners.* SF: Jossey-Bass Publishers.

Carr, W., & Kemmis, S. (1986). *Becoming critical: Education, Knowledge and Action Research.* Lewes: The Falmer Press.

Cervero, R. M., & Wilson, A. L. (1994). *Planning responsibly for Adult Education: Negotiating Democratically for adult Continuing and workplace education.* SF: Jossey-Bass.

Cervero, R. M., & Wilson, A. L. (2006). *Working the Planning Table A guide to negotiating power and interests.* SF: Jossey- Bass.

Corey, S. (1953). A new supervisory model for linking theory to practice. *Journal of teacher education, 32*(3), 26-30.

Decker, C. A., & Decker, J. R. (2013). *Planning and administering early childhood programs*(10th ED.). Columbus, OH: Prentice Hall.

Dofasco, Inc. (1996). *The DACUM job analysis process.* Columbus, OH: Educational Resources Information Center.

Freire, P. (1972). *Pedagogy of the oppressed.* U.S.A: Bloomsbury.

Goffman, E. (1959). *The presentation of self in everyday life.* New York: Anchor.

Green, A. (2002). The many faces of lifelong learning: Recent education policy trends in Europe. *Journal of Education Policy, 17*(6), 61-62.

Houle, C. O. (1972). *The design of education.* San Francisco, CA: Jossey-Bass.

Kacmar, K. M., & Tucker, R. (2014). The Moderating Effect of Supervisor's Behavioral Integrity on the Relationship between Regulatory Focus and Impression Management. *Journal of Business Ethics, 135*(1), 87-98.

Knowles, M. S. (1988). Adult learning: Theory and practice. The handbook of human resource development, 2.

Knowles, M. S., Holton, E. F., Swanson, R. A. (2010). **성인학습자**(제6판). [The Adult Learner. 6/E.] (최은수 역). 서울: 아카데미프레스(원저출판: 2005).

Leary, M. R., & Kowalski, R. M. (1990). Impression Management: A Literature Review and Two-Component Model. *Psychological Bulletin, 107*, 34-47.

Liden, R. C., & Mitchell, T. R. (1988). Ingratiatory Behaviors in Organizational Settings. *Academy of Management Review, 13*(4), 572-587.

Marsh, C. J. (1992). *Key concepts for understanding curriculum.* London: The Falmer Press.

Marsh, C. J. (1997). *Planning, management and ideology: Key concepts for understanding curriculum 2.* London: The Falmer Press.

Mfum-Mensah, O. (2009). An exploratory study of the curriculum development process of a complementary education program for marginalized communities in northern Ghana. *Curriculum Inquiry, 39*(2), 343-367.

Mink, O, G., Shultz, J. M., & Mink, B. P. (1991). *Developing and managing open organizations:*

A model and method for maximizing organizational potential. Austin, TX: Somerset Consulting Group, Inc.

Moser, J., & Norton, R. E. (2010). *Brief history of DACUM: DACUM workshop handout note.* Columbus, OH: Center on Education and Training for Employment. The Ohio State University.

Nicholls, A., & Nicholls, A. H. (1978). *Developing a curriculum: A practical guide*(2nd ed.). London: George Allen & Unwin.

Noe, R. A. (2002). *Employee training and development*(2nd ed). New York: McGraw Hill.

Norton, R. E., & Moser, J. (2008). *DACUM Handbook*(3rd ed.). Columbus, OH: Center on Education and Training for Employment, The Ohio State University.

Oliva, P. F. (1982). *Developing the curriculum.* Boston: Little, Brown and Company.

Palincsar, A. S. (1998). Social constructivist perspectives on teaching and learning. *Annual Review of Psychology, 49*, 345-375.

Pennington, F., & Green, J. (1976). Comparative an alysis of program development in six professions. *Adult Education, 27*(1), 13-23.

Print, M. (1988). *Curriculum development and design.* Sydney: Allen & Unwin.

Queeney, D. S. (2000). Continuing professional education. In A. L. Wilson & E. R. Hayes(Eds.), *Handbook of adult and continuing education*(new ed., 375-391). San Francisco: Jossey Bass.

Reigeluth, C. M., Beatty, B. J., & Myers, R. D. (2018). **교수설계 이론과 모형(4).** (변호승, 박인우, 이상수, 임걸, 임규연, 임병노, 임철일, 최욱 역). 서울: 아카데미프레스(원저출판: 2017).

Scriven, M. (2007). Key Evaluation Checklist. Evaluation Checklists Project. University of Michigan.

Skilbeck, M. (1976). *School-based curriculum development and teacher education policy, In teachers as innovators.* Paris: OECD Publications.

Sockett, H. (1976). *Designing the curriculum.* London: Open Books.

Tedeschi, J. T., & Melburg, V. (1984). Impression Management and influence in the organization. *Research in the sociology of organization, 21*(3), 31-58.

Titcomb, T. J. (2000). The social context of informal adult learning: An ethnography of a church choir. Temple University.

Tyler, R. W. & Ralph, W. (1949). *Basic Principles of Curriculum and Instruction.* Chicago: The University of Chicago Press.

Warren, R. M. (2003). Program planning and developmentin adult education: Where wear eat the beginning of the 21st century. 2003 Hawaii International Conference on Education.

Wayne, S. J., & Robert C. L. (1995). Effects of Impression Management on Performance Ratings: A Longitudinal Study. *Academy of Management Journal, 38*, 232-260.

Willis, S. (1993). Teaching young children: Educators seek 'developmental appropriateness'. ASCD curriculum update, november.

Winter, R. (1989). *Learning from Experience.* London: The Falmer Press.

Witkin, B. R. & Altschuld, J. W. (1995). *Planning and conducting needs assessments: A practical guide.* Thousand Oaks, CA: Sage.

Yang, B., & Cervero, R. M. (2001). Powerand influence styles in programme planning: Relationship with organizational political context. *International Journal of Lifelong Education, 20*(4), 289-296.

Zarafshani, K., & Baygi, A. H. A. (2008). What can a Borich needs assessment model tell us about in service training needs of faculty in a college of agriculture? The case of Iran. *Journal of Agricultural Education and Extension, 14*(4), 347-357.

대구광역시 남구 평생학습관 홈페이지(https://nam.daegu.kr/).

한국교육방송공사 홈페이지(http://ebs.co.kr).

찾아보기

ㅍ

ㅎ

기타

저자 소개

■ 이기원

국제문화복지 사회교육학과 교육학석사 / 사회복지학박사(Ph.D.)
명지대학교 아동심리상담학과 겸임교수
숭실대학교 복지경영학과 겸임교수
국민대학교 사회복지학과 강사
현) 목포과학대학교 평생교육복지학과 교수
저서) 사회복지실천기술론, 사회복지와 문화다양성, 정신건강사회복지론, 노인복지론 외

■ 송재만

동국대학교 경영학석사
온석대학원대학교 사회복지학박사
KBS1 라디오 기관단체 강사
경복대학교 사회복지행정학과 겸임교수
현) 서정대학교 사회복지학과 겸임교수
저서) 건강을 살리는 숯 행복한 남남 외

■ 김태희

서울사회복지대학원대학교 사회복지학석사
한영대학원대학교 사회복지학박사
수원과학대학교 사회복지학과 겸임교수
현) 세한대학교 사회복지상담전공 전임교수
저서) 인간행동과 사회환경, 상담이론과 실제 외

■ 이미경

차의과학대학교 임상미술치료대학원 석사
웨스트민트터신학대학원대학교 교육학 박사과정
현) 목포과학대학교 평생교육복지학과 교수
미래성장평생교육원 대표
하남여성복지정책위원회 위원장
저서) 평생교육 프로그램 개발론 외

■ 김미선

행복가정드림(심리상담)센터 이사
숭실대학교 대학원 복지경영학과 석사
현) 서정대학교 뷰티아트과(사회복지) 겸임교수
저서) 평생교육 프로그램 개발론 외

■ 최주리

서울사회복지대학원대학교 사회복지학 석사
현) 호원대학교 아동복지학과 겸임교수
저서) 평생교육 프로그램 개발론 외

평생교육 프로그램 개발론

1판 1쇄 인쇄 — 2022년 8월 22일
1판 1쇄 발행 — 2022년 8월 26일

저　　자 - 이기원 송재만 김태희 이미경 김미선 최주리
발 행 인 - 강철원
발 행 처 - 양성원
주　　소 - 경기도 파주시 검산로 173번길 29-20
전　　화 - 031-946-3861(代)
팩　　스 - 031-946-3864
이 메 일 - tnwpub@naver.com
홈페이지 - tnwpub.co.kr
출판등록 - 2015년 8월 31일 제 2015-000211 호

ISBN 979-11-6126-467-7

정가 21,000원